肯斯倉原東語言緣

取保的粹生研究

辛文三D 陳崢湛

丛书名题签：陈炜湛

作者简介

李何春

白族，中山大学人类学博士，云南民族大学马克思主义学院教授、硕士研究生导师，主要研究方向为西南盐业史和西南民族关系。主持国家社科基金项目2项，省部级项目1项，地厅级项目6项。出版专著4部，发表学术论文20余篇，论著4次入选国家出版基金资助项目。荣获广西壮族自治区哲学社会科学成果奖三等奖1项、第四届大学出版社图书奖优秀学术著作一等奖1项。先后11次深入川青滇藏交界区从事田野调查。

青藏高原东部边缘民族多样性研究

何国强　总主编

国家出版基金项目
NATIONAL PUBLICATION FOUNDATION

技艺传承

ལག་ཤེས་རྒྱུན་འཛིན།

澜沧江的盐业
与地方社会研究

李何春　著

暨南大学出版社
JINAN UNIVERSITY PRESS

中国·广州

图书在版编目（CIP）数据

技艺传承：澜沧江的盐业与地方社会研究/李何春著 . —广州：暨南大学出版社，2022.7

（青藏高原东部边缘民族多样性研究/何国强总主编）

ISBN 978 – 7 – 5668 – 3448 – 5

Ⅰ.①技…　Ⅱ.①李…　Ⅲ.①澜沧江—流域—地方史 ②澜沧江—流域—盐业史　Ⅳ.①K928.42 ②F426.82

中国版本图书馆 CIP 数据核字（2022）第 113831 号

技艺传承：澜沧江的盐业与地方社会研究

JIYI CHUANCHENG：LANCANGJIANG DE YANYE YU DIFANG SHEHUI YANJIU

著　者：李何春

出 版 人：张晋升

责任编辑：黄圣英　颜　彦

责任校对：林　琼

责任印制：周一丹　郑玉婷

出版发行：暨南大学出版社（511443）

电　　话：总编室（8620）37332601
　　　　　营销部（8620）37332680　37332681　37332682　37332683

传　　真：（8620）37332660（办公室）　37332684（营销部）

网　　址：http：//www.jnupress.com

排　　版：广州市天河星辰文化发展部照排中心

印　　刷：深圳市新联美术印刷有限公司

开　　本：787mm×1092mm　1/16

印　　张：17.625

字　　数：307 千

版　　次：2022 年 7 月第 1 版

印　　次：2022 年 7 月第 1 次

定　　价：86.00 元

（暨大版图书如有印装质量问题，请与出版社总编室联系调换）

总　序

　　文化是人类适应环境的基本方式。藏族与睦邻的纳西、门巴、珞巴、独龙等民族共同适应青藏高原的大环境和各自区域的小环境，创造了特定的文化。自 1996 年始，本人在川、滇、藏交界区调研民族文化，起初独自一人，后来带学生奔波，前后指导了 20 多篇学位论文。我把学生带到边陲，避免在东部扎堆，完成学术接力，为他们夯实发展的基础，不少人毕业后申请课题、发表论著，我自己也在积累经验，不断追求新目标，把研究范围扩大到川、青、藏交界区。

　　最近数年间，我组织调研、汇集书稿。2013 年，推出"芄野东南的民族"丛书第一系列 7 册①，分简体字和繁体字两个版本；2016 年，推出第二系列 4 册，为简体字版本。两个系列约 400 万字，展示了喜马拉雅与横断山区的绚丽文化。然而，一套丛书的容量有限。专家诚恳地建议我们做下去。我们也想做下去，就继续调研、总结经验②、坚持写作。在国家出版基金管理委员会的支持、主管部门的关怀以及暨南大学出版社的组织安排下，"青藏高原东部边缘民族多样性研究"丛书终于落地生根。可以说以上成果为"守正创新"③劲风所赐，使我们得以回报社会各界的支持。

　　多年的栉风沐雨带来满目的春华秋实，因此不能不提到作者们付出的心血。静态地看，有三套丛书的储量。动态地看，知识向四面八方传递不可计量。犹如向湖心抛入巨石，起初引起水波，继而泛起涟漪，很长时间，水面不平静，每位作者的故事还在演绎：调查中的实在品质，如耐心记录、细致观察，获得原始资料的喜悦，以及发现问题、精巧构思、层层铺垫，形成厚实的民族志，里面有对社会结构的描绘，有对动力因素的探索，力

---

　　① 简体版获第四届中国大学出版社图书奖优秀学术著作一等奖，并引出 3 篇论文评价，即黄淑娉《论青藏高原东部和东南部民族研究的推陈出新》[《青海民族大学学报（社会科学版）》2014 年第 2 期]、徐诗荣和嵇春霞《原生态画卷：青藏高原东南部的民族文化——评"芄野东南的民族"丛书》（《出版发行研究》2014 年第 8 期）、胡鸿保《"芄野东南的民族"丛书赞》（《共识》2014 秋刊）。对此网络媒介也有报道。

　　② 参见何国强：《我们是怎么申请到这个项目的》，载《书里书外》，中山大学出版社，2014 年。

　　③ 朱侠：《坚持守正创新，勇担使命任务》，国家出版基金网站，2020 年 1 月 15 日，https：//www. npf. org. cn/detail. html？id＝1962&categoryId＝26。

图使民族映像清晰化，谋求历史逻辑统一。这就是研究西藏所需要的不怕吃苦、执着干练的科学精神，不仅要有勤奋坚韧的品格，还需要友情与互助。除了作者自身的因素和亲友的鼓励，其他因素，包括编辑的专业素养、调查地友好人士的支持，也值得珍惜、怀念。

本套丛书当中，有的是在博士学位论文基础上的再研究，有的是专题写作。坎坷的研究经历使我们深切地感到，一本书要能接地气，讲真话，不经过艰辛的精神劳动就不可能诞生，学术水平的高低不仅是社会环境的造就——与政治经济、理论方法及时代需求有关，也是作者本人的造诣——与研究者的主观努力分不开。整套丛书至少有三个令人鼓舞的闪光点：

1. 坚持实证研究，奉献一手资料和田野感悟

19 世纪中叶，国际学界开始涉足青藏高原东部地区。中华人民共和国成立后，分别于 20 世纪 50 年代、80 年代和 90 年代组队到该地区进行民族识别和社会历史调查，丰富了《民族问题五种丛书》的内容。新资料、新方法打开了人们的眼界，但是带着旧思维看问题的境外人士仍不在少数。改革开放以后，至今川、滇、藏与川、青、藏两个交界区某些地方依然谢绝外籍人士，收集资料的重任落到国内学者身上，我就是在这种情形下进藏的。环顾四周，当年的同道已不知所向，幸好凝聚了一批新生力量，绳锯木断、水滴石穿，不言放弃。通过田野调查获得的原始资料和珍稀感受为写作提供了优质素材，这使本套丛书能够以真实性塑造科学性，以学术性深化思想性，达到材料翔实、学理坚固、观点新颖、描述全面。

2. 体现人类学知识的应用与普及

最近 20 年来，国家加大了对人文与社会科学的投入，各门学科取得长足的发展，这是毫无疑问的。然而伴随着专利、论文数量的增长，一些不尽如人意的事情也出现了：文章浅尝辄止，漫然下笔的多，周密论证的少，还有重复研究等浪费资源的现象。人类学倾向微观考察，对充实中观、引导宏观有所作为，中山大学自从复办人类学系以来，格勒率先走上青藏高原，紧跟着就是我们的团队。

本套丛书是西藏研究的新产品。作者们博采众长，引入相关概念，借助人类学理论方法的指导凝视问题，通盘考虑，揭示内涵。虽然各册研究目标不一，但是在弄清事实、逻辑排比、分析综合、评判断义，以及疏密叙述等项上一起用力，展示自己的德、才、学、识。有些问题提出来亟待深化，如应该如何凸显民族志对于区域文化研究的重要作用，应该如何发

挥民族志的特长，等等。

目前，理论与实际脱节的现象正在转变，自发的、自觉的研究队伍扩大了，这是对我们已经做出努力的积极回应，也是"青藏高原东部边缘民族多样性研究"丛书充满生命力的证据。这项研究继续向纵深发展，必然要求研究者保持多读书、尚调查、勤思考、免空谈的学风。

3. 突出出版界和人文与社会科学界的精诚合作

本套丛书凸显了一个浅显的道理：多年积累的田野资料不会自动转化为社会公认的产品，需要紧扣"民族特色"提炼选题，科学搭配，形成整体效应。所以丛书各册保持自身特色，如文化源流、田野实践、社会分工与异化劳动、传统生计、地方与国家、不同资源的合理利用、小民族大跨越等，同时贯穿了再造区域民族志的主旋律。一句话，把各册放在青藏高原东部民族多样性的大题目下合成整体色彩，依靠国家出版基金的扶持，实现"好纱织好布""好料做好菜"的目标，达到"雪中送炭""锦上添花"的双重效果，对出版人与研究者都是双赢。

总之，本套丛书具有继往开来、别开生面的寓意，弥补了同类作品的某些不足，激励着新人奔向祖国最需要的地方，关注各民族在历史上与现实中与自然、社会发生关系的过程，推动顶层设计，产出有效政策，建设西南边陲。当然，我们也应清醒地看到本套丛书的不足，保持虚心接受意见、不断追求高品质的诚恳态度。

古文字学家陈炜湛教授乃治学、书艺两全的专家，一向支持我的田野研究，多次题写书名给予奖掖。为了表达对本套丛书作者实地研究西藏的钦佩，肯定编辑人员的辛勤劳动，陈教授特用甲骨文和金文写成书名。看到丛书名十五字，字体淳厚中正、古意盎然，我由衷感激。

何国强

2022 年 2 月

于中山大学康乐园榕树头

前　言

　　本书关注的是与人类生存、生活密切相关的微小物质——盐；无论在西方，还是在东方，它始终被冠以"百味之首"和"调味之王"的美誉。中国地大物博，盐业资源也极其丰富；按照盐的来源不同，可将其分为海盐、池盐、湖盐、井盐和岩盐，上述五类食盐，地理分布的特征较为明显；海盐，分布在福建、广东、山东、天津、浙江等沿海地区；池盐，主要分布在山西、内蒙古等北部地区；湖盐，主要分布在新疆、青海等西北部地区；井盐，主要分布在四川、重庆、云南等西南地区；岩盐，则分布不集中。从生产技术来看，主要分为煎煮法和晒盐法。在中国较长的盐业生产史上，煎煮法始终是最为常见的生产工艺。晒盐法，则起于元代，兴于明清，且普遍运用在海盐的生产上。近十年来，学界关注到青藏高原东部的澜沧江流域有多个盐场采用传统的晒盐工艺生产盐巴，并发表了一定数量的研究成果。

　　澜沧江流域生活着27个少数民族，多民族交流互动、共生共荣的现象在整个流域十分明显。整个澜沧江流域盐业资源分布十分广泛，围绕盐的生产和交换，形成了各具特色的盐文化。其中，澜沧江源头的青海省囊谦县境内的8个盐场和西藏自治区类乌齐县甲桑卡乡的吉亚盐田保留着传统的"垒石为'畦'"的晒盐方式。澜沧江上游的西藏自治区芒康县境内的盐井盐田，至今仍以"架木为田"的晒盐方式，传承着古老的晒盐工艺。而澜沧江中下游地区，则多采用煎煮法制盐，例如，历史上兰坪县、云龙县、剑川县、洱源县、景东县、景谷县、宁洱县等境内的盐井，多用此法。

　　笔者从小生活在澜沧江峡谷深处，虽对家乡产盐早有耳闻，但是真正对盐产生学术研究的兴趣，始于攻读博士学位期间。并从那一刻开始，不断将其作为自己学术研究的重要旨趣，至今已持续了十年之久。学术研究是循序渐进的，有时候还需要"顺藤摸瓜"。这十年间，笔者就是以西藏自治区芒康县境内盐井的调查为起点，不断将研究的范围扩大至青海省囊谦县、西藏自治区类乌齐县、云南省云龙县和兰坪县等重要的盐区。

　　2012年7月，笔者到西藏东部的澜沧江峡谷调查当地的生计状况，第一次见到芒康县境内的盐井保留着传统的晒盐工艺，当时整个盐场的景象着实让人惊叹：在澜沧江谷底的两侧台地和悬崖上，居然分布着大大小小3 000多块盐田，景色十分壮观。生活在这里的藏族和纳西族，祖祖辈辈以晒盐谋生。据说，这项传统的晒盐工艺在当地已经延续了五百多年。目前，在中国境内仍采用传统晒盐工艺的盐场并不多见，仅限于青藏高原东部地区和沿海的部分盐田，前者生产井盐，后者生产海盐，二者同为晒盐法，但在生产工艺上的区别还是较为明显的。

通过对青藏高原东部地区传统晒盐工艺的调查，笔者产生过许多疑问，比如当地传统的晒盐技术是通过传播而来的，还是由古老民族发明或创造的？当地为何长期采用晒盐法？为什么这项古老的传统技术能够延续至今？盐业生产究竟对地方社会产生哪些方面的影响？这些疑问不断促使笔者对传统制盐技术产生浓厚的研究兴趣。2012年7月至2014年6月，笔者曾4次赴青藏高原东部的芒康县做调查。2014年6月，笔者顺利完成学业之后，在兼顾教学任务的同时，仍然坚持利用假期的时间到川滇藏结合部的各大盐井进行调查研究。但是，始终未涉及青海的调查。

2017年7月下旬，笔者在云龙和兰坪两个盐区调查。8月的一天，接到何国强教授的电话。他告诉我，他带着4名本科生、1名博士生去青海省玉树藏族自治州囊谦县做暑期实习，学生认为当地条件艰苦，于是轮番与其周旋，要求撤离调查点，何教授为了顾全大局，无奈地同意了。原本设计好的计划，因此而搁浅。囊谦县境内分布有8个手工盐场，用他的话说："很有搞头！"此前他招到一位女博士研究生，在选题时颇为费神，好多次，约她一起查看地图，比较调查点和学术意义，原打算让她在囊谦县多伦多盐场或白扎盐场任选一个点调查，并且趁其硕士生导师吴秋林教授进藏的机会，委托吴老师带她顺路到囊谦县实地看一看。经过考察，她表示不愿意在当地选点，遂改在西藏林芝波密县易贡茶场。

何教授问我是否愿意去囊谦调查。当时我正在滇西二县调查，便婉拒了。谁知何教授第三次打来电话，提到当年他指导我在芒康盐井做博士论文研究时曾希望我对比囊谦的泉盐进行研究，由于我的答辩时间紧迫、青海路途遥远，此事就搁置下来，成为一块心病。笔者意识到他的决心，经过思考，觉得这对自己何尝不是一次绝佳机会。虽然滇西的调查也很重要，但是相对而言，那里的调查环境稍好，交通便利，调查的时间并未受到限制。但是，囊谦的调查环境则不同。每年进入囊谦调查的时间受到季节限制，加上海拔较高，人地不熟，困难可想而知，这也是该区域研究成果相对较少的原因之一。于是，笔者立即动身，先从昆明乘机到西宁同何教授会合，然后，一起乘坐卧铺车去囊谦。汽车从下午四点半出发，一路颠簸，第二天早上十点左右才抵达囊谦县城。此次调查，为期 15 天。这比起其他地区的调查，时间稍显过短。但是，经过我们精心的安排，每天都深入调查，去了达改、日阿忠（拉藏）、娘（牛）日洼、白扎等盐场，收获颇丰。

2018 年 4 月下旬，笔者一行再次利用"五一"假期的时间，赴囊谦县调研。此行，除了我和何教授之外，还有一位来自孟加拉国的留学生，三人行遍了囊谦的 8 个盐场，对每个盐场都进行了测量和拍摄。在此期间，我们还调查了紧邻囊谦县的西藏自治区昌都市类乌齐县甲桑卡乡的吉亚盐田。经过这两次调查之后，我遵照何教授之前的点拨，先后发表了 3 篇比较研究的文章①，一定程度上弥补了心中的缺憾。2019 年之后，笔者又 5 次带着研究生赴滇西北的盐区进行调查，跑遍了当地的各个盐井，翻阅了云南省及云龙县、兰坪县等处的档案资料，获得了较为丰富的调查资料。

历经这些年的调查，笔者的脑海里总是浮现起盐工忙于晒盐的画面，这让自己不断思考有关盐的一些主题。其中，最基本的一个问题是这些盐场生产上的变化，如何引发当地社会的变迁？不同的社会背景和社会制度下，采用传统晒盐工艺的盐场面临哪些困难？带着这些问题，笔者在不断摸索的过程中，逐渐意识到有很强的动力系统隐藏在整个盐业生产体系之中，政治、经济和文化三要素紧密地交织在一起，使得整个研究变得较为复杂。此时，有必要将盐业生产置于特殊的社会历史背景，分析盐业生产、流通、交换和消费对地方社会产生何种影响，地方和国家是如何通过盐税这一重要的赋税实现双向互动的，等等。

鉴于此，本书依然采用以往的研究范式，紧紧抓住盐这一主线，以囊谦县、类乌齐县、芒康县、兰坪县和云龙县的各大盐场为调查对象，历时性分析不同历史时期上述几大盐场在生产上的变化究竟对地方社会的政治、经济和文化产生什么样的影响。尽管笔者以及研究团队在澜沧江流域

---

① 李何春：《西藏芒康县和青海囊谦县两地传统晒盐技术的比较研究》，《云南社会科学》2018 年第 6 期；李何春、熊卜杰：《从"无史"到"有史"：人类学视角下传统晒盐村落民族志书写的思考——基于青藏高原东部各盐场的田野调查》，《青海民族研究》2019 年第 1 期；李何春、罗波：《青藏高原传统晒盐工艺的多元价值及其传承与保护对策研究——以澜沧江上游诸盐场的调查为例》，《青海社会科学》2020 年第 6 期。

的调查研究取得了阶段性成果，但是考虑到此流域地域广阔，不仅分布着丰富的盐业资源，历史上还是多民族交流互动的重要舞台；因此，整个研究团队目前已和地方政府以及所在院校共同商讨成立澜沧江盐文化研究中心的可能性，以此进一步整合学界和社会力量，推动中国盐文化研究的事业。

2022 年 2 月于云南昆明

目　录
Contents

技艺传承
澜沧江的盐业与地方社会研究

绪　论

第一节　文献回顾

一、盐业生产专门化研究

马克思曾提出人类社会的两大生产，即物质资料的生产和人口再生产；其中物质资料的生产，马克思是这样说的，"我们首先应当确定一切人类生存的第一个前提也就是一切历史的第一个前提，这个前提就是：人们为了能够'创造历史'，必须能够生活。但是为了生活，首先就需要衣、食、住以及其他东西。因此第一个历史活动就是生产满足这些需要的资料，即生产物质生活本身"①。

学者指出，生产是如此重要，是一切经济系统的组成要素（经济系统除了生产，还有分配及消费）；生产和分配已经得到了较为明确的研究，人们也意识到需要将二者联系起来，不过，从"交换"的视角来考察分配的研究更多；甚至，生产主要是被作为了解交换模式的一种方式来研究的。但是，这种关注的不平衡是有一些不妥的，不仅因为生产在社会中的作用与分配同样重要，还因为生产更容易研究。②

对人类社会物质资料的生产、分配、交换和消费几个环节的研究，民族学、人类学和考古学所采用的研究方式是不同的。例如，考古学想要对古代遗址的交换情况进行研究存在一定的困难，但是民族学和人类学是可以做到的，这是因为这两门学科的研究对象是具体的，也有现成的文献资料或访谈材料。但是，我们不难发现，实际上考察分配和消费的研究较多，对生产的研究不足。研究生产组织，又少不了对几个重要环节的分析，比如生产的原因（动力），为谁生产，生产如何进行（组织），生产的技术如何提升，以及产品怎么进行交换等问题。

盐是一种特殊的物质，在绝大多数时候属于商品的范畴，这是由人类对盐的特殊需要引起的。因此，盐的相关研究很难从非商品性的视角进行

---

① 《马克思恩格斯全集（第 3 卷）》，北京：人民出版社，1956 年，第 31 页。
② ［美］凯西·科斯汀著，郭璐莎、陈力子译：《手工业专门化：生产组织的定义、论证及阐释》，《南方文物》2016 年第 2 期，第 240 页。

分析。例如，有学者谈到马林诺夫斯基在特罗布里恩岛上的研究以项链和手镯来考察物的非商品性，即提出这样的一个命题——经济必须由非经济的社会文化脉络来了解。① 如此重要的命题，却难以用于盐的相关问题的研究。

盐在人类演进的过程中发挥了不可替代的作用，学者认为"盐在中国古代文明中扮演重要的角色"②。付罗文（Rowan K. Flad）在研究三峡中坝盐业考古遗址的时候讨论了盐业的形成与组织，以及探讨这一专门化生产与该地区涌现的复杂性之间的微妙联系，并指出"盐就是这样的一种产品，盐业专门化生产的增长与青铜时代华中地区不断发展的社会复杂性息息相关"③。那么，如何理解生产专门化的问题？对此，美国学者凯西·科斯汀（Cathy L. Costin）进行了详细的分析。

科斯汀认真总结了西方学者对专业化分类的讨论，共分为三种模式：第一种是基于生产中贵族与机构介入程度的专业化分类，强调了独立生产还是依附生产，二者的主要区别在于贵族（也可以理解为一种权力）对生产的控制程度；第二种是基于生产规模和强度的专业化生产分类，可分为家庭生产、个体产业、家庭产业、作坊产业、村落产业和大规模产业；第三种是基于生产规模、强度以及贵族/政府参与生产的程度对专业化生产的分类，包括家庭生产、家庭产业、个体作坊、集中作坊、制造厂、工厂，以及住宅区生产和军事/官方生产等八类。

不过，科斯汀认为"分类太多有其弊端"，缘由是：第一，每种框架关注的变异维度仅与作者自己的理论取向及其手头上的材料相符，因此不同研究缺乏可比性，正如我们每个人以不同的方式自说自话，自成一派，结果影响到跨文化的研究工作；第二，指称基本相同组织现象的不同术语激增；第三，不幸的是人们用相同的术语来形容两种不同类型的生产。④ 于是，科斯汀对上述观点进行了综合，认为考察专门化生产有四个参数，即生产的背景、集中程度、规模和强度。但是，考虑到社会、经济、政治和环境等变量可能会对参数值产生影响，科斯汀将专业化生产组织进一步分

① 黄应贵：《反景入深林：人类学的关照、理论与实践》，北京：商务印书馆，2010 年，第199 页。

② 陈柏桢：《中国早期盐的使用及其社会意义的转变》，《新史学》2006 年第 4 期，第 15 页。

③ FLAD R K. Salt production and social hierarchy in ancient China: an archaeological investigation of specialization in China's Three Gorges. Cambridge: Cambridge University Press, 2011: 2.

④ ［美］凯西·科斯汀著，郭璐莎、陈力子译：《手工业专门化：生产组织的定义、论证及阐释》，《南方文物》2016 年第 2 期，第 242 页。

为八类，包括个体专业化、分散作坊、社区专业化、集中作坊、分散劳役、个体官方工匠（retainer）、集中劳役和官方作坊。①

科斯汀对生产组织的专业化进行了详尽的论述，那么这样的理论视角对分析盐业生产有何意义？付罗文曾在《中国古代盐业生产和社会分层：三峡专业化考古调查》一书中，运用上述模型对中坝遗址进行了解读，并对专业化分类理论进行了一定的修正。

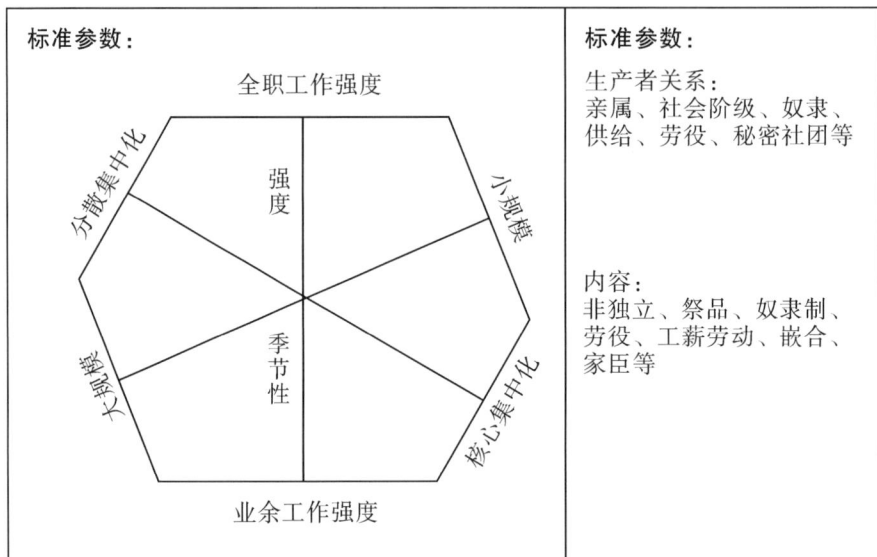

图 0-1　生产组织示意图②

付罗文提出的生产组织要素，克服或改进了科斯汀模式存在的不足，主要表现在：要素之间不再是孤立的，而是构成一个大的系统（见图 0-1）。科斯汀的模型要素之间关联性不足，但是付罗文的分析模式一方面体现了参数之间的关联性，另一方面考察了参数合力产生的效果，重点分析强度、集中化程度和规模带来的影响。其中，将生产的背景作为一个参数是由很多不同种类的关系决定的，包括生产者和控制产品分配的人，以及那些与生产产品形式无任何必要联系的方面。显然，在付罗文看来，背

① ［美］凯西·科斯汀著，郭璐莎、陈力子译：《手工业专门化：生产组织的定义、论证及阐释》，《南方文物》2016 年第 2 期，第 242 页。

② FLAD R K. Salt production and social hierarchy in ancient China：an archaeological investigation of specialization in China's Three Gorges. Cambridge：Cambridge University Press，2011：17.

景是一个复杂、难以用一个具体标准来衡量且有不确定性的参数。

　　付罗文模式对本书研究的启发，主要体现在整个澜沧江流域盐业生产的专门化上，可以借用上述模型进行分析。

　　首先，澜沧江流域分布着两种截然不同的盐业生产组织形式。澜沧江上游的芒康、类乌齐和囊谦等地采用晒盐法，气候条件对盐业生产的影响较为明显。从生产的强度来看，属于业余或季节性的生产方式，生产投入的时间是间断的，而非连续性的。目前，在囊谦的一些盐场，生产工人是兼职或临时雇佣的，显示出盐业生产强度的弱化。澜沧江中游的云龙、兰坪等地区，盐业生产采用的是煎煮法，不受季节的影响，因此，可长年从事盐业生产。长期以来，云龙、兰坪等地的盐业生产者有一个特殊的身份——灶户，承担着繁重的税课任务，在盐务管理机构的严格管理下，其强度自然高于上游地区的盐工。

　　其次，生产的集中程度是某个地区生产的分布情况，或更准确一点说，可理解为在一个区域当中，投入生产的人口占总人数的一个比值。显然，集中程度需要把生产划分为具体的单元，比如一个村落，或者更大的行政区域。澜沧江上游地区和中游地区的生产集中程度显示出不同的结果。上游地区较为分散，难以比较。在一些以集体行为从事盐业生产的村落，投入生产的人口比例大，但生产的组织形式显得比较自由。一些盐场仅仅是家庭的某一个成员参与。

　　再次，生产的规模是判断生产组织专门化的另一个重要参数。不过，需要进一步细化为具体的几个参数，例如盐场面积在一定程度上可以判断生产的规模，但是煎煮法和晒盐法又有所不同，从而给这个参数的比较带来麻烦。另一个可以比较的参数是产量，通常一个盐场一年之内能生产多少斤盐是容易比较的。因此，产量越高，生产的规模越大。

　　最后，生产的背景主要受两个方面的影响：一是自然环境，澜沧江流域上游、中游和下游有着不同的地理环境、气候条件，其决定了采用何种生产方式；二是社会制度，不同的区域格局经历了不同的政治制度，最明显的是国家或地方采用何种盐税制度，其直接影响着生产的组织形式。

二、澜沧江流域传统制盐技术的相关研究

　　生产技术是生产组织的核心要素，科斯汀曾指出："生产过程本身的特定方面对于理解生产组织十分关键，最为重要的几个方面包括：（1）原料

的分布；（2）技术的性质；以及相对次要的（3）技巧和训练。"① 因此，对澜沧江流域盐业生产技术的分析，是了解盐业生产组织的前提。

（一）方志、史料的相关记载

澜沧江流域的盐业资源比较丰富，古代民族早已懂得盐泉的利用和盐矿的开采；不过，早期的历史文献对生产技术的记录比较少。整个流域，最早记载盐的文献是《后汉书》，据其载："（郑）纯与哀牢夷人约，邑豪岁输布贯头衣二领，盐一斛，以为常赋，夷俗安之。"② 这是哀牢族需向永昌缴纳赋税的直接证据，表明在古哀牢境内产盐，产地或为今云龙县，汉代称为比苏县③。但是，史料没有记录有关生产的情况。

汉代至唐代间，澜沧江流域的盐业生产、盐税等方面的有关文献，依然较少。唐代樊绰所著的《蛮书》中，对南诏境内的食盐分布及其生产技术作了一定的论述，其中提到"剑川有细诺邓井"④，此井为滇西云龙县境内的诺邓井。《蛮书》还提到了南诏境内有安宁井、郎井、傍弥潜井、沙追井、若耶井和韦溺井等盐井，以及四川西部的昆明池（后为盐源的白井和黑井），但是有关生产技术的描述为"其盐出处甚多，煎煮则少"⑤。

宋元时期，制盐技术的描述未见史料记载，仅见中央加强了盐业的监管，在元至治三年（1323）五月，设大理路白盐城榷税官秩正七品、中庆路榷税官秩从七品。⑥ 据《大元一统志》记载，元时期丽江境内有盐井七口，但信息不全。

明洪武十五年（1382）十一月，中央在云南设盐课提举司，含黑盐井、白盐井、安宁盐井、五井等四处。不过，有关制盐技术的论述并不多见。

清代，描述澜沧江流域食盐生产、运销和消费，以及中央设置盐务机构、加强盐税征收的文献有所增多。康熙五十六年（1717），时任云龙（今云龙县）知州的王瀓编撰了《云龙州志》，其在卷六《赋役》⑦ 中设"盐政"，详细描述了云龙境内金泉井、石门井、诺邓井、大井、天耳井、山

---

① ［美］凯西·科斯汀著，郭璐莎、陈力子译：《手工业专门化：生产组织的定义、论证及阐释》，《南方文物》2016 年第 2 期，第 240 页。

② （南朝）范晔撰，方铭点校：《后汉书人物全传（2）·列传（下）》，北京：北京时代华文书局，2014 年，第 1871 页。

③ 黄培林、钟长永主编：《滇盐史论》，成都：四川人民出版社，1997 年，第 22 页。

④ （唐）樊绰撰，向达校注：《蛮书校注》，北京：中华书局，1962 年，第 189－190 页。

⑤ （唐）樊绰撰，向达校注：《蛮书校注》，北京：中华书局，1962 年，第 184 页。

⑥ （清）魏源纂：《魏源全集（第 8 册）》，长沙：岳麓书社，2004 年，第 268 页。

⑦ （清）王瀓撰：《云龙州志》，康熙五十五年（1716）本。

井、师井和顺荡井等八大盐井的方位、卤水、产额、柴薪、盐税等情况，并对生产技术作了一定的论述。继康熙《云龙州志》之后，雍正《云龙州志》大部分承袭了康熙《云龙州志》的内容，"盐政"也在其中。光绪年间，云龙境内第三本州志——光绪《云龙州志》诞生，它不完全继承上述两本州志的内容，其中，在第八卷专门介绍了"盐政"。

清代，除了地方史料记载了云龙境内的盐业生产概况之外，宣统元年（1909）段鹏瑞所著的《巴塘盐井乡土志》①，对研究西藏东部的盐业史价值极高，有人认为该志书"不仅是盐井地区最早的地方志，而且是清代西藏唯一的一部乡土志。由于这部乡土志编纂有特点，内容多具地方特色，不少记载有十分重要的史料价值，因而被学者称为'川边地志较优之作'"②。其中，"盐田"一目中，除了介绍盐区的分布、盐田的数量与产量之外，还详细描述了晒盐技术，即"盐田之式，土人于大江两岸层层架木，界以町畦，俨若内地水田，又掘盐池于旁，平时注卤其中，以备夏秋井口淹没时之倾晒"③。除此之外，《清末川滇边务档案史料》的部分内容也涉及盐政，如《议定盐井商盐局章程》④三十条章程和《盐井捆商初办时变通规则及议定之盐价》⑤；一部分内容涉及制盐技术，如在《盐井征收盐税章程》中提及"盐井（西藏自治区芒康县）所产之盐乃系汲水晒成，非煎熬成块之盐可比。蛮民用皮袋盛装，驮运行销。每驮计重库称一百二十斤"⑥。

民国时期，各地文献对盐业生产技术的描述，内容日渐丰富。例如，明清时期未见文献记载的囊谦盐区，民国时期也略有改观。1918年查骞在其《边藏风土记》中论述了边南北的产盐情况，包括盐井县（上述芒康县盐井）、苏母族（今囊谦）以及俄洛（果洛）三处，其中提到边北之地苏母族打人垛（多伦多）、打盖（达改）、惹宗（拉藏）等处有产盐，其"盐流出自山岩石隙。夷民环住二十余户，沿山决砍，引注碱流，藉风日力，结

①　（清）段鹏瑞：《巴塘盐井乡土志》，宣统二年（1910）本。
②　赵心愚：《宣统〈盐井乡土志〉的特点、特色及西藏么些人记载的史料价值》，见赵心愚：《纳西族历史文化研究》，北京：民族出版社，2008年，第163页。
③　（清）段鹏瑞：《巴塘盐井乡土志》（下编之"盐田"），宣统二年（1910）本。
④　四川省民族研究所、《清末川滇边务档案史料》编辑组编：《清末川滇边务档案史料（中册）》，北京：中华书局，1989年，第512–515页。
⑤　金飞：《盐井县考》，《边政》1931年第8期。
⑥　四川省民族研究所、《清末川滇边务档案史料》编辑组编：《清末川滇边务档案史料（中册）》，北京：中华书局，1989年，第442页。

成颗粒，每户扫盐一二十斤"①。盐井则为"架木为槽，作人字架，汲卤入槽，藉风日暴晒，半日成粒，质色凝缩。盐卤咸重"②。

民国时期涉及盐井的文献也略有增加。1931 年，金飞在调查的基础上著有《盐井县考》一文，详细描述了盐井的制盐技术，提到当地的民族采用摊晒盐之法，"构木为架，平面以柴花密铺如台，上涂以泥，中间微凹，……山势甚削，其宽窄长短，依山高下为之，重叠而上，栉比鳞次，仿佛町畦，呼为盐厢，又名盐田"③。此后，有关盐井的专门性调查，当属地质学家崔克信的《盐井县之地质及盐产调查》一文，它除了从地质学的专业角度对地理地貌、成盐等原因进行分析之外，还对生产技术、组织、产销、交通以及当地晒盐技术存在的不足，提出了相应的建议。④

相较于青海和西藏两地，民国时期有关云南境内的盐业生产技术的资料要丰富得多。民国三年（1914），《政府公报》和《税务月刊》连续分期刊载了有关云南运司调查各个井场的场产表，涉及云龙的诺邓井⑤、大井⑥、师井⑦、金泉井⑧、石门井⑨、山井⑩和顺荡井⑪。专门性的论著也有几部⑫，其中《云南盐务辑要》共分七个部分，含场产、引地、运销、征榷、经费、盐务机关、附编等内容；《云南盐务辑要续编》是《云南盐务辑要》的续编，因此目录的编排和前者相差无几。杨勋民所编的《云南盐务纪要》涉及产制、运销、征榷、查缉等几个部分，其中"产制"对云南境内的制盐技术进行了详细介绍，部分内容涉及澜沧江流域的云龙井场和喇鸡井场。民国晚期，在一些地方志中，记载了有关云南盐业生产变迁的成果。在由龙云主持编写的《新纂云南通志》的第一百四十七卷中，专门设立了"盐

---

① （清）查骞撰，林超校点：《边藏风土记》（卷一之"边南北盐产"），北京：中国藏学出版社，1991 年，第 17 页。

② （清）查骞撰，林超校点：《边藏风土记》（卷一之"边南北盐产"），北京：中国藏学出版社，1991 年，第 16 页。

③ 金飞：《盐井县考》，《边政》1931 年第 8 期。

④ 崔克信：《盐井县之地质及盐产调查》，《西康经济季刊》1944 年第 8 期。

⑤ 《云南运司调查云龙诺邓井场场产表》，《政府公报》1915 年第 1029 期。

⑥ 《云南运司调查云龙大井场场产表》，《政府公报》1915 年第 1029 期。

⑦ 《云南运司调查云龙师井场场产表》，《政府公报》1915 年第 1030 期。

⑧ 《云南运司调查云龙金泉井场场产表》，《政府公报》1915 年第 1030 期。

⑨ 《云南运司调查石门井场场产表》，《税务月刊》1915 年第 2 卷第 22 期。

⑩ 《云南运司调查山井场场产表》，《税务月刊》1915 年第 2 卷第 22 期。

⑪ 《云南运司调查顺荡井场场产表》，《税务月刊》1915 年第 2 卷第 22 期。

⑫ 主要有潘定祥所撰的《云南盐政纪要（四卷）》（1912）、杨长兴所编的《云南盐务辑要》（1914）、云南盐运使署编的《云南盐务辑要续编》（1918）、朱旭所编的《民国盐政史云南分史稿》（1930）、杨勋民所编的《云南盐务纪要》（1940）。

务考一""盐务考二""盐务考三"。

（二）新中国成立以后的相关研究

新中国成立之后，国家和地方政府重视盐业方面史料的搜集、整理和出版。20世纪90年代，云南省和青海省相继出版了本省的《盐业志》；其中，1993年《云南省志·盐业志》编纂委员会编撰了《云南省志·卷十九·盐业志》①，1995年青海省出版了《青海省志·盐业志》，两部志书均涉及澜沧江流域的盐业。这个时期，地方政府或有关部门在此方面的工作也取得了一定的成效，例如1993年兰坪白族普米族自治县盐矿编写了《兰坪盐业志》②，系统描述了兰坪盐业发展的历史和生产技术的变迁，内容涉及井场、机构、生产、运销、盐价、税利等十一个方面，这在新中国成立以来的其他盐区，并不多见。1997年出版的《滇盐史论》一书从云南盐业史、三大盐区的形成与发展、滇盐的生产技术、盐业经济以及盐文化等五个方面，系统阐述了云南盐业发展的历史。③

21世纪之后，学界对澜沧江流域的盐业史和生产技术进行了广泛的讨论。从成果来看，显示出南多北少的情况，其中，澜沧江源头的研究成果最少。在21世纪的初期，学者关注到西藏东部传统的晒盐技术，相继发表了几篇论文。④ 但系统性的研究成果明显不足。

2009年，北京师范大学朱霞以技术民俗为主题，在其博士学位论文的基础上完成了《云南诺邓井盐生产民俗研究》⑤ 一书；次年，北京大学的舒瑜同样在博士学位论文的基础上出版了《微"盐"大义：云南诺邓盐业的历史人类学考察》⑥ 一书。按照田野调查的时间，前者从2001年至2004年在云南省云龙县的诺邓村调查；后者从2006年至2009年在同一个村落调查。这或许和时光进入21世纪，地方社会发生了翻天覆地的变化，高校眼光向下，不断将研究视野聚焦至边疆民族地区密切相关。随着科研条件得

---

① 《云南省志·盐业志》编纂委员会编撰：《云南省志·卷十九·盐业志》，昆明：云南人民出版社，1993年。

② 兰坪白族普米族自治县盐矿编：《兰坪盐业志》，内部资料，1993年。

③ 黄培林、钟长永主编：《滇盐史论》，成都：四川人民出版社，1997年。

④ 见陶宏、黄健：《西藏芒康县盐井乡盐业研究》，《盐业史研究》2002年第4期；陶宏：《"茶马古道"上的盐务重镇——盐井乡》，《中国文化遗产》2005年第5期；朱霞、李晓岑：《西藏自治区芒康县盐井镇的井盐生产》，《中国藏学》2007年第3期。

⑤ 朱霞：《云南诺邓井盐生产民俗研究》，昆明：云南人民出版社，2009年。

⑥ 舒瑜：《微"盐"大义：云南诺邓盐业的历史人类学考察》，北京：世界图书出版公司北京公司，2010年。

到改善，调查有了经费支持，民族学、人类学、历史学等学科的研究生纷纷踏入西南边陲。这段时间里，学界不仅进入滇西少数民族地区，研究的触角也已深入西藏自治区境内的澜沧江流域。2007 年至 2008 年，中山大学人类学系的研究生吴成立进入西藏自治区芒康县的盐井进行调查，盐业史、制盐技术、运销和管理机构是其关注的重点。① 有关盐业生计方面的学位论文还有江洋的《西藏盐井纳西族盐业生计方式的传统和变迁》② 一文。不过，无论从篇幅还是从研究深度来看，后者稍有不足。

2011 年之后，李何春基于田野调查，将历时性和共时性的研究结合起来，在澜沧江流域的盐业史方面取得一些成果。③ 2013 年，李何春、李亚锋出版了《碧罗雪山两麓人民的生计模式》一书，关注到西藏自治区芒康县境内盐井的传统晒盐技术。④ 2015 年，青海省文物考古研究所与青海玉树州文物局的两位调查者对青海省囊谦县的多伦多盐场和白扎盐场进行了调查，并对两个盐场的基本情况进行了介绍。⑤ 2016 年，李何春出版了《动力与桎梏：澜沧江峡谷的盐与税》一书，从人口、技术和制度三个维度，分析了唐代以来盐井地方社会的变迁。⑥ 2018 年，坚赞才旦和李何春一同在囊谦调

---

① 吴成立：《西藏芒康县纳西民族乡盐文化研究》，中山大学硕士学位论文，2009 年。

② 江洋：《西藏盐井纳西族盐业生计方式的传统和变迁》，云南大学硕士学位论文，2011 年。

③ 李何春、罗波：《青藏高原传统晒盐工艺的多元价值及其传承与保护对策研究——以澜沧江上游诸盐场的调查为例》，《青海社会科学》2020 年第 6 期；李何春、黄敏玲：《盐在传统村落形成与发展中的社会意义——以滇西沘江流域云龙地区为例》，《盐业史研究》2019 年第 3 期；李何春：《清末僧权和俗权对川边社会的控制及赵尔丰川边治理研究》，《青海民族大学学报（社会科学版）》2019 年第 3 期；李何春、熊卜杰：《从"无史"到"有史"：人类学视角下传统晒盐村落民族志书写的思考——基于青藏高原东部各盐场的田野调查》，《青海民族研究》2019 年第 1 期；李何春、黄敏玲：《试论青藏两地制盐传统村落及其文化特征——兼论制盐传统村落的利用与保护》，《青藏高原论坛》2019 年第 1 期；李何春：《西藏芒康县和青海囊谦县两地传统晒盐技术的比较研究》，《云南社会科学》2018 年第 6 期；李何春：《清末川边改土归流前期西藏东部盐井社会状况及周边环境考察》，《西藏研究》2016 年第 5 期；李何春：《清末川边改土归流时期赵尔丰盐业改革措施及其意义》，《中国边疆史地研究》2016 年第 2 期；李何春：《唐代吐蕃和南诏的制盐技术比较分析——兼论吐蕃东扩之原因》，《云南民族大学学报（哲学社会科学版）》2015 年第 5 期；李何春：《试论崔克信〈盐井之地质及盐业调查〉的价值和意义》，《西藏研究》2015 年第 3 期；李何春：《峡谷高山间的民族生计模式研究——以燕门、丙中洛、盐井田野调查为例》，《青海民族大学学报（社会科学版）》2015 年第 1 期；李何春：《明清以来西藏盐井盐运销和线路变化之分析》，《青海民族大学学报（社会科学版）》2014 年第 3 期；李何春：《清末川滇藏交界带之盐井"腊翁寺事件"起因分析——兼与保罗和觉安拉姆商榷》，《云南民族大学学报（哲学社会科学版）》2014 年第 2 期。

④ 李何春、李亚锋：《碧罗雪山两麓人民的生计模式》，广州：中山大学出版社，2013 年。

⑤ 贾鸿键、索南旦周：《青海玉树州囊谦县两处盐场调查概况》，《南方文物》2015 年第 1 期，第 123－124 页。

⑥ 李何春：《动力与桎梏：澜沧江峡谷的盐与税》，广州：中山大学出版社，2016 年。

查，先后发表了两篇论文。① 2019 年，李何春又从盐对地方发展以及区域文明形成的影响的视角进行探索。②

三、盐与社会之复杂关系

学界对人类社会的演变从未停止过探索，从进化论开始讨论社会前进的方向和动力。其中，莫尔根的《古代社会》先是提出人类社会分为蒙昧时代、野蛮时代和文明时代，后对社会组织从氏族、胞族、部落、部落联盟的演变序列进行分析。③ 此后，学者从传播论、历史特殊论、功能论、结构论、新进化论等理论视角纷纷进行讨论。

人类社会变迁的动因是什么？学界主要有两种观点：内因论和外因论。内因论强调人口的增长、资源的分配、公共权力以及水利文明等因素的影响；外因则涉及战争、资源的争夺等方面。这些观点对国家的产生和发展有一定的解释力。但是，学界也注意到盐在人类文明演进过程中发挥的重要作用。例如，著名藏学家任乃强不止一次强调盐与文明的关系，任先生说："人类文化总是从产盐地方首先发展起来，并随着食盐的生产和运销，扩展其文化领域。"④ 此外，任先生还论述道："即如中古世，举凡郡县繁荣、人口密集、文化较高者，必为交通便利、供盐无碍之地区。若夫产盐之地，则交通虽极不便，亦无碍于繁荣。四川之巫山与郁山，其著例也。"⑤ 显然，盐的开发和利用，利于人口的聚居；食盐向外运输的过程，又能促进道路交通的发展，扩大了人群互动的范围。

自古以来，西南是中央王朝直接或间接控制的边疆区域。宋元以前，地方割据的现象比较明显，但是西南地区仍然和中原保持较为密切的经济或政治关系。通常，边疆地区同核心文明区的联系主要有三种方式：第一种是政治行为，即通过早期的羁縻制度或土司制度，使土司成为中央王朝的代理人，只需按时朝贡，就能保住职位，且家族内不断世袭；第二种是经济行为，主要通过货物交换来保持正常的经济往来，但是此种行为的政

① 坚赞才旦、王霞：《百味之首在澜沧江源头——青海囊谦泉盐产销调查》，《青海民族研究》2018 年第 1 期，第 148 – 156 页；李何春：《西藏芒康县和青海囊谦县两地传统晒盐技术的比较研究》，《云南社会科学》2018 年第 6 期，第 111 – 118、188 页。
② 李何春：《滇藏地区的盐业与地方文明》，成都：西南交通大学出版社，2019 年。
③ ［美］莫尔根著，杨东莼等译：《古代社会》，北京：生活·读书·新知三联书店，1957 年。
④ （晋）常璩撰，任乃强校注：《华阳国志校补图注》，上海：上海古籍出版社，1987 年，第52 页。
⑤ 任乃强：《说盐》，《盐业史研究》1988 年第 1 期。

治功能被弱化；第三种是通过联姻来实现中央和地方的联系，如唐代的文成公主西嫁吐蕃，实现了唐王朝和吐蕃的联盟。可否存在第四种方式，即本节主要讨论的盐在国家和地方互动中的作用？从齐国开始推行的食盐专卖制度表明，盐在中华文明中是特殊的政治符号。不过，研究遇到的难题是国家委派官员进入盐区征收盐税并上缴国家的过程，既包括了政治策略，也属于经济范畴。

中国历史上国家对盐的重视，始于秦汉时期。秦朝，国家对盐业已有初步的控制。汉朝，中央开始设置盐官，这是国家层面上为盐业专门设置的官员。据学者考证，西汉中叶之后，盐业发展迅速，在《汉书·地理志》中记载，全国已在 36 处设置盐官，分布在 27 个郡国。其中，云南境内有 1处，即安宁井（旧时为连然县）。[1] 东汉时期，云南境内的盐井有所增加，史料记载蜻蛉县曾设有盐官，据考证，此处为楚雄州境内的大姚县白盐井。[2] 此后，云南盐业的发展和西南的内地化进程都有积极的作用，促进了地方城镇的形成，扩大了民族贸易的范围。

盐与中国古代文明的关系虽然并未成为学界研究的核心主题，但是盐在中国早期文明的形成过程中起到的作用，受到学界的广泛讨论。例如，学界曾指出河东盐池和华夏文明的关系，日本学者宫崎市定指出："中国最古的文明，实兴于河东盐池附近。我想夏、商、周三代的国都大体上都位于消费河东池盐的地区，毫无疑问，盐池就是三代文明的经济基础。"[3] 柴继光同样支持"中华古老的文明，就兴起于古老的河东地区"的观点。[4] 另有学者观点类似，提出"晋南之所以成为中国古代文明起源和形成的核心地区与河东盐池有直接关系，所以，河东盐池是中国古代文明不可或缺的重要组成部分"[5]。

学界的讨论，重点强调了盐的经济功能、政治功能和文化功能。除此之外，盐还具备两种社会功能。

---

[1]　郭正忠主编：《中国盐业史（古代编）》，北京：人民出版社，1997 年，第 31 页。

[2]　郭正忠主编：《中国盐业史（古代编）》，北京：人民出版社，1997 年，第 35 页。

[3]　中国科学院历史研究所翻译组编译：《宫崎市定论文选集（下卷）》，北京：商务印书馆，1965 年，第 219 页。

[4]　见柴继光：《运城盐池与华夏文明（一）》，《沧桑》2001 年第 4 期；柴继光：《运城盐池与华夏文明（二）》，《沧桑》2001 年第 5 期；柴继光：《运城盐池与华夏文明（三）》，《沧桑》2001年第 6 期。

[5]　赵北耀：《河东盐池与华夏早期文明》，《太原理工大学学报（社会科学版）》2015 年第 3 期。

1. 盐具有凝聚作用

盐一旦被开发和利用，首先是促进了生产者的积极性，大量的人口将向盐业资源丰富的地区移动。生产规模的扩大，促使盐产品必须进行交换，此时盐区通过交换的载体，同更大的区域互动起来。从早期的文明来看，盐有利于促成部落组织的形成。例如，任桂园指出所谓"巫咸"，即生活在宝山盐泉涌流之地的一个部落首领的名称，这位首领的名称也成为该部落以及该部落所在地域的总名称，这都与首领和部落掌握宝山盐泉密切相关。① 鲁子健则提出："巫载民与古巴人开发利用并进而拓展了川东地区盐业，因盐兴商富国，孕育了夔巫的地区性文明，为巫山大溪文化的形成奠定了基础，为四川盐业的开发作出了贡献。"② 盐除了对部落的形成起作用之外，对国家整合也有积极效应。例如，有学者在分析南诏大理国时期的地方盐业时，提出"盐的生产、运输和贸易过程将分散在不同区域的人群联结在一起，为王国的存续提供了重要的凝聚力"③。

2. 盐是民族互动的催化剂

西方学者曾指出盐在贸易体系中的重要作用："盐业贸易曾被誉为人际交往中一种最重要的方式；甚至有不少专家都将盐的需求视为一切贸易兴起的根源。由于可用的盐矿为数有限，而盐又是一种不可或缺的生活物资，为了保证其稳定的生产，必须要有密集和持久的贸易网络。"④ 此外，民族互动的例证当数"盐道"的考察。例如，从雅砻江经盐源、丽江到大理的"润盐古道"是古代"灵关道"的重要组成部分，促进了盐运商旅的发展和沿途城镇的兴起；滇藏古盐道是"茶马古道"的重要组成部分，促进了滇藏交界区藏、纳西、白等民族之间的交往和互动；川青藏交界区的古盐道，兴于明代之后，囊谦当地八大盐场生产的食盐，以牦牛驮队为载体，运至交界区的广大藏区。对此，陈保亚提出："从时间看，盐运古道的出现比茶马古道和丝绸之路出现的时间早得多。"⑤ 相比较而言，盐粮交换作为青藏

---

① 任桂园：《从远古走向现代——长江三峡地区盐业发展史研究》，成都：巴蜀书社，2006年，第 74 - 75 页。

② 鲁子健：《大宁盐泉与巫载文明》，《盐业史研究》1998 年第 4 期，第 44 页。

③ 张海超：《试论南诏大理国的盐业与国家整合》，《中国社会经济史研究》2018 年第 2 期，第 10 页。

④ ［德］托马斯·塞勒著，温成浩、林永昌译：《中欧早期的制盐业：新石器时代食盐生产模式与贸易模式》，见李水城、罗泰主编：《中国盐业考古（第二集）——国际视野下的比较观察》，北京：科学出版社，2010 年，第 210 页。

⑤ 陈保亚：《茶马古道与盐运古道、丝绸之路的关系——基于词与物的古道类型学研究》，《思想战线》2016 年第 6 期，第 90 页。

高原地区普遍存在的民族交往形式，在民族交往交流交融的过程中，发挥了重要作用。如安固新指出，"盐粮交换在西藏社会经济生活中占有重要地位。无论在封建农奴制度的旧西藏，或在平叛民主改革后的社会主义新西藏，这种交换形式一直存在，并发挥了一定的积极作用。研究西藏经济状况，盐粮交换是重要课题之一"[1]。李坚尚指出盐粮交换有其特殊的社会功能，如盐粮交换冲破了封建时期封闭的自然经济，促进了商品经济的发展；盐粮税收增加了地方财政收入，改善了财政状况；盐粮交换还促进了边境贸易的发展，改善了边民的生活。[2]

第二节　研究思路

本书的研究以问题为导向，注重将田野调查和历史文献结合起来。地理空间上，以澜沧江流域为轴线，此轴线上分布的四大盐区成为研究的重点，整个研究类似于处理一串糖葫芦，中间的竹签是整个流域，每颗糖葫芦是一个盐场。研究主要分三步进行：

一是掌握澜沧江流域整个盐业生产体系的生产、流通、分配和消费。在生产环节，重点关注生产者、生产工艺和生产工具。其中，对生产者的身份、民族、年龄、工资、奖惩等方面进行详细的介绍，认真比较晒盐法和煎煮法两种传统制盐技术，包含对生产工具的描述和绘制。在盐的流通方面，重点分析盐的交换方式、交换载体、交换通道（盐路）以及税卡。在食盐的分配环节，重点从制度层面上去分析。在食盐的消费方面，则考察消费的对象、群体的特征以及对食盐的喜好程度。

二是运用历时性的分析方法，考察盐作为一种稀缺的资源，如何促进人口的聚集；食盐在产业化生产的过程中，为何能够促使制盐村落不断发展壮大，以及如何通过盐的贸易来实现区域性的族群互动。不断考察地方和国家、民族和民族之间的关系，以此考察盐在社会整合方面的功能。

三是探索盐业生产与地方社会变迁的关系。例如，不同的政治制度究竟对盐业生产有何影响？地方政权或权力集团通过何种手段掌握盐业资源？

---

① 安固新：《西藏的盐粮交换》，《西藏研究》1982 年第 3 期，第 133 页。
② 李坚尚：《盐粮交换及其对西藏社会的影响》，《西藏研究》1994 年第 1 期。

在资源的控制过程中，引发哪些社会问题？考察不同盐区的盐务改革与地方社会的政权建设、经济发展等边疆治理问题的关系。通常，健全的盐业管理体系（盐务制度）不仅有利于地方行政能力的提升，还可以促进边疆民族地区的稳定和发展。在不同的盐区，历代王朝在国家治理的过程中，因盐设制的出现，促使盐业生产基地成为政治、经济、文化的中心。例如，明代云龙五井的州治因雒马井而从江外迁至井内，清末川边设"盐井县"以及新中国成立初期将兰坪县城迁至喇井，等等。这些问题，都成为本书关注并尝试解决的问题。

第三节　研究方法

1. 历史文献法

一是通过文献梳理地方社会史，了解澜沧江流域四大盐场的生产、交换等情况，掌握不同民族之间的关系。通过文献资料的梳理，掌握不同制度下的社会变迁，包括各种世俗和神圣的权力如何争夺利益、控制盐税，政教合一制度在盐业生产组织、贸易制度、关卡制度、税收制度等方面的影响。考察盐的交易圈，以及该交易圈辐射范围涉及的民族。二是对四川省档案馆、云南省档案馆、兰坪县档案馆、云龙县档案馆等几处的档案资料进行甄别和搜集，掌握地方盐业生产的历史，弥补新中国成立以来这几个地区盐业史研究的不足。

2. 田野调查法

把握盐业生产的变迁同地方社会发展的关系，参与当地居民的生产与生活，深入访谈、细心观察，从当地盐民的角度分析问题；通过对各个盐场的调查，掌握生产工艺、流通范围、运销方式，利用口述史掌握民主改革以来的盐业生产情况。为此，调查分为三个阶段：第一阶段，2011 年 8月—2014 年 1 月，主要调查了西藏自治区芒康县的盐井；第二阶段，2014年 9 月—2017 年 7 月，主要调查了云南省兰坪县和云龙县的十余处盐井；第三阶段，2017 年 7 月—2018 年 4 月，主要调查了青海省囊谦县以及西藏自治区类乌齐县的九处盐场。为了上述三个阶段的顺利推进，笔者先后赴青藏滇地区进行了九次以上的调查；2018 年之后，笔者又对滇西兰坪县和云龙县的几处盐井进行了三次调查。

3. 系统方法和多样点并举

在澜沧江峡谷筛选出五个调查点，对其一分为四："盐业组织系统""社会控制系统""文化变迁系统"和"贸易互动系统"，重点在"盐业组织系统"上。注意每个系统内部的一致性以及子系统之间的互相影响，注意模式化规则的集合，防止以偏概全，做到点、线、面结合。

第一章
澜沧江流域的生态环境与盐业生产的历史

澜沧江是中国西南地区最重要的河流，其发源于青海省玉树藏族自治州杂多县的扎纳日根山脉，正源为扎曲河。澜沧江从青藏高原东部地区一路南下，经青海、西藏、云南三个省、自治区，最后在云南省西双版纳傣族自治州的勐腊县流出境外。又经老挝、缅甸、泰国、柬埔寨和越南，在越南的胡志明市流入中国南海。

澜沧江跨越了中国西南的大部分地区。从北到南，从青藏高原东部延伸至横断山脉，受地势、海拔等因素的影响，澜沧江流域形成了不同的气候类型。除此之外，澜沧江流域是人类早期活动的重要舞台，已发掘的几处石器时代遗址表明人类早已在这个地区繁衍生息。而澜沧江流域天然形成的峡谷，成为早期人类迁徙的重要孔道。古老的民族经分化、融合和发展，整个流域成为 27 个民族共同生活的区域。不同的民族在澜沧江流域上生存和发展，形成了丰富多彩的民族文化、宗教文化、饮食文化，是民族学、人类学调查研究的重要领地。此外，澜沧江流域还分布着丰富的矿产资源，多达 100 多种；其中包括储藏量惊人的盐矿资源。澜沧江流域上人类对盐业资源的利用，最早可追溯至汉代。悠久的制盐史提升了少数民族的生产力水平，促进了各民族的交往和互动。

第一节　澜沧江流域的区域特点

一、生态环境与人文特征

澜沧江是一条跨境河流，这条发源于青海省境内唐古拉山的河流，经青海、西藏和云南，最后在云南南端流出中国，一共延绵了 2 179 公里。澜沧江是一条较长的国际河流，国内称为"澜沧江"，国外称为"湄公河"。澜沧江源头的海拔超过了 5 000 米，随后，澜沧江从北到南，流经中国西南的广袤地区。这里除了澜沧江之外，还有两条河流，其东面是金沙江，西面是怒江。整个西南地区的地理环境、气候特征以及生产方式，都受到三江（怒江、澜沧江、金沙江）流域的影响。

从中国的地理地貌来看，西南地区是中国的第一阶梯向第二阶梯过渡的区域，海拔从平均 4 000 米以上，逐渐向平均 1 000 ~ 2 000 米过渡，并呈现出北高南低的特点；澜沧江是从第一阶梯向第二阶梯过渡的重要河流。

　　整个澜沧江流域面积达 16.5 万平方公里，从青藏高原到滇南坝区，流经上述三个省、自治区的玉树、昌都、迪庆、怒江、大理、保山、临沧、普洱等 8 个地市州（含自治州），涉及 18 个县市。在如此广袤的大地上，受地理地貌、气候、海拔等因素的影响，澜沧江流域形成了独特的生态环境。

　　由于澜沧江流域具有流域长、地域广的特点，从青藏高原延伸至横断山脉，再向云南的南部延伸，纵向跨越西部的三个省、自治区，整个流域形成了不同的地形地貌。此外，整个流域的气候也呈现出多样性特征。澜沧江源头的气候为大陆性季风气候，其特点是：日照时间长，辐射强烈，温差大。上游地区的类乌齐县和芒康县等地，属于高原温带半湿润性季风气候。中上游的德钦县属寒温带山地季风气候。德钦县以下的维西、兰坪、云龙等地区，则为亚热带与温带高原山地季风气候、低纬山地季风气候或大陆性亚热带高原季风气候。云南境内澜沧江的下游地区，则多为亚热带低纬度山地季风气候和亚热带季风气候。因此，从澜沧江源头到下游，气候从干热到湿润多雨，呈现了中国绝大部分地区的气候特征。

　　1. 生物资源的多样性

　　澜沧江流域分布着丰富的动物、植物资源。其中，木本植物超过 5 000 种，能组成森林的约有 2 000 种。主要优良树种有团花树、三尖杉、油杉、黄杉、铁杉、滇藏木兰、藏柏、八宝树、云南石梓、铁力木、毛麻楝、红椿、柚木、香龙眼、橄榄、山桂花、云南松、思茅松、云杉、冷杉、红豆杉、思茅黄楠、楸木及樟类、竹类等。此外，还分布有药用植物 2 000 多种，香料植物 300 余种，观赏植物 2 100 多种，菌类植物 150 多种。[①] 其中，一些植物属于国家珍稀保护植物。除了植物种类繁多之外，澜沧江流域的动物多样性特征也比较明显。野生动物种类很多，昆虫已知种类有 12 000 多种，脊椎动物已知种类达 1 798 种（包括淡水鱼类 432 种，两栖类 112 种，爬行类 152 种，鸟类 802 种，哺乳类 300 种）。有蜂猴、滇金丝猴、亚洲象、野牛、长臂猿、灰叶猴、印支虎、南亚虎、犀鸟、金钱豹、云豹、百尾梢虹雉等 51 种国家一级保护动物；有熊、熊猴、猕猴、穿山甲[②]、麝、小熊猫、绿孔雀、蟒蛇等 155 种国家二级保护动物；其他主要动物有牦牛、

---

　　① 参见陈茜、孔晓莎等编：《澜沧江—湄公河流域基础资料汇编》，昆明：云南科技出版社，2000 年，第 29 – 35 页。

　　② 根据国家林业和草原局公告（2020 年第 12 号）（穿山甲调整保护级别），2020 年 6 月起，穿山甲已被列为国家一级保护动物。

藏羚、岩羊、黄羊、猞猁、野猪、狸、野兔、獭、獾、藏马鸡、龟类等。[①]

2. 矿产资源的多样性

据不完全统计，澜沧江流域已发现含金、银、铜、铁、铅、锌、锡、锶、汞、菱镁矿、锑、石膏、硫黄、煤、水晶石、铅石（红石榴宝石）、云母、大理石、石灰石、硫、叶蜡石、冰洲石、盐等在内的 100 多种矿产资源。澜沧江流域由于自然资源、矿产资源丰富以及拥有食盐等重要资源，成为早期人类活动的重要历史舞台。

3. 民族成分的多样性

经中国民族识别工作确认，澜沧江流域生活着藏、回、土、撒拉、蒙古、门巴、珞巴、纳西、白、傈僳、普米、怒、彝、阿昌、傣、佤、侗、苗、黎、瑶、布依、哈尼、拉祜、布朗、基诺、瑶、壮等 27 个少数民族，是多民族共生共荣的重要区域。澜沧江中上游地区正是早期费孝通先生提出的"藏彝走廊"，历史上是民族交流和互动的重要孔道。

4. 民族文化的多样性

生活在澜沧江流域的 27 个少数民族，形成了不同的民族文化。其中，中上游地区，即青海省囊谦县延伸至云南省德钦县，以藏文化为主，其中又夹杂着纳西族文化，如西藏自治区芒康县境内的盐井，是西藏自治区唯一的纳西族聚居区。从维西至云龙地区，以白族文化为主、傈僳族文化和彝族文化为辅。进入临沧地区和西双版纳地区，则以傣文化为主，涉及彝族、佤族、景颇族、拉祜族、布朗族等少数民族文化。

5. 宗教文化的多样性

整个流域呈现出多元信仰的状态。藏族聚居区主要信仰藏传佛教，纳西族聚居区信仰东巴教，白族聚居区奉行本祖崇拜。如傈僳族、普米族等其他少数民族，还信仰原始宗教。在澜沧江流域的一些地方，如西藏自治区芒康县的盐井和云南省德钦县的茨中村还有天主教教堂，两地的藏族和纳西族信奉天主教。

二、民族生计与发展现状

（一）传统的生计方式

由于澜沧江流域地域广阔，生态环境复杂，造就了多元的生计方式并

---

① 参见陈茜、孔晓莎等编：《澜沧江—湄公河流域基础资料汇编》，昆明：云南科技出版社，2000 年，第 35－36 页。

存。澜沧江源头是高原牧区，当地百姓以从事畜牧业为主，主要放养牦牛、犏牛、绵羊等牲畜。因此，在囊谦县的平地或山坡上，随处可见成群结队的牛羊，其规模有时候多达两三百头。人们一边放牧，一边制作奶制品，因此，酥油、奶渣等是比较常见的畜牧产品。澜沧江流域的其他地方也有牧区，但是受沟壑纵深、地势陡峭的影响，放牧一般选择在 3 000 米以上的高原牧场，河谷地区则主要从事农业生产。目前，一些地方已经将农业和畜牧业结合起来，实行季节性转场。例如，在碧罗雪山西麓的迪麻洛村，人们在 5—10 月将牛羊赶上高原牧场，在河谷从事农业生产。10 月之后，河谷的农作物收割了，土地开始闲置，人们再将高山上的牛羊赶回河谷地带。[①] 此时，农地上遗留下来的玉米秆或杂草，可用于喂养牲畜。这样，空间的转化和资源的合理利用，实现了畜牧业和农业的有机结合。

生活在澜沧江流域的少数民族，除了从事畜牧业之外，还从事种植业。海拔 3 000~4 000 米的地区主要种植青稞，2 500~3 000 米的河谷地带种植小麦、苦荞，1 500~2 500 米的河谷、平地或山区主要种植玉米、土豆等农作物。在澜沧江河谷 2 000~2 500 米的台地上，如芒康县的盐井和德钦县的燕门乡，2014 年开始大量种植葡萄，所生产的葡萄主要用于酿制红酒。此前，主要由农户自家酿制，随着芒康县盐井成立藏东珍宝酒业有限公司之后，企业开始大量收购葡萄。从云南省的维西县开始，随着海拔降至 1 500 米以下，人们可种植水稻。进入低纬度的临沧、普洱、西双版纳等地区，则种植热带的经济作物，如香蕉、甘蔗、芒果等水果。

除了上述传统的生计方式之外，从云南的德钦往北走，一直到青海的囊谦境内，在海拔 3 000~4 500 米的高山和草甸上，采集业相对比较盛行。例如，人们 4—6 月可以挖虫草，5—9 月采集松茸。这些是传统畜牧业的补充，近些年，随着虫草和松茸价格的攀升，采集业的确能给当地百姓带来一笔不小的收入。

(二) 澜沧江流域的发展概况

澜沧江流域生活着众多的少数民族，地理环境具有多样性，拥有丰富的矿产资源、水资源以及优美的人文景观，促进了多个行业发展。除了传统的采矿业、畜牧业、种植业和采集业等生计之外，当地的水利开发和旅

---

① 李何春：《峡谷高山间的民族生计模式研究——以燕门、丙中洛、盐井田野调查为例》，《青海民族大学学报 (社会科学版)》2015 年第 1 期，第 39–45 页。

游业发展也取得一定的成效。

1. 水利开发

澜沧江流域水能资源丰富，水利资源的开发是国家西电东送的重要工程。整个流域的水能蕴藏量达81.595 32 kW，目前在干流上已建成9座梯级式大型水利工程，包括：苗尾（2009—2014）、功果桥（2009—2012）、小湾（2002—2010）、漫湾（1986—1995）、大朝山（1996—2003）、糯扎渡（2003—2012）、景洪（2008）、橄榄坝（2012—2017）、勐松（2012—2018）。[1] 此外，上游地区的大华山、黄登、拖巴、里底、乌龙山、古水等水电站正处在论证阶段或已开工建设。水电开发实现了西电东送，并为当地提供了一定数量的劳动力岗位，改善了地方的交通条件。此外，资金的引入也会促进地方社会经济的发展。

2. 旅游业的发展

澜沧江流域的旅游开发，在青海省和西藏自治区境内相对落后。目前，上述两个省区的旅游形式主要以组团或徒步为主；游客通常选择比较著名的景区，例如青海的青海湖、茶卡盐湖、塔尔寺等，西藏的布达拉宫、大昭寺、纳木错、珠穆朗玛峰、雅鲁藏布江等。分布在澜沧江流域的景区并不多。从澜沧江源头至下游地区，主要以自然景观为主，已开发的景观也不多。例如，西藏自治区昌都市芒康县的盐井2012年获批4A级景区，成为昌都市第一个国家4A级景区。此外，澜沧江流域的重要自然景观主要分布在云南省境内，如迪庆州德钦县境内的著名景点——梅里雪山地处川滇藏结合部，是大香格里拉旅游区和三江并流世界自然遗产腹心地，属国家4A级景区；巴拉格宗生态旅游景区则位于香格里拉市西北部的尼西乡。上述景区都是以峡谷、山河、村落为主构成的自然景观。

目前，滇西北地区在云南省旅游业占据重要的位置，主要涉及迪庆州、丽江市、怒江州和大理州。这些地州市虽然不完全属于澜沧江流域，却是三江并流的核心区。从数据来看，滇西北旅游发展势头良好。从2010—2018年的9年间，滇西北旅游人数不断增加，从2 971万人次增加至12 007万人次（见图1-1）。从云南全省的旅游数据来看，滇西北的旅游人数占全省的20%~25%，紧跟滇中地区，排名第二。

---

[1] 袁晓仙：《澜沧江流域水利工程引发的水生生物灾害初探——以鱼类为例》，《保山学院学报》2019年第1期，第12页。

万人次

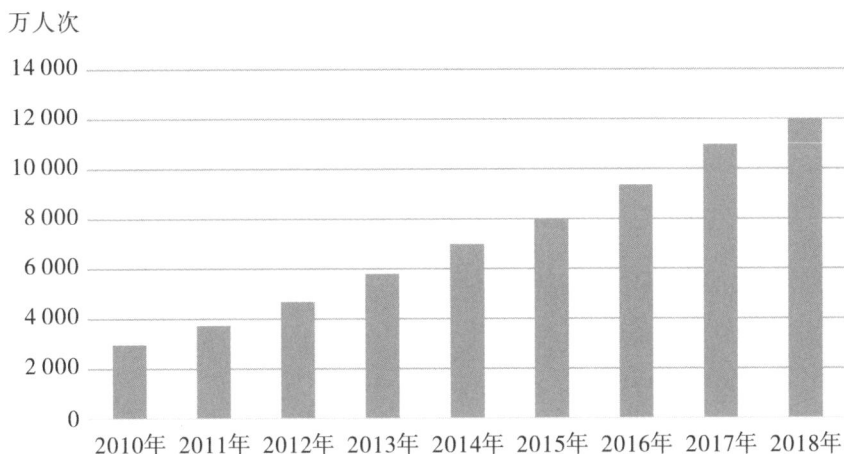

图 1 - 1　2010—2018 年滇西北旅游总人数情况①

各地市旅游业发展迅速。以丽江市为例，1995 年全市的游客接待量仅有 84.5 万人次，旅游总收入为 3.3 亿元。2001 年接待国内外游客 322.02 万人次，2004 年增加至 360.18 万人次，2006 年持续增加至 429.22 万人次，2007 年接待国内外游客达 530.93 万人次。②2010 年接待国内外游客1 009.97 万人次。③2013 年接待的国内外游客增加至 2 079.58 万人次。④ 2017 年全市共接待国内外游客 3 782.07 万人次，旅游总收入为 821.9 亿元。⑤ 2019 年接待的游客突破 5 400 万人次。⑥

大理白族自治州的旅游业发展也不错，在 2012 年以前，其游客人数曾超过丽江市。从数据来看，2006 年全州共接待国内外游客 786.56 万人次，2010 年接待国内外游客 1 337.13 万人次，增长率约为 70%。⑦ 2013 年共接

---

① 以 2010—2018 年《云南旅游产业发展年度报告》的数据为基础绘制而成。

② 陈昕、吕宛青：《我国遗产地旅游利益相关者系统研究——以丽江为例》，北京：中国旅游出版社，2012 年，第 244 页。

③ 余繁主编：《云南旅游产业发展年度报告（2010—2011）》，昆明：云南大学出版社，2011年，第 19 页。

④ 徐光佑主编：《云南旅游产业发展年度报告（2013—2014）》，昆明：云南大学出版社，2014 年，第 10 页。

⑤ 蒙睿主编：《云南旅游产业发展年度报告（2017—2018）》，北京：中国旅游出版社，2018年，第 15 页。

⑥ 崔茂虎：《云南省丽江市："党建＋旅游"呵护好风景》，《中国城市报》，2020 年 9 月 21日第 B01 版。

⑦ 余繁主编：《云南旅游产业发展年度报告（2010—2011）》，昆明：云南大学出版社，2011年，第 19 页。

待国内外游客2 240.91万人次。① 这个数据在2017年增加至4 222万人次，同比增长9.40%，旅游总收入达650亿元。②2018年仅上半年，全州共接待国内外游客2 448.56万人次，同比增长9.96%；实现旅游业总收入377.19亿元，同比增长10.59%。③

迪庆藏族自治州在2006年共接待国内外旅游人数317.42万人次，2010年接待国内外旅游人数573万人次。怒江傈僳族自治州2006年接待国内外旅游人数88.55万人次，2010年接待国内外旅游人数150.51万人次。④

从2012年云南省的旅游收入来看，丽江、大理和迪庆作为第一梯队的旅游地区，均突破100亿元，其中丽江和大理在200亿元左右，仅怒江的收入为11亿元。⑤ 2013年，丽江全年旅游收入增长31.94%，达278.66亿元；大理增长了27.4%，增加至248.88亿元；迪庆增长了25.38%，收入为127.3亿元；怒江的收入为17.19亿元，增加了47.17%。⑥ 2014年各地区的旅游收入有一些变化，其中迪庆跌至第二梯队，但是旅游收入依然达133.78亿元；丽江、大理等地旅游收入突破300亿元，分别为378.79亿元和322.93亿元；怒江旅游收入增加至21.13亿元。2017—2018年度的数据显示，丽江、大理分别排在全省旅游收入的第二位和第三位，其中丽江年度总收入为821.9亿元，大理为650.81亿元，怒江处在末位，旅游收入为47.48亿元。⑦

① 徐光佑主编：《云南旅游产业发展年度报告（2013—2014）》，昆明：云南大学出版社，2014年，第10页。

② 蒙睿主编：《云南旅游产业发展年度报告（2017—2018）》，北京：中国旅游出版社，2018年，第16页。

③ 马雨珊：《云南省大理州旅游业发展剖析》，《现代营销（下旬刊）》2019年第3期，第113页。

④ 余繁主编：《云南旅游产业发展年度报告（2010—2011）》，昆明：云南大学出版社，2011年，第19页。

⑤ 何池康主编：《云南旅游产业发展年度报告（2012—2013）》，昆明：云南大学出版社，2013年，第10－11页。

⑥ 徐光佑主编：《云南旅游产业发展年度报告（2013—2014）》，昆明：云南大学出版社，2014年，第10页。

⑦ 蒙睿主编：《云南旅游产业发展年度报告（2017—2018）》，北京：中国旅游出版社，2018年，第15－17页。

第二节　澜沧江流域盐业资源的分布

澜沧江流域在中国西南地区的三江流域中盐业资源最为丰富。从澜沧江源头的青海省玉树州囊谦县至云南省的西双版纳州勐腊县，直线距离1 300多公里，在如此广阔的流域中，在其干流或支流上分布着无数的盐泉。据历史文献记载，一些盐场持续生产食盐的时间长达1 700多年，生产时间最短的盐场也至少持续了两三百年。

澜沧江流域各个地区受不同气候特征的影响，对盐业资源的利用方式有所不同。目前，澜沧江源头的一些盐场采用的是传统晒盐技术。采用此类晒盐技术的盐场主要分布在从澜沧江源头至芒康县盐井直线距离大约400公里的流域。芒康县以下的澜沧江支流上分布的几个大型盐场，则采用煎煮法制盐，采用此法制盐的盐场分布在澜沧江流域延绵450公里的区域内。因此，从青海的南部延伸至云南的南端，从北到南，澜沧江流域一方面给世人展现了传统而古老的高原晒盐技艺，另一方面则沉淀出深厚的煎煮法制盐的井盐文化。如果将历史上曾经盛行的炭取法算在内，则在一个流域内呈现出多种制盐技术，这在中国乃至世界上都是屈指可数的，无不让世人惊奇。因此，说澜沧江流域是研究中国传统制盐技术的"活化石"，一点也不为过。

从澜沧江流域的地理地貌来看，呈现北高南低的特点，从青藏高原东部的高海拔地区不断向南延伸，平均海拔从4 000米下降至1 000米。不同的海拔形成了不同的生态环境，由于人类社会面对的是不同的生存环境，由此也带来了不同的生存策略。

澜沧江流域的盐业资源多数以盐泉的形式自然冒出地表，因此，绝大多数地区产井盐，部分地区产土盐（岩盐）。澜沧江所流经的青海省、西藏自治区和云南省，均有盐泉的分布。整个澜沧江流域呈带状，中间细，两头粗。这条地处祖国西南部的国际性河流，似乎和盐产生了不解之缘；河流流经的大多数地区，都有盐泉分布。

下面对三个省区的盐业资源以及澜沧江流域盐业开发的历史进行简要的概述。

一、青海省

青海省境内的盐业资源极为丰富，可分为三种，即湖盐（或池盐）、井盐和岩盐。湖盐主要分布在柴达木盆地和哈姜地区；其中，柴达木盆地的特大和较大盐湖就有 24 个，大小盐湖共 27 个，其中有 22 个含岩盐。[1] 目前，整个青海省盐的储藏量虽未经科学的统计，但学者曾指出，青海省内"到处都有天然生成的盐，不少地方以盐山和盐滩命名。柴达木盆地的盐种类很多，包括青盐、白盐、红盐、黑盐、冰糖盐、雪花盐、葡萄盐、须盐、玻璃盐。大小盐池 5 000 多处，故有盐都的称号。察尔汗盐湖是最突出的一个盐湖……面积约 1 500 平方公里，储盐 250 亿吨，……估计可供全国人民食用 8 000 年之久"[2]。单个的盐湖储量甚是惊人，例如茶卡盐湖经测定，储量在 4.8 亿吨，柯柯盐湖储量达 9.47 亿吨，察尔汗盐湖储量达 426.2 亿吨。[3]

青海省的岩盐主要分布在海西蒙古族藏族自治州境内 1 800 平方公里的山层之中，氯化钠含量达 98%。此外，海北藏族自治州祁连县以西地区也发现有岩盐，海东地区的互助土族自治县境内有 9 处岩盐。[4] 整体上，岩盐没有湖盐、井盐分布广泛。

青海省境内最早利用的是湖盐，《汉书·地理志》中提到了"金城郡临羌，西北至塞外，有西王母石室、仙海、盐池"，即今青海湟源西北一带早在汉代已经利用了天然盐湖中的盐结晶体。不过，青海的湖盐长期处在由当地百姓自由开采、自由运销的状态，特别是在封建统治时期，盐业资源主要由地方贵族或社会精英来控制。直至清代，中央王朝才加强对青海盐业的控制和管理。1724 年，年羹尧曾派兵驻守盐池，试图通过加强盐务的管控来控制附近的部落；1742 年清政府拟设盐局，但受到蒙古王的极力反对，最后设置盐务机构的设想并未实现。清末，中央王朝为了加强对青海盐务的管理，光绪三十三年（1907）由甘肃对茶卡盐池征收盐税。次年，

---

[1] 参见青海省地方志编纂委员会编：《青海省志·盐业志》，合肥：黄山书社，1995 年，第 23 – 24 页。

[2] 韩宪纲编著：《西北自然地理》，西安：陕西人民出版社，1958 年，第 91 页。

[3] 参见青海省地方志编纂委员会编：《青海省志·盐业志》，合肥：黄山书社，1995 年，第 20 – 21 页。

[4] 参见青海省地方志编纂委员会编：《青海省志·盐业志》，合肥：黄山书社，1995 年，第 27 页。

丹噶尔厅盐局成立，以每百斤银二钱征税。[1]

民国初期，青海的盐务被马麒家族把持，由马氏家族委派官员负责盐的产、运、销等事务。马家不断利用长期建立起来的地方关系贩卖私盐，一度成为西北地区最大的盐商，这个时期青海的盐利落入地方统治者手中。直至1933年，西北盐务局局长水崇逊试图接管盐务，于是和马麒家族商议，将盐务纳入中央财政的管辖范围。[2] 1934—1949年间，青海省政府指派盐务管理人员，实现双重领导机制，人事归地方，业务归中央或大区。[3]

1949年9月5日西宁市解放。10月2日，西宁市军事管制委员会接收了国民党政府手中的青海盐务分局，并成立了青海盐务管理局，隶属西北盐务局；下设茶卡、湟源、尕拉麻羊曲三个支局以及西宁稽征所。[4]

青海省囊谦县地处澜沧江的源头，这里的子曲、昂曲是澜沧江上游的主要支流，囊谦县境内一共有29处盐泉，成为澜沧江源头的重要盐产区。囊谦县地下盐的储量不明，经地质勘探，发现有盐类矿层富集显示，有固体盐层四层，累计厚度达21.25米，矿石的化学成分中，最高含氯化钠93.25%，平均含量为86.26%。[5] 目前，囊谦县一共有达改、拉藏、娘日洼、白扎、乃格、然木、尕羊和多伦多8个盐场。

二、西藏自治区

澜沧江的支流——昂曲河，从青海省囊谦县流入西藏自治区类乌齐县甲桑卡乡，并在昌都市汇入澜沧江的干流，流经察雅、左贡和芒康县，干流总长度465公里。澜沧江的干流经昌都市芒康县纳西民族乡流入云南省德钦县佛山乡。

据地质学家勘探，西藏东部的盐泉主要分布在3个地区：类乌齐县甲桑卡盆地、贡觉盆地和芒康县盐井地区。其中，甲桑卡有3处盐泉，即香巴、吉亚和旱尺；甲桑卡盐矿区各盐点相距4~8公里，计有盐泉（井）10处，各个盐泉的流量一般为0.002~0.003升/秒，盐水无色或灰绿色。据1984年的地质调查，当时香巴、吉亚和旱尺3个盐厂为县办，用土法生产盐巴，

---

① 杜连义：《新中国建立前青海盐业简况》，《青海方志》1989年第3期，第38页。
② 杜连义：《新中国建立前青海盐业简况》，《青海方志》1989年第3期，第38页。
③ 参见青海省地方志编纂委员会编：《青海省志·盐业志》，合肥：黄山书社，1995年，第202页。
④ 参见青海省地方志编纂委员会编：《青海省志·盐业志》，合肥：黄山书社，1995年，第53页。
⑤ 参见青海省地方志编纂委员会编：《青海省志·盐业志》，合肥：黄山书社，1995年，第26页。

年总产量为 125. 1 ~ 128. 1 吨。^①贡觉境内有格尔贡、擦托和油扎 3 处盐泉。其中，据 1975 年 9 月对生产盐井取样分析说明，格尔贡盐泉的卤水浓度较大，含盐量较高，达 20%，矿化度 227. 34 克/升；但是，盐厂生产不稳定，每年生产食盐 2.5 ~ 18 吨。^②擦托盐泉则处于贡觉县南面的山间平坝中，流量 18. 84 立方米/日，含盐量为 3%，因卤水味稍苦，年产盐仅 2.5 ~ 10 吨。油扎盐泉共有 5 处盐泉，平均矿化度为 37. 67 克/升，其中第三号泉点流量最大，可达 41. 9 立方米/日。^③

经过实地调查，目前上述一部分盐泉早已停止了生产，仅剩两个盐区继续从事晒盐业。

一是青藏交界处的类乌齐县甲桑卡乡吉亚盐田。民国时期，文献提到"类乌齐属于西康恩达县，有盐池一座。所产盐斤，亦称察盐"^④。任乃强先生提及"类乌齐池盐亦晒盐也，状如红坭，质味殊劣，而番人喜用之"^⑤。但是，这些盐池何时开发，却无证据。目前，这里有 15 户藏族人家取卤晒盐。2018 年 4 月，笔者曾到此处调查，查看了盐池和晒盐技术。整个盐厂的年产量在 3 万 ~ 4 万斤。^⑥

二是滇藏交界处芒康县纳西民族乡之盐井。这里是藏族和纳西族的聚居区，澜沧江谷底出盐泉，当地民族修建木楼，楼顶平整后，靠背卤或挑卤晒盐。据 1984 年的地质报告，盐井一区"尚未发现矿体，以盐泉形式产出，分布范围较广，北起芒康拉纳吉乡，南至木水（许）乡都有盐泉出露，全长 30 余公里"^⑦。盐泉主要分布在纳西民族乡的上盐井、下盐井和加达村 3 个村，"该区盐泉沿澜沧江河谷两岸有 83 处出露，掘井 101 口，大体上分

---

① 云南省地质矿产局、四川省地质矿产局、西藏区地质矿产局、青海省地质矿产局、云南冶金勘探公司合编：《中华人民共和国怒江、澜沧江、金沙江区域矿产志（下册）》，地质矿产部"三江"专著编辑委员会，1984 年，第 1181 - 1184 页。

② 云南省地质矿产局、四川省地质矿产局、西藏区地质矿产局、青海省地质矿产局、云南冶金勘探公司合编：《中华人民共和国怒江、澜沧江、金沙江区域矿产志（下册）》，地质矿产部"三江"专著编辑委员会，1984 年，第 1185 页。

③ 云南省地质矿产局、四川省地质矿产局、西藏区地质矿产局、青海省地质矿产局、云南冶金勘探公司合编：《中华人民共和国怒江、澜沧江、金沙江区域矿产志（下册）》，地质矿产部"三江"专著编辑委员会，1984 年，第 1185 页。

④ 财政部财政年鉴编纂处编：《财政年鉴（上）》，上海：商务印书馆，1935 年，第 701 页。

⑤ 任乃强：《任乃强藏学文集（上册）》，北京：中国藏学出版社，2002 年，第 257 页。

⑥ 见李何春：《滇藏地区的盐业与地方文明》，成都：西南交通大学出版社，2019 年，第 159 - 160 页。

⑦ 云南省地质矿产局、四川省地质矿产局、西藏区地质矿产局、青海省地质矿产局、云南冶金勘探公司合编：《中华人民共和国怒江、澜沧江、金沙江区域矿产志（下册）》，地质矿产部"三江"专著编辑委员会，1984 年，第 1186 页。

为 12 个泉群，泉水流量受河水影响大，河床至洪水位间的单泉平均流量1 ~ 220 升/日，一般 10 ~ 50 升/日"①。据新中国成立后的地质勘测，当地盐泉 "泉水无色、无嗅、甚咸，但泉口有淡黄色硫华沉淀，水温较高，实测，分别为 25℃及 41℃，最高在60℃ ~70℃之间，表明盐泉地下水循环深度大"②。据当时的调查，"芒康地区交通运输困难，长期以来食盐供应极缺，现有上、下盐井乡和加达乡三个盐场汲卤制盐，食盐年产量为 2 940 吨左右"③。

盐井长期采用背（挑）卤晒盐法制盐，盐业生产持续到现在。2012 年之后，背（挑）卤改用抽卤技术。整个盐区大小 3 500 多块盐池，全靠引卤晒盐。最近几年，盐价上涨了，从最初的几毛钱，增加至 1 块左右，但是晒盐的人户却越来越少。整个盐场的年产量未作详细统计，在 30 万 ~50 万斤。

三、云南省

澜沧江从西藏自治区流入云南境内后，经迪庆藏族自治州、怒江傈僳族自治州、大理白族自治州、保山市、临沧市、普洱市、西双版纳傣族自治州7 个自治州、地级市，最后在西双版纳傣族自治州的勐腊县出境，云南境内的干流总长度 1 216 公里。可见，整个澜沧江流域在云南境内的范围最广，盐矿资源最为丰富，盐井分布最多。从北到南，在澜沧江的干流或支流上，云南境内开采盐矿或利用盐泉的县市主要有：兰坪县、云龙县、剑川县、洱源县、景东县、景谷县、宁洱县等。此处，主要对滇西的兰坪县、云龙县、剑川县和洱源县的井盐生产情况进行简要论述。

兰坪县境内的盐泉，主要分布在金顶、喇井和河西。地质资料对兰坪盐区的记录并不多，曾简单地描述了兰坪境内的 "期井北盐泉为汲卤制盐的老盐井，金顶南温井盐泉是有数百年汲卤制盐历史的老盐井。泉流量随季节变化，1970 年 9 月 3 日测得流量为 0.2 升/秒。金顶老母（姆）井盐泉是有一百

---

① 云南省地质矿产局、四川省地质矿产局、西藏区地质矿产局、青海省地质矿产局、云南冶金勘探公司合编：《中华人民共和国怒江、澜沧江、金沙江区域矿产志（下册）》，地质矿产部 "三江" 专著编辑委员会，1984 年，第 1186 页。

② 云南省地质矿产局、四川省地质矿产局、西藏区地质矿产局、青海省地质矿产局、云南冶金勘探公司合编：《中华人民共和国怒江、澜沧江、金沙江区域矿产志（下册）》，地质矿产部 "三江" 专著编辑委员会，1984 年，第 1186 页。

③ 云南省地质矿产局、四川省地质矿产局、西藏区地质矿产局、青海省地质矿产局、云南冶金勘探公司合编：《中华人民共和国怒江、澜沧江、金沙江区域矿产志（下册）》，地质矿产部 "三江" 专著编辑委员会，1984 年，第 1187 页。

五十余年汲卤制盐历史的废盐井,据每年 7—8 月份熬盐数推算,流量大于 0.2 升/秒"①。这个盐区的盐泉和盐井情况,将在第三章进行介绍,在此不再冗述。

云龙县境内的盐井,主要分布在澜沧江的支流——沘江流域上。历史上曾经有八大盐井,即诺邓井、石门井、金泉井、顺荡井、师井、大井、天井和山井。除了诺邓井之外,每个盐井有 2 ~ 7 处盐泉。详细情况见第四章的介绍。

剑川县有弥沙井,坐落在今剑川县西南部的弥沙乡境内。有人认为弥沙井在唐代是否已经开采仍有待考证,但是,可以确定的是元代已经开采了,主要依据为清道光二十年(1840)《马德周墓志》记载的"其始迁祖马只随忽必烈有功而镇鹤庆,其子马搭驻守弥沙、开卤水二井"②。明代,弥沙井属鹤庆军民府剑川州,设弥沙井盐课司,归五井盐课提举司管辖。③ 清代,弥沙井设盐课大使,共二区:弥沙井、乔后小井。④ 雍正至乾隆初期,弥沙井额盐为 57 221 斤;清末,额盐降至 36 023 斤。⑤ 民国早期,未见弥沙井的相关文献。民国二十三年(1934)至民国二十八年(1939),最低产量为 5 704 斤,最高为 18 945 斤。⑥ 新中国成立之后,弥沙井继续生产食盐。1951 年,经地方政府改造后,该盐井的产量从日产盐 2 万公斤增至日产 2.95 万公斤。此后,产量不断上升。1956 年,弥沙井停办,只剩乔后井独立生产。⑦

洱源县的食盐生产在乔后镇,此处以"乔后盐"闻名遐迩。如上所述,乔后井原属剑川县,后在 1961 年划归洱源县。乔后井开于清初,但是整个清代,乔后井的产量并不高。有资料记载,1934 年以前,其年产量均未超过 8 万担;1934 年之后产量逐渐增加,1936—1939 年的年产量保持在 10

---

① 云南省地质矿产局、四川省地质矿产局、西藏区地质矿产局、青海省地质矿产局、云南冶金勘探公司合编:《中华人民共和国怒江、澜沧江、金沙江区域矿产志(下册)》,地质矿产部"三江"专著编辑委员会,1984 年,第 1188 页。

② 杨级宣、杨延福:《弥沙井史略》,见中国人民政治协商会议云南省剑山县委员会文史资料委员会编:《剑山文史资料选集(第 2 辑)》,1992 年,第 97 页。

③ 方国瑜主编:《云南史料丛刊(第十二卷)》,昆明:云南大学出版社,2001 年,第 599 页。

④ 方国瑜主编:《云南史料丛刊(第十二卷)》,昆明:云南大学出版社,2001 年,第 599 页。

⑤ 牛鸿斌、文明元、李春龙等点校:《新纂云南通志(七)》,昆明:云南人民出版社,2007 年,第 211 – 212 页。

⑥ 杨勋民编:《云南盐务纪要》,1940 年,第 37 页。

⑦ 云南省剑川县志编纂委员会编纂:《剑川县志》,昆明:云南民族出版社,1999 年,第 242 页。

万~14万担。[①] 民国三十五年（1946）迤西区盐场公署从大理迁往乔后，统管滇西盐务。[②] 但是，至1949年10月新中国成立前夕，其产量也不过3 000吨。[③] 1950年4月，云南省人民政府军事委员会接管乔后盐场，政府实行投资扩建盐矿，年盐产量由1950年的0.6万吨提高至1965年的2.4万吨。1970年起，乔后井开始采用真空制盐工艺；据资料记载，该井20世纪80年代的产量，可完全供应滇西800万人的食盐需求。[④] 可见，生产工艺提升、效率提高之后，盐产量剧增。

根据地质情况来判断，整个澜沧江流域的盐业资源，多数是地下水溶解了岩层，再通过地下内部结构形成的压力，使得盐泉自然冒出地表。按照取卤的方式，称之为"井盐"。每个盐区少则有三四处泉眼，多则有十几处，甚至几十处。该流域除了盐泉自然冒出地面，还有多处温泉。澜沧江流域地质比较活跃，正好是青藏高原东部和东南部地区，属地质活动带。因此，玉树、滇藏交界区、大理等地常常发生地震。

从整个澜沧江流域来看，以滇藏交界处作为不同盐业生产技术的分隔线，澜沧江上游地区采用的是晒盐法，包括青海省囊谦县盐区、西藏自治区类乌齐和芒康县，均采用传统引卤晒盐技术。澜沧江的中下游地区，即云南省境内的所有井盐，长期采用煎煮法。在历史上，澜沧江中下游地区还曾采用过古老的制盐方式——炭取法。因此，澜沧江流域承载着丰富的制盐技术，是研究少数民族地区传统制盐业的瑰宝。

煎煮法和晒盐法同时存在于整个澜沧江流域，这是由澜沧江流域从北到南流经的地区海拔落差大、气候环境差异大、生态环境有差别等因素导致的。源头的海拔为5 200米，此后海拔不断下降。青海省囊谦县的几处盐泉，海拔多数在3 300～4 200米。西藏自治区类乌齐县的盐泉，海拔为3 500米左右；芒康县盐井处在海拔2 200米左右的河谷。云南省兰坪县的几处盐泉，海拔在1 600～2 200米；云龙县的8个盐场，海拔在1 600～1 900米；云南省南部地区的几个盐场，所处的海拔已经降低至1 500米以下。这些气候特征、海拔差异，是澜沧江流域形成多元制盐技术的前提。

① 范金台、曹立瀛：《云南剑川县乔后之盐矿业》，1940年，第20页。
② 洱源县志编纂委员会编纂：《洱源县志》，昆明：云南人民出版社，1996年，第263页。
③ 薛琳主编：《新编大理风物志》，昆明：云南人民出版社，1999年，第332页。
④ 洱源县志编纂委员会编纂：《洱源县志》，昆明：云南人民出版社，1996年，第263页。

第二章
垒石为"畦": 澜沧江源头囊谦盐区的
生产工艺与社会变迁

囊谦县属青海省玉树州管辖，地处青海省的最南端，这里正是川青藏三省区的接合部。囊谦县是青海省境内井盐生产的主要基地，其境内分布着 20 多处盐泉，长期以来被当地的少数民族开发利用。目前，囊谦县境内一共有达改、拉藏、娘日洼、白扎、乃格、然木、尕羊和多伦多等 8 个盐场。历史上，人们长期采用风吹日晒法制盐，再通过盐和其他生活必需品的交换来维持生计。通常，盐粮交换是通过牦牛驼队完成的，一般可运往川青藏接合部的大部分农牧生活区。本章通过梳理文献以及田野调查获得的一手材料，对囊谦盐业生产的历史进行分析，剖析食盐生产技术的变化与地方社会变迁的关系。

第一节　囊谦的生态及其民族源流

一、生态环境

囊谦是青海省的南大门，坐标为东经 95°21′58″~97°07′0″，北纬 31°32′20″~32°43′46″。地理位置上，北接海西蒙古族藏族自治州，东临果洛藏族自治州，东南部与四川省甘孜藏族自治州接壤，南部紧邻西藏自治区昌都市。囊谦全县的国土面积呈一头大象的形状，东西长 150 公里，南北宽 130 公里，政区面积 12 700 平方公里；共辖 1 镇 9 乡、69 个村（牧）委会、291 个村（牧）民小组。2018 年末，总人口 104 306 人，境内主要分布有汉族及藏族、回族、土族等少数民族，其中，藏族占总人口的 99% 以上，是以藏族为主的少数民族聚居区。

从地理环境来看，囊谦地处青藏高原东部，其西北部地区地势相对平缓，西南部和东南部地区则多见高山和河谷。囊谦的大部分地区海拔在 3 500~5 000 米，气候特征受海拔高、气温低的影响，属大陆性季风气候。据分析，"囊谦县年平均气温（1958—2010 年）4.6℃，年平均最高气温 13℃，平均最低气温 -1.8℃，极端最高气温 29℃，极端最低气温 -16℃，最热月 7 月份平均气温为 21℃，最冷月 1 月为 -5℃ ~ -6℃。年降水量 542mm，年平均风速为 1.4m/s，年日照时数为 2 589h，平均相对湿度为 53%。其特征为气温低、光照时间长，气温日较差大，属于典型的高原大陆性气候,主要呈夏冬两季"①。

二、民族源流

历史上,囊谦地区曾长期处在部落制社会。从民族源流来看,目前在囊谦境内生活的民族主要是西羌的后裔;秦汉以来,当地经历过民族的融合和发展。汉代,古羌人从河湟一带向青海的西南部(玉树地区)迁徙,实现同当地原住民的结合;魏晋及六朝时,玉树地区为吐谷浑、白兰、党项等部落所据。②唐代,吐蕃政权在青藏高原崛起之后,便有东扩之举,以致青藏高原东部的吐谷浑、党项等部落先后被吐蕃征服,于是"党项在族体上已经吸收了吐番的血缘,也较多地承袭了吐番的文化因子,故元代(1271—1368)蒙古和硕特部称党项为番子"③。宋代,囊谦地区的社会形态发生了一些变化。

> 据《囊谦王世系谱》记载,约在12世纪中叶,曾经担任过内地朝廷内大相(即囊伦谦波,简称囊谦,意为内务大臣)的珠氏家族的吉乎·祐隆荣布的后代直哇阿路由今四川甘孜藏族自治州康定折多山一带,携妾只藏尕毛及妾所生七子,并带领愿意随迁的部分属民迁入玉树南部,因其先祖吉乎·祐隆荣布曾任内大臣,遂名其部落为"囊谦",逐步扩大其势力于玉树全境,成为一方豪酋。④

自12世纪中叶直哇阿路成为第一世囊谦王以来,经过其经营之后,囊谦形成了政教合一制度,实现了对当地少数民族的管控。此后,囊谦地区先后在25代"王"的统治下,历经800多年(1175—1979)。⑤

清雍正二年(1724),朝廷委派第十八世囊谦王多杰才旺为玉树地区35个部落的头人;次年,朝廷颁发印信为"囊谦千户",这便是囊谦历史上的第一代千户,至此,结束了以囊谦王为最高统治者的模式。

---

① 桑求卓玛:《1957—2016年囊谦县气候变化特征及对牧草生长的影响分析》,《青海气象》2018年第4期,第107页。

② 陈庆英主编:《中国藏族部落》,北京:中国藏学出版社,1991年,第4页。

③ 坚赞才旦、王霞:《百味之首在澜沧江源头——青海囊谦泉盐产销调查》,《青海民族研究》2018年第1期,第151页。

④ 陈庆英主编:《中国藏族部落》,北京:中国藏学出版社,1991年,第5页。

⑤ 陈庆英主编:《中国藏族部落》,北京:中国藏学出版社,1991年,第14–19页。

清代，历经咸丰、同治两代之后，玉树地区被称为"二十五族"。据民国期间的调查，囊谦千户在整个玉树地区的千户中属势力最强者，在统领当地各族之时，其地位较高。① 有学者指出，玉树的"二十五族"中"囊谦族最大，有千户一员。囊谦、拉休两族最富，土地肥沃、耕牧咸宜"②。总体来说，"从清朝中期到民国覆没，囊谦一直采取两制并行的治理模式：一为部落制，由千户、百户、百长等土官组成，一为国家制，因时代需要而向下延伸，如西宁总理夷情事务衙门、玉树专署和囊谦等县府三级政权及其流官组成"③。两套制度的运作，以部落制为基础，国家制悬于其上。

据调查，民国后期的玉树地区仍被称为"二十五族"，囊谦地区为囊谦族，由囊谦王（当时依然以此称呼）所管理，共计 2 490 户。④ 民国时期，囊谦王的辖地"跨据杂曲、鄂穆曲二河，东与苏尔莽为界，南与昌都、类乌齐及巴屑、多舒、琼布噶鲁、色尔扎等族为界，西与苏鲁克、中坝格吉为界。北与拉休为界"⑤。囊谦千户住在色鲁马庄，辖百户七员，四员为主，三员为次。

第二节　从部落制到国家政体：囊谦盐业生产的变化

青海省境内的湖盐资源比较丰富，在国内仅次于西藏，位居全国第二。据不完全统计，青海境内共有大大小小的盐湖 70 多个，总储量达 1 500 亿吨；其中，仅柴达木盆地的盐湖的食盐储量就十分惊人，在 1 300 亿吨以上。由于湖盐属自然结晶的盐体，具有易被发现、便于采运等特点，因此文献对盐池的记录较早，据《汉书·地理志》记载，茶卡盐湖是青海省境

---

① 倪云杰：《玉树二十五族现况》，见赵心愚、秦和平编：《康区藏族社会历史调查资料辑要》，成都：四川民族出版社，2004 年，第 545 页。

② 方范九：《青海玉树二十五族之过去与现在》，见赵心愚、秦和平编：《康区藏族社会历史调查资料辑要》，成都：四川民族出版社，2004 年，第 525 页。

③ 坚赞才旦、王霞：《百味之首在澜沧江源头——青海囊谦泉盐产销调查》，《青海民族研究》2018 年第 1 期，第 151 页。

④ 方范九：《青海玉树二十五族之过去与现在》，见赵心愚、秦和平编：《康区藏族社会历史调查资料辑要》，成都：四川民族出版社，2004 年，第 524 页。

⑤ 倪云杰：《玉树二十五族现况》，见赵心愚、秦和平编：《康区藏族社会历史调查资料辑要》，成都：四川民族出版社，2004 年，第 545 页。

内开发和利用最早的盐湖。[①] 据说"在很早的年代里，蒙古、藏族牧民和一些内地盐商小贩到茶卡盐池以土法自挖、自运、自销"[②]。但是，早期文字资料对青海省境内井盐的记载并不多。清代之后，在地方志或民族考察的报告中，略见零星记载。

一、神权控制：囊谦盐业史追溯

囊谦地处青海省最南端，是青海省境内为数不多产井盐的地区。当地自然冒出地面的盐泉，很早就被古代民族的先祖发现。不过，由于地处边疆，社会发展缓慢，历来文献资料对井盐的记载相对较少。

囊谦地方社会曾长期处在部落社会的状态。在部落时期，盐业生产处在何种状态，由于缺乏汉藏文献的记载，又远离中央王朝的直接统治，外界知之甚少。

宗教对社会的控制，在人类社会的早期是比较常见的。通常，宗教首领通过占有一个地区的重要资源，来显示其权力的至高无上。笔者对当地的老盐工进行访谈，在其口述中略知早期宗教首领控制囊谦盐业的情况，这对于研究囊谦地区的制盐历史或许有一定的帮助。比如，学界已经注意到要想得知囊谦县白扎盐场的建场时间，可通过有关"噶玛巴一世杜松虔巴（1110—1193）于75岁时在类乌齐创建尕玛巴寺，每次他路过白扎都要为社稷施放宝瓶，乞求平安"[③] 来推断。这一信息来源于一位叫丁达的老盐工，他出生在白扎盐场。1972年9月，丁达开始在白扎盐场工作，他讲述了盐工在平整白扎盐畦的过程中发现了宗教领袖放置在井底的宝瓶。

> 一天中午，盐工在挖井时突然从井中发现一个宝瓶，质地为粗陶，外部镶嵌宝石，发现后交给一位叫江章金的汉族干部（盐场经理）。因当时处于"文化大革命"期间，江接过来端详了一阵，认为是封建迷信物就砸了。事后我向一位耄耋老翁请教，方知宝瓶是噶玛巴活佛的法器，内装各色吉祥物[④]，放置宝瓶是祈求

---

① 《汉书》卷二十八下《地理志第八》。

② 马遇良：《解放前的青海盐业概况》，见中国人民政治协商会议青海省委员会文史资料研究委员会编：《青海文史资料选辑（第9辑）》，西宁：青海人民出版社，1982年，第72页。

③ 坚赞才旦、王霞：《百味之首在澜沧江源头——青海囊谦泉盐产销调查》，《青海民族研究》2018年第1期，第150页。

④ 据丁达描述，装的是几种树木的叶子，当地称为"孜那"，这些叶子通常是一些药材。

如意清静，一般在盐场东面神山放一个宝瓶，再在盐场卤井中放一个宝瓶，东西对应，故只须继续挖掘，还会挖出宝瓶来。果不其然，翌日又从卤水井中挖出几个宝瓶。①

丁达还对两位调查者②提及，每一世噶玛巴活佛经过白扎盐场的时候，都要举行在井底放置一个宝瓶的仪式，这也验证了从盐井中挖出了多个宝瓶。显然，宗教首领已经关注到这个地区的盐业资源，放置宝瓶的目的可能是想控制当地的盐业。学界曾提到重庆地区的中坝遗址中，已经出现了盐业生产和仪式的某些关联性。③ 因此，宗教通过仪式对盐业资源进行控制，或许是早期人类社会比较普遍的现象。

二、国家介入：生产规模的扩大

囊谦地区盐业开发的历史，最早可追溯至哪个时代，学界曾有讨论。如有学者笼统地说"囊谦县的卤水资源（红盐）储量很丰富，开采历史也很悠久"④，另有一则公开报道称：白扎盐场建于唐朝垂拱元年至宝应元年（685—762）⑤，但未见任何支撑性的证据。坚赞才旦对各盐场形成的时间进行了论述⑥，首先，他依据宝瓶的传说，并结合囊谦王的家谱，判定白扎盐场是囊谦境内盐业开发和利用最早的盐场；其次，他联系雍正元年（1723）年羹尧讨平罗卜藏丹津之事分析乃格、尕羊、多伦多和然木的建场时间："藏族脱离了蒙古和硕特部，归顺清廷，从此安居乐业，求思进取，人口增长，故有掘井晒盐之局面。四个盐场可能是在雍正十年至乾隆六十年（1732—1795）开建的，前后跨距63年，年代虽不及白扎久远，但也有222年至285年了。"⑦ 另外的娘日洼、拉藏和达改三个盐场，大约是在嘉庆元年（1796）至民国初年开建的。尽管坚赞才旦的论述仍然缺乏可信的文献

---

① 笔者和中山大学人类学系坚赞才旦教授一同调查获得的资料，调查时间：2017年8月17日。
② 笔者和坚赞才旦。
③ FLAD R K. Salt production and social hierarchy in ancient China: an archaeological investigation of specialization in China's Three Gorges. Cambridge: Cambridge University Press, 2011: 4.
④ 贾鸿键、索南旦周：《青海玉树州囊谦县两处盐场调查概况》，《南方文物》2015年第1期，第123页。
⑤ 《光明日报》2017年10月7日第4版的《公益广告》栏目引用了这一说法。
⑥ 坚赞才旦、王霞：《百味之首在澜沧江源头——青海囊谦泉盐产销调查》，《青海民族研究》2018年第1期，第150–151页。
⑦ 坚赞才旦、王霞：《百味之首在澜沧江源头——青海囊谦泉盐产销调查》，《青海民族研究》2018年第1期，第150页。

资料作为依据,不过,这对当地盐业生产历史的论述和讨论起到了抛砖引玉的作用。

清代之前,有关囊谦盐业生产的线索是模糊的。清末至新中国成立前夕,青海由马步芳①家族统治。于是,在囊谦盐区调查期间,听到最多的信息是当地的盐畦由马步芳家族派官兵来管理。现在,人们依然可以在一些盐场看到民国时期修建的房屋或盐仓,但已是断壁残垣,据盐工介绍,这些建筑正是马步芳统治时期留下来的。

图 2-1　马步芳时期修筑的墙体

民国初期,马步芳的父亲马麒是青海办事长官,他在青海南部地区设置玉树理事后,于民国六年(1917)开征囊谦盐税以供军需;这一时期,囊谦盐场属囊谦千户和邦岔、香达、下中坝、八青等百户管辖,由231户盐民经营。② 民国二十二年(1933)囊谦县成立,县内设置盐务协助专员1人,协助县长管理盐税事宜。

---

① 马步芳(1903—1975),甘肃河州(今临夏)人。字子香,回族。早年入宁海军官训练团学习。1928年起任国民党军旅长、师长,青海南部边区警备司令,新编第二军军长,青海省政府主席等职务。见夏征农、陈至立主编:《大辞海·民族卷》,上海:上海辞书出版社,2012年,第77页。

② 翟松天:《青海经济史(近代卷)》,西宁:青海人民出版社,1998年,第145页。

民国三十年（1941），马步芳成立哈姜盐务局，成为管理青海盐务的专门机构。民国三十三年（1944），囊谦盐场被青海省政府以6 600元银币收买①，并在囊谦成立盐务局，称为"青海土盐推销处"，此机构具体负责盐业生产、销售及税收。1945年，囊谦的盐务由地方政府来管理，由县长兼任局长（经理），县党部书记兼任总司长，盐场经理兼税卡的卡长。② 马步芳家族统治青海时，以横征暴敛、巧取豪夺的超经济的掠夺手段，对青海各族人民群众进行了极为残酷的压榨，独占了全省的赋税和工商业。③ 此种行为，自然受到地方僧权的反对。例如，民国三十六年（1947）12月8日，原西康省德格县八邦寺寺主恩德仁波向中央蒙藏委员会报称："窃查青海囊谦县荡仁多（今多伦多）村三十六处盐畦，原系本寺产业已历二百余年，僧众数逾两千指此供佛并以糊口。民国三十三年夏为青海南部边区司令部以土盐推销处名义强行侵占……"④ 但是，一方面，青海当局已向当地部落头人支付了款项，买卖已定，并按协议每年向原业主及盐民拨付免费盐298余担；另一方面，因八邦寺不属青海管辖范围，所以青海当局未予理睬。⑤

民国时期，人们关注到西康地区有三处产盐：川边的盐井县（现为西藏自治区芒康县）盐井、埃零夺盐池（即囊谦县多伦多盐场）和类乌齐盐池。其中，据民国三十五年（1946）的《财政年鉴》报告，"埃零夺盐池，在西康石渠县之北，距离德格县七站。其池在缓斜山麓有盐田纵横约各一里有余。凡分四百二十六口"⑥。在此之前，任乃强先生于1929年入康区考察一年之久，也曾关注到西康境内的盐业分布情况，任先生提及供康区的食盐主要有五种：第一，四川的巴盐，主要为四川乐山、犍为所产；第二，盐源白盐，为盐源县黑盐井和白盐井所产；第三，上述提及的盐井县井盐；第四，埃零夺池盐；第五，类乌齐池盐。

任乃强先生对埃零夺池盐和类乌齐池盐进行了详细描述："埃零夺在石渠之北，距德格七站。有盐泉在缓斜山麓，涌水为池，土人引池入田晒，田干，扫之成盐，亦散盐也。其盐田纵广一里，横阔里余，凡426口。每年产盐900余驮，运销德格五县、霍尔三县与瞻化等处，东至丹巴绥靖，东南至打箭炉，南至理化，西至隆庆而止。产盐地无布帛乏青稞，北道番商，

---

① 青海省地方志编纂委员会编：《青海省志·盐业志》，合肥：黄山书社，1995年，第67页。
② 青海省地方志编纂委员会编：《青海省志·盐业志》，合肥：黄山书社，1995年，第65页。
③ 陈秉渊：《马步芳家族统治青海四十年》，西宁：青海人民出版社，2007年，第160页。
④ 青海省地方志编纂委员会编：《青海省志·盐业志》，合肥：黄山书社，1995年，第67页。
⑤ 青海省地方志编纂委员会编：《青海省志·盐业志》，合肥：黄山书社，1995年，第67页。
⑥ 财政部财政年鉴编纂处编：《财政年鉴（上）》，上海：商务印书馆，1935年，第701页。

驮布与粮食前往易盐，每青稞一驮，换盐五驮。运至瞻、理、白玉等处，则又每盐一驮换青稞五六驮矣。"① "类乌齐池盐，亦晒盐也，状如红坭，质味殊劣，而番人喜用之。销行喀木地方，南至桑昂，东至江卡、贡觉、同普，北至隆庆，西至丹达。以察木多为发散中心，故称察盐。丹达以西，皆销西藏池盐矣。"② 这是民国时期西康盐业的基本情况。

1949 年 9 月 5 日西宁解放，青海盐务分局由军管会的财经处暂时管理。1951 年青海省在全国盐务机构调整中，省管局设于西宁，下设茶卡、湟源、玉树三个分局，设循化、哈姜、尕拉麻羊曲、囊谦四个支局。1953 年，青海省盐务管理局划归省工业厅领导，实现盐务管理局和盐业公司两块牌子、一套人马，统管全省的食盐生产、供应和销售。1958 年，机构调整之后，盐税直接归地方政府征收，囊谦盐务局及所属的生产点归玉树州管理。此后的一段时间里，囊谦盐务又下放给地方政府管辖。1973 年，囊谦县改盐务局为盐务科。1977 年，囊谦县盐务科与交通局合并，成立县工交局，盐务归工交局统一管理。1984 年，县工交局又将除了娘日洼和达改两处生产点之外的盐业生产点，移交给城乡企业管理局。③ 这种情形持续了十多年，到 20 世纪末期，囊谦县成立盐业公司，管理地方盐务。不过，这个时候政府仅仅起引导作用，盐业生产实质上由私人承包；承包者按照协议，每年上缴一定的承包款，自负盈亏。

第三节　囊谦盐业生产及其组织形式

囊谦县境内的 8 个盐场中，以多伦多盐场和白扎盐场面积较大，产量较高。前者每年可产盐 700 吨，后者一年的产量在 500 吨左右。其他几个盐场的规模相对较小，年产量在 30 万～80 万吨，8 个盐场的年产量在 3 500 吨左右。目前，上述几处盐场均采用晒盐法制盐，但是不同的盐场根据自身的情况，在生产过程中又形成了不同的生产形式。

① 任乃强：《西康图经》，拉萨：西藏古籍出版社，2000 年，第 284 - 285 页。
② 任乃强：《西康图经》，拉萨：西藏古籍出版社，2000 年，第 285 页。
③ 青海省地方志编纂委员会编：《青海省志·盐业志》，合肥：黄山书社，1995 年，第 53 - 65 页。

一、盐场及其产销调查

囊谦盐区位于青海省南部的川青藏交界区，8 个盐场以县城（香达镇）为中心，分布在四周。从方位来看，达改在县城西侧，拉藏、乃格和然木处在西北部，娘日洼和尕羊在西南部，白扎在南部，多伦多在东南部。从距离来看，拉藏盐场离县城最近，仅 2 公里；次为达改，离县城约 3 公里。娘日洼距离县城 10 公里，白扎为 32 公里，然木为 44 公里，乃格为 53 公里，多伦多 80 公里，尕羊为 120 公里。

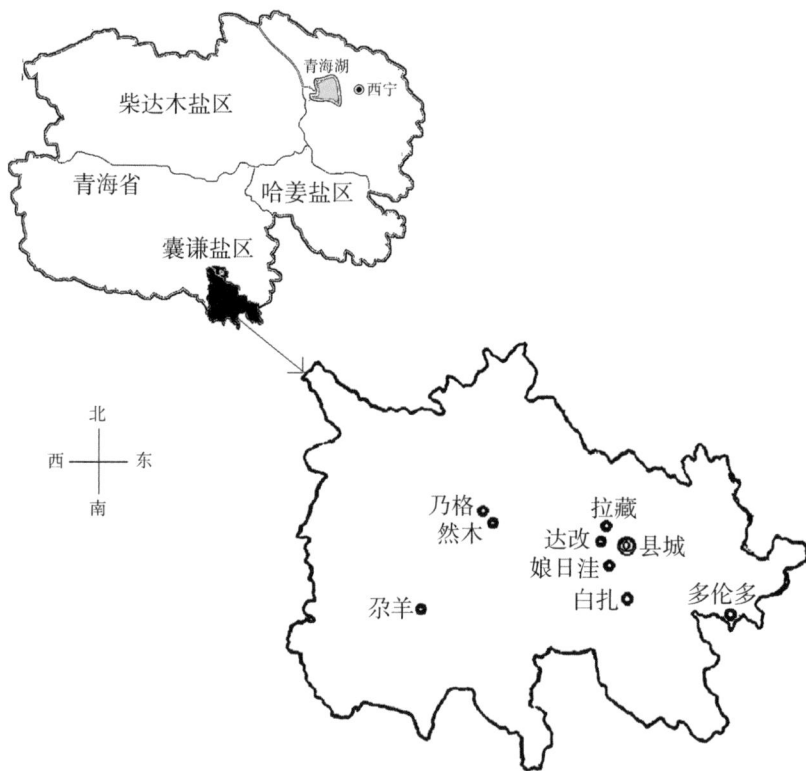

图 2-2　青海省及囊谦县 8 个盐场的分布示意图①

---

① 采自坚赞才旦、王霞：《百味之首在澜沧江源头——青海囊谦泉盐产销调查》，《青海民族研究》2018 年第 1 期，第 149 页。

（一）拉藏盐场（又名"日阿忠"）

拉藏盐场属囊谦县香达镇拉藏牧委会，分布在县城的西北部。盐场位于一个小山谷的底部。盐场目前由村民自行承包，但是长期处于半生产状态。盐畦由两个部分组成。一部分在村庄的右侧（称为南部的盐畦），呈长方形，盐畦数为133块，大小不一，总面积为1 568平方米。盐畦的北部建有盐仓，容积为907立方米，左侧是一排盐工的住所，但是此时已是人去楼空。沿着山谷往北继续前行100多米，眼前呈现的是第二部分的盐畦（称为北部的盐畦），呈条状；盐畦数为56块，大小不等，稍大的盐畦长约10米，宽在3米左右，小一些的盐畦则长宽不过3米。盐畦的北部建有较大的储卤池，长为13.5米，宽为10.7米，深1.1米。这一部分的盐畦，含储卤池的面积在内，总计达3 856平方米。

比例尺：1：4 000

图2-3 拉藏盐场手绘图①

（二）达改盐场

达改盐场地处县城西侧，紧邻拉藏盐场，离县政府所在地仅3公里左右。盐场属香达镇巴米牧委会，盐畦处在囊谦至东坝乡的公路右侧。盐场由两个部分构成：第一部分是场主尕桑次仁一家人的住所，一进盐场大门，

---

① 李何春手绘，坚赞才旦加工。

一栋三间小屋的楼房近在眼前；第二部分是盐仓、盐畦和储卤池。进门后，左侧是盐仓。走过盐仓，向右转，两侧分布着两种类型的盐畦。左侧的盐畦主要由石子或砖头铺成，盐畦数为 158 块，多数为规则的长方形，面积不大，在 4~6 平方米。右侧为不同长度和宽度的盐畦：一种为长 60 米、宽 2.8 米的有规则盐畦，一共 12 块；另一种为长 90 米、宽 3 米的盐畦，数量同为 12 块。右侧这 24 块盐畦，底部全部用混凝土浇筑而成，晒盐的时候，在盐畦底部铺上精选的塑料薄膜，即可晒盐。同左侧的盐畦不同，此种方法晒出来的盐巴，盐质好、色泽鲜艳、无杂质，主要供人食用。而左侧的盐畦，因底部有泥沙，晒制的盐巴盐质差、杂质多，主要用于喂养牲畜。

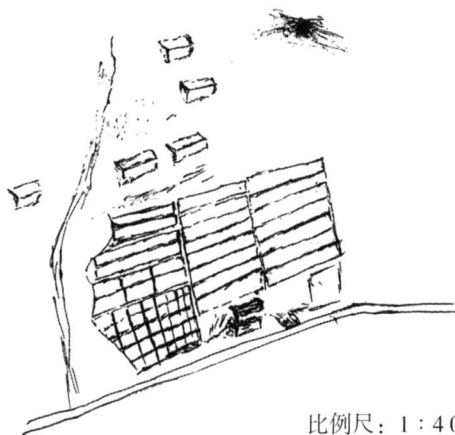

比例尺：1:4 000

图 2-4　达改盐场手绘图①

　　达改盐场的卤水是从 3 公里之外的盐井中用塑料胶管引过来的。盐泉出自山腰，卤水沿断裂带流出地表，泉水流量 0.5 升/秒。② 用 GPS 定位仪进行测定，卤水井的坐标为：北纬 32°11′25″，东经 96°26′4″，海拔为 3 574 米。盐场在盐泉出处建有一口井，将卤水集中起来。盐井用木料堆垛而成，顶部由木料排起来，经过多年的雨水冲刷，土方已将盐井全部掩盖，仅露出井口。盐场为了防止泥土掉入井中，用一木板挡住。

　　达改盐场采用传统的晒盐法制盐，每年的 3—6 月是晒盐的旺季。6 月之后，要么是雨天，要么是雪天，并不是晒盐的最佳时节。场主尕桑次仁

---

① 李何春手绘，坚赞才旦加工。
② 陈彦交：《青海囊谦高浓度盐泉水化学及硼同位素地球化学特征研究》，中国科学院青海盐湖研究所硕士学位论文，2016 年，第 22 页。

同老伴长期住在盐场，育有一男一女，儿女平时很少回去，盐场主要由场主打理。据尕桑次仁介绍，他从学麦①那里以每年 8 万元②将盐场承包过来，在晒盐期间，场主雇佣盐工来晒盐，人数少则四五人，多则八九人不等，每人每天的工价为 200 元。整个盐场一年的产量在 125 吨左右。

（三）娘日洼盐场

从县城出发，有两条路可达娘日洼盐场。一条沿着 214 国道往南，行 9 公里左右，往北转后行 5 公里左右到达盐场。另一条则沿着县城南部的土路，先缓缓爬坡，再下坡，过一段平路之后即可到达盐场，此路从县城出发，大约为 10 公里。

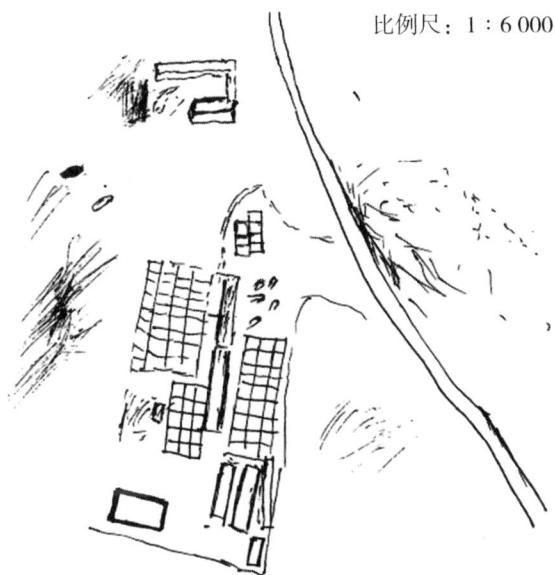

图 2 - 5　娘日洼盐场手绘图③

盐场建在山下的一块窝型山坳之中，整个盐场一共有大大小小 244 块盐畦，总面积为 8 385 平方米。盐场主要由盐畦、盐仓、盐工住所和盐神组成，正北方为盐仓和盐工住所，南部为盐畦。2017 年 8 月调查期间，在盐仓的背面，还有五六间无人居住的房子，房子的外侧土墙开裂，内侧也有倾倒的危

---

① 学麦，原为囊谦县畜牧局局长，退休后主动提出承包盐场。
② 2017 年 8 月调查期间，尕桑次仁介绍承包费已由原来的 8 万元增加至 13 万元。
③ 李何春手绘，坚赞才旦加工。

险,场主用一根木头顶住墙体,以防倒塌。据丁达介绍,这些房屋是新中国成立后一段时期的盐工宿舍。他曾在这个盐场当经理,东侧的两间房子便是由他和家人居住。那个时候,盐工待遇好,社会地位高,住房也比一般的百姓家庭要好。但随着盐业萧条,特别是被私人承包之后,盐工们另谋出路,盐场逐渐荒废。目前,场主平时并不住在盐场,只见一间简易的铁皮房屋修建在原来的房屋和盐仓中间。西侧还留有一段厚厚的墙体,据丁达所言,那是马步芳时期留下来的。这一段墙,明显比后来建的墙体要厚很多。

（四）白扎盐场

白扎盐场坐落在白扎乡境内,离县城香达镇有 32 公里,经 214 国道行 20 多公里,转入然娘段,再行八九公里可达盐场。盐场分布在白扎村东南,盐场和村庄紧密相连,海拔为 3 465 米。整个盐场在一条溪流的东侧,呈长条状。盐畦由两个部分构成,一部分紧靠溪流,地势平坦,盐畦形状比较规则,呈长方形或正方形。这一部分的盐畦,又以卤水井为中线,分布在左右两侧。整个区域,两侧呈梯形,南北长 282 米,北侧宽为 56.4 米,南侧最窄处为 17 米。另一部分建在山坡的斜面上,呈半月形。北边和南边宽均为 38 米,半月形的盐畦高为 97 米。两个区域的盐畦总数为 780 块,其盐畦面积为 34 465 平方米。

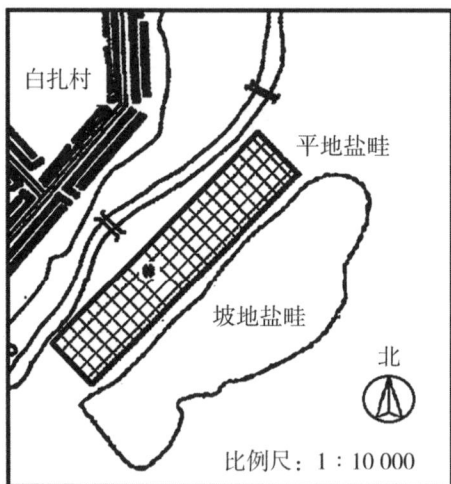

图 2-6　白扎盐场平面图①

---

① 采自坚赞才旦、王霞:《百味之首在澜沧江源头——青海囊谦泉盐产销调查》,《青海民族研究》2018 年第 1 期,第 149 页。

（五）然木盐场

然木盐场位于囊谦县西北侧，距离县城44公里。盐场坐落在海拔4 200米的一个斜坡上，呈梯田模样。目前，然木盐场共有84块盐畦，每块盐畦的面积大小不同，小则十几平方米，大则30～40平方米，整个盐场的面积为1 848平方米。盐畦上方有两个大的储卤池，一个已修建好并投入使用，另外一个正在修建中，每个储卤池的容积为28立方米。

图2-7　然木盐场

2018年4月下旬笔者到该盐场调查时，正值晒盐季节，在盐畦下方和右侧的空地上，堆放着112袋包装好的盐巴。据调查，然木盐场主要生产藏红盐，盐畦表面的最上层是白盐，底部为红盐；白盐产量仅占整个盐场产量的10%，红盐占90%。几位调查者刚到盐场的时候又是下冰雹，又是下大雪，没过多久，却是艳阳高照。随行者告诉笔者，这里的天气变化多端，已是常态。不过，对于从南方而来的调查者而言，当白雪融化之后，看到蓝天和白云，心情还是格外地舒畅。

听报道人说，在新中国成立之前这里的盐泉已经被利用起来了。笔者调查期间，在盐场右上方几百米处发现了几处盐泉。盐泉下方十几米处，有十来块盐畦，据说是以前修建的，这些盐畦呈圆形，相比较后期修建的盐畦，它的面积要更小，仅为4～6平方米。

（六）乃格盐场

乃格盐场和然木盐场同属一个方位，离县城有53公里。盐场在一个山坳之中，呈弯月形状。盐畦的海拔在4 000米左右，盐畦数为196块，总面积为31 550平方米。据当地老人讲述，乃格盐场盐畦的数量长期以来变化不大，一般会受洪水冲刷的影响；不过，当洪水冲毁盐畦之后，人们很快又会重修盐畦。一般而言，盐畦使用面积的大小，主要由盐泉的流量来决定。在3、4月份晒盐的旺季，这里的盐泉流量很大，往往在灌满所有的盐畦之后，还有部分卤水外流。反之，9、10月份的时候，盐泉流量小，难以满足整个盐场，最下方的盐畦自然被闲置起来。

近几年，盐场的年产量保持在200吨左右。乃格盐场也是以生产藏红盐为主，一般需要7～10天的沉淀和阳光的照射，卤水才能自然结晶为盐。盐畦的表面结晶出的那一小部分白盐，主要供人食用；盐畦底部则多数为红盐，主要用于喂养牲畜。

图2-8　乃格盐场

在晒盐季节，当卤水结晶之后，一般需要六七名盐工一起工作。一般由三名盐工配合起来收盐，两名盐工用双手拉住袋子，形成窝状，另一名盐工用铁铲将盐铲入其中，待水分沥去后，再将盐倒入准备好的袋子之中，袋子装满之后将其堆放在盐畦两侧的道路旁，等待其他盐工将其运送至盐仓。其他盐工，有的负责捞盐，一般是用木耙将盐集中起来；有的负责运盐，一般用摩托车或拖拉机将盐运至盐仓。摩托车每次只能运 3~4 袋盐，拖拉机则可运 10~12 袋。

（七）尕羊盐场

尕羊盐场位于囊谦县尕羊乡西南侧，距离囊谦县城 120 公里，是整个囊谦境内离县城最远的盐场。该盐场处在海拔为 4 350 米的河谷。土丁是该盐场的场主，一位 49 岁的藏族男子。据土丁介绍说，30 年前他的父辈曾一块一块地数过整个盐场的盐畦数，一共超过 1 080 块。经调查者的现场测量，整个盐畦的面积为 32 645 平方米。该盐场的产量每一年略有不同，总体上保持在 15 万斤左右。

图 2-9　尕羊盐场

（八）多伦多盐场

多伦多盐场位于县城的东南部，属娘拉乡的辖区。地图上，县城和盐场之间的直线距离不过 45 公里，但是驾车则需要绕行 80 公里。而且，这段路程上，柏油路面并不多，主要是土路。经过两个多小时的汽车颠簸，到达多伦多村之后，继续往北步行大约 3 公里，河谷右侧的斜坡上呈现出白花花的一片，这便是多伦多盐场。盐场所在的海拔为 3 600 米左右。整个盐场的面积为 66 035 平方米，是囊谦县境内最大的盐场。由于整个盐场的卤水结晶之后，连成白色的一大片，放眼望去，如同一片雪地，因此难以搞清楚到底有多少块盐畦。但是，其盐畦的数量一定是囊谦盐场中最多者。

图 2-10 多伦多盐场

2013 年 4 月，多伦多盐场被青海省确定为省级文物保护单位，这也是囊谦县 8 个盐场中唯一的省级文物保护单位。

图 2-11 多伦多盐场省级文物保护单位告示碑（从左往右：何国强、美求、学麦、阿兰吉尔·哈桑）

盐场由村民美求以管理员的身份进行打理。据他介绍，整个盐场有1 000多块盐畦，显然这个数字并不准确。每年的晒盐季节，通常是3—6月份，村民开始修整盐畦，然后派两名盐工专门负责放卤水。卤水自上而下灌满了上部的盐畦，再流向下方的盐畦，逐层往下。当盐畦结晶成盐之后，村民集体收盐，收盐的方式和乃格盐场基本相同。

二、囊谦传统晒盐技艺

（一）盐场的主要构成要素

1. 盐畦

"盐畦"是囊谦县8个盐场对晒盐场所的称呼，西藏自治区芒康县纳西民族乡境内的盐井则被称为"盐田"。本书按照当地的习惯，称囊谦的为"盐畦"，称芒康的为"盐田"，但是，二者在本质上并无差异。

盐畦是囊谦各个盐场盐业生产的直接场所，当地百姓通过垒石为"畦"的特殊方式来修建盐畦，多数呈田字形。每块盐畦之间几乎相连，因此，从远处看像白白的一片雪地。8个盐场修筑的盐畦，外观上虽有一定的差异，但是修筑方式基本相同。多数盐畦建在空旷的坪地上，通常以石料为基础，类似汉族地区的水田，底部铺设鹅卵石，呈方块形状，因此称之为"盐畦"。这和西藏芒康县境内修筑的"盐田"相比，二者在构造上并无太大差异。若一定要描述二者的区别，则表现在：囊谦县境内的盐畦是直接修筑在坪地上的，而西藏芒康县境内的盐田则是修筑在"木楼"的上方（见图2–12）。

图2–12　芒康县的盐井盐田

囊谦地区 8 个盐场的面积和盐畦数量不尽相同，在盐畦的修筑方式上也略有差异。通过调查，总体上可将盐畦的修筑方式分为两类：

（1）鹅卵石铺垫法。

这一类盐畦的构造方法在囊谦比较普遍，即在盐泉的周围或下方，选择平整的土地或直接依据地势，先是用石料砌成田字形盐畦，再用石料或木料将其分成若干个小块的盐畦。盐畦底部先用沙石铺平，用木槌夯实，再将鹅卵石嵌入土中，盐畦的修建即可完成。目前，除了达改盐场之外，其他盐场均以此法修筑盐畦。上述铺鹅卵石的修筑方法的盐畦，依照地势又可分为圆形、方形、不规则等不同形状。从修筑的年代来看，圆形和不规则形状的盐畦是早期修筑的，由于当时的生产力水平低，对坡地的改造能力有限，人们主要依据地势和坡度来修建。一般而言，早期修筑的盐畦面积不大，修筑方式也相对简单。有些盐畦的底部甚至没有铺垫鹅卵石，而是直接修建在平地上，盐畦的底部实质上就是一块坪地。盐畦的外围一般用泥浆和木料来固定，以保证卤水不会轻易流出盐畦之外。

图 2 - 13　多伦多盐场的盐畦

（2）混凝土浇筑法。

采用此法修筑的盐畦，仅限于达改盐场。通过调查，笔者发现达改盐场的场主尕桑次仁是一位对晒盐比较热衷的老者，因此，他善于思考如何改进制盐技术。历经几次实验之后，尕桑次仁在一次参观考察浙江沿海一带海盐晒盐技术时受到启发，于是尝试使用塑料薄膜来晒制盐巴。后来他发现，此法对盐畦底部的平整度要求较高，需要采用混凝土浇筑法修筑盐畦。这样的盐畦底部光滑，利于铺垫薄膜。不过，据场主介绍，此法对塑料薄膜也有要求，目前使用的薄膜是他经过多次试验后最终选定的。

据资料记载，囊谦县晒盐技术的变化，特别是使用新的材料，发生在

20世纪70年代初。据地方盐业志记载：

> 1965年以后，各场点开始用新的材料改造盐畦，使泉盐向精白方向发展。原来用做盐畦的石块，改用草席、木板和砖块，后来试用塑料膜、混凝土做盐畦。草席铺盐畦，收盐时困难，使用寿命短，而且盐草掺杂，影响销路，使用者不多。木板铺畦，经风吹日晒和卤水浸泡，容易变形，凹凸不平，不易刮取。砖块做畦，时间太久，易风化，影响盐质。但这些材料造价低，使用方便，曾为部分场点使用。塑料膜铺畦，易破烂，经常更换，成本高，但由于生产出来的盐质较好，仍受部分场点的青睐。混凝土是比较理想的盐畦材料，但限于条件，到1985年只有个别场点用来建畦。[1]

目前，用混凝土浇筑的盐畦在整个达改盐场总计24块。这又分为两种：一种长60米、宽2.8米，共计12块；另一种长90米、宽3米，数量也是12块。

图2-14　囊谦塑料薄膜晒盐法

2. 卤水井

卤水井是一个盐场必不可少的基础设施。盐业生产的持续进行需要源源不断的卤水，卤水作为稀缺的自然资源，自然也得到盐民的格外珍惜。因此，将地下冒出的盐泉集中到某处，成为储藏卤水的重要手段。此时，人们便修筑卤水井，将卤水集于其中，再通过其他方法，将卤水运送出去。

---

① 青海省地方志编纂委员会编：《青海省志·盐业志》，合肥：黄山书社，1995年，第85页。

在囊谦县的 8 个盐场中，仅然木盐场并未正式修建卤水井。在然木盐场，人们在盐泉下方深挖了一个窝形的水塘，即为卤水井。其他盐场都用石料或木料修筑了大小不一的卤水井。

囊谦县的卤水井普遍不大，长宽在 2 ~ 3 米，深度在 2 ~ 6 米。从修筑的情况来看，8 个盐场的卤水井可分为三类：

第一类是藏于山体之中，通常在外观上很难看出是一口卤水井，外面仅看到盖住井口的一块木板。此类卤水井仅有一口，即在达改盐场。通过察看，调查者们发现该卤水井的内部由木料堆垛而成，呈直井形状，四周用木料一层一层地架起，顶部又用木料排成一排，几乎不留缝隙，再铺石料。为了观测卤水的流量，卤水井的正面留有一道小门，平时用一块木板盖住。根据现场用卷尺测试的结果，卤水井深度在 1 米左右，宽为 1.5 米。

第二类为直井。此类卤水井的构成分为两个部分：一部分在地下，一部分在地上。其中，多伦多、娘日洼、白扎 3 个盐场的卤水井均为此类。3 个盐场的卤水井修筑的方式略有区别。其中娘日洼和多伦多两处的卤水井地下部分和地上部分均用木料堆垛而成。

娘日洼盐场的卤水井在盐场的西侧，高度和盐畦相同。从卤水井的构造来看，直井深 6 米，宽一侧 3.4 米，另一侧 2.94 米。正面留有一道门，高约 1.4 米。乍看该处卤水井和汉族地区的猪圈极为相似。整个卤水井并无顶盖，井内也不分淡水和卤水。2017 年 8 月，笔者第一次去囊谦各盐场调查时，正逢雨季，卤水井内灌满了水，分不出是卤水还是淡水，内部结构也难以观察。第二次

图 2 - 15　达改盐场卤水井外观

图 2 - 16　娘日洼盐场卤水井外观

去囊谦调查是次年的 4 月，此时囊谦正处在干旱季节，井内的卤水非常少，卤水井的内部构造可一探究竟。俯视井内，只见四侧用木料堆垛起来，为了防止四侧对中间的挤压，分别用两根木料构成十字形的支撑架，这样的支架一共有五层。井内 1~4 层的木料上，已经结上厚厚的一层白色盐晶体。

图 2 - 17   娘日洼盐场卤水井内部结构

娘日洼盐场的卤水井是整个囊谦盐区最深的盐井。此外，结构类似的卤水井，还分布在多伦多盐场和白扎盐场。多伦多盐场处在一个斜坡上，卤水井在盐场的最高处，盐畦分布在卤水井的下方。卤水井的结构同样分为地上部分和地下部分，这和娘日洼盐场的卤水井并无差别。经过测量，卤水井深 2.5 米，宽 2 米（见图 2 - 18）。用 GPS 定位仪进行测定，卤水井的坐标为：北纬 32°04′48″，东经 96°56′14″，海拔为 3 676 米。白扎盐场一共有 3 口卤水井，其中两口结构简单，隐藏在盐畦下方，内部像一个水塘。另外一口为直井，建在盐场的中间位置。地下部分的构造难以察看清楚，地上部分是一间正方形的小屋。整个小屋并非用木料建成，而是底部砌石头作为基础，墙体用沙土筑成，屋顶先平放木料，再铺上沙土。该卤水井深 4 米，宽一侧 2.6 米，另一侧 2.2 米。屋子高 2.4 米（含 40 厘米的沙土盖顶）（见图 2 - 19）。

图 2 - 18　多伦多盐场卤水井外观

图 2 - 19　白扎盐场卤水井外观

第三类为简易的卤水池。此类卤水井见于乃格盐场和然木盐场。在乃格盐场，卤水井并非一口正式修建的盐井，而是用木料堆垛的简单储卤池，四面用木料围起来，深度仅有 40 ~ 60 厘米。站在盐井旁边，就能看到卤水咕嘟咕嘟地冒出来（见图 2 - 20）。然木盐场的卤水井，实为一个水塘。盐民在卤泉出处下侧深挖一个水坑，四周都是结晶的大盐块（见图 2 - 21）。

图 2 - 20　乃格盐场卤水井外观

图 2 - 21　然木盐场卤水井外观

3. 盐仓

盐仓是盐民暂时储存晒好的食盐，以便于商人或马帮前来驮运的场所。目前，每个盐场都建有盐仓，样式已经汉化，一般用石头砌房屋的基础，用木料搭建整个架子，用沙土修筑墙体。

每个盐仓的大小，根据产量来修建。达改盐场的盐仓和人们的住房相差无几，结构为人字形，墙体用泥土筑成，顶部先用木料平铺，再加盖一层瓦。据测量，达改盐场的盐仓长 17.5 米，宽 8.5 米，高 3 米，容积为

446.25 立方米，如果用食盐将其全部装满，至少可容纳 483 吨食盐。从调查的情况来看，娘日洼盐场的盐仓和达改盐场的盐仓，二者结构相似，容积基本相同。在上述两处盐仓的角落里都堆满了白色和红色的盐巴。商人或农户可以直接到盐仓来取盐，称重和运送也较为方便，小山似的盐堆旁边往往有平秤和钉耙，以及手扶拖拉机等工具。

图 2 - 22　达改盐场盐仓和娘日洼盐场盐仓

　　白扎盐场的盐仓则呈方形。房屋墙体的底部用石料砌成，高约 1 米，上方再用土砖来砌墙，屋顶先铺两层圆木，再铺沙土。盐仓的正面留有一扇门，摩托车可将盐直接拉至盐仓内。整个盐仓长约 12 米，宽 9 米，高 2.5 米，容积约为 270 立方米，可装 292 吨左右的盐巴。与其他盐仓不同的是，白扎盐场的盐仓里整齐地堆放着袋装的盐巴。在白扎盐场，盐仓离盐场不过三四百米，但未见人们背运盐巴，而是全靠摩托车将盐巴运至盐仓。由于盐仓靠近公路，交通十分便利，全靠汽车或马匹运至各地。此外，白扎盐场实行的是集体所有制形式，所以，盐户自家并不存放盐巴，全部存在仓库集中管理。

图 2 - 23　白扎盐场盐仓的外观和内部

相比较而言,在8个盐场中多伦多盐场的产量最高,因此,其早期修建的盐仓规模最大。该盐场一共修建了十余间房子作为盐仓,盐仓的地基用石头砌成,墙体用砖垒成,顶盖呈人字形,依然采用的是先铺圆木、再加盖沙土层的方法。多伦多盐场现在实行的是集体所有制,但是生产出来的盐巴并未集中管理。早期修建的盐仓由于远离村庄,交通不便,逐渐被废弃。目前所见的房屋,多数仅保留着墙体,屋顶早已垮塌。

图 2 – 24　多伦多盐场盐仓外观

4. 储卤池

储卤池主要用于暂时存放卤水,青海和西藏两地的盐区均有修建。储卤池主要根据盐泉的流量和地势来修建,分为窝形和方形两种,容积最小的为 5 ~ 6 立方米,最大的达 500 多立方米。通常,窝形储卤池修建的年代较早,时间在清末至新中国成立前,这类储卤池多数用石头砌成。目前,娘日洼盐场保留的窝形储卤池比较多。窝形储卤池的结构类似于葫芦瓢状(见图 2 – 25)。如果以此形状来描述,柄部为盐工进入储卤池挑运卤水的石梯。根据测量,20 多个储卤池的石梯宽为 50 ~ 70 厘米不等,前端呈圆形或椭圆形,直径为 2.5 ~ 3.5 米,池深 2 米左右,池中的卤水仅深 50 ~ 65 厘米。

图 2 – 25　娘日洼盐场窝形储卤池

在囊谦的 8 个盐场中，多伦多、白扎、然木、孕羊、乃格 5 个盐场未见储卤池，而娘日洼、拉藏和达改 3 个盐场修建有大型的储卤池。娘日洼盐场总共建了两个储卤池，均用混凝土浇筑而成，呈方形，无顶。其中一个储卤池长 12 米，宽 5.2 米，深 2 米，可容纳 124.8 立方米的卤水；另一个储卤池长 17.1 米，宽 5 米，深 1.5 米，容积为 128.25 立方米。

图 2-26　娘日洼盐场方形储卤池

达改盐场一共有 4 个储卤池，上中下各一排，第一排两个，第二、三排各 1 个。储卤池呈梯形，上方的两个储卤池，上部长 13.7 米，底部长 13.1 米，宽 6 米，深 3 米，容积为 240 立方米。第一排的两个储卤池，上部长 20 米，底部长 19 米，宽 7 米，深 4 米，容积为 546 立方米左右。

图 2-27　达改盐场储卤池外观

一般而言，为了方便抽卤，各个盐场储卤池的位置都略高于盐畦。有些盐场的储卤池位置甚至高于卤水井，这得益于现在多数盐场使用水泵抽卤技术，并不需要考虑劳动力的耗费。

5. 盐工住所

盐工住所分为两种情况：一种是盐场离村庄较近，盐工无须在盐场另行修建住所，村庄和盐场实质上合为一体，多伦多、白扎、乃格、尕羊、达改、拉藏6个盐场，属于此类情况。另一种是盐场离村庄较远，需要为盐工修建专门的住所，然木盐场和娘日洼盐场属于这种情况。第一种情况下，盐工住在自己的家中，房子以藏式为主。第二种情况下，盐工的住所已不是传统的藏式房屋，而是几间汉式的小屋。房屋依然是用石料砌地基，用土砖砌墙，屋顶盖土瓦。在娘日洼盐场，还有几间这样的房屋。据盐工介绍，民国时期的盐场已经建有盐工的住所，新中国成立之后由盐业公司管理盐场，重新翻盖了几间屋子作为盐工的宿舍。目前，这些房屋已长期无人居住，外墙有几处已经垮塌，俨然成为危房。

图2-28　新中国成立前娘日洼盐场盐工宿舍外观

6. 盐神

在囊谦县的8个盐场中，并非每个盐场都修建了盐神。据调查，达改、娘日洼和尕羊3个盐场建有盐神。以娘日洼盐场为例，在盐畦的西面高出盐畦五六米的地方，建有一座塔状的盐神，藏语中称为"乐拖"。盐神总共分三层，底座由石头砌成，呈正方形，边长为2.1米，高出地面0.4米。在底座上，又用石头砌成墩状的正方体，边长为1.9米，高为0.9米。最高部分为塔尖，内部用木料捆绑成圆柱体状，外面用经幡包裹，高约2.2米，整座盐神高3.5米左右。达改盐场的盐神，则全部用水泥浇筑而成，并未融入任何当地文化的元素。详见图2-29。

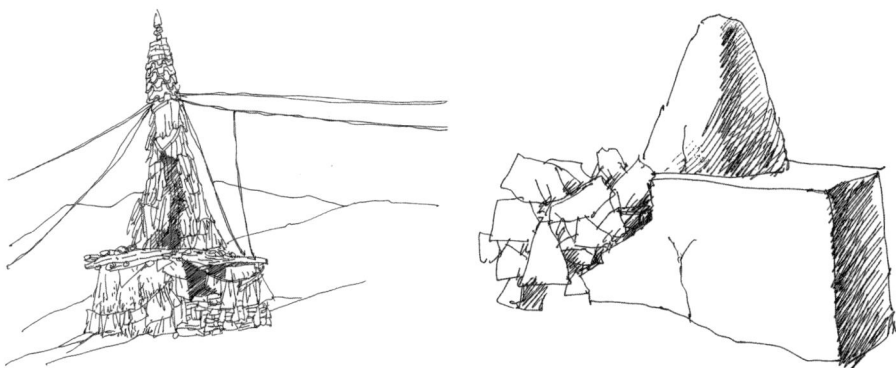

图 2 - 29　盐神外观手绘图①

（二）晒盐工具列举

囊谦各个盐场的制盐工具可分为两类：一类是传统的工具，一类是现代的工具。第一类包括镐头、钉耙、手夯、木耙、铲子、羊皮袋等工具。第二类包括手推车、台秤、三轮摩托车等现代工具。此外，在囊谦一些盐场中，摩托车和装载机等现代工具均参与到整个制盐活动中。而在西藏自治区芒康县的盐井，由于地势险要，现代工具并未投入盐业生产当中。

1. 传统工具

（1）镐头、钉耙。

镐头，主要用于修整盐畦和储卤池，样式和汉族地区使用的一致。由于囊谦地区大多数盐场的底部为沙土层，通常鹅卵石较多，因此，使用两头尖的镐头易于撬动石子。此外，在铺垫盐畦底部的鹅卵石时，需要用上钉耙，起到筛选大小适合的石子的作用。上述工具的外观见图 2 - 30。

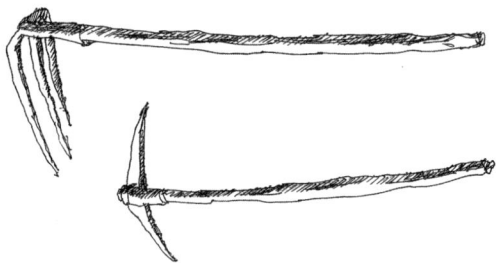

图 2 - 30　镐头和钉耙

---

① 左侧是娘日洼盐场的盐神，右侧是达改盐场的盐神。

（2）手夯。

手夯分为木制和铁制两种。木制手夯由两部分构成：一部分是手柄，为一根长约1.1米的圆木，直径为2厘米；另一部分是一节木头，长约50厘米，宽11～15厘米不等，中间打孔，手柄穿入其中，固定之后，握住手柄方可使用。铁制手夯的手柄要比木制手夯的长，约为1.33米；锤体部分为带槽的一段方形铁制品，带槽的一面向内，平面向外。使用木制手夯的时候，两手握住手柄，抬高之后，用木槌的一头砸向地面。铁制手夯的使用方法和木制手夯有所不同，使用时两手握住手柄，垂直向上提高之后，用锤体的背面砸向地面，起到夯实盐畦的作用。上述工具的外观见图2-31。

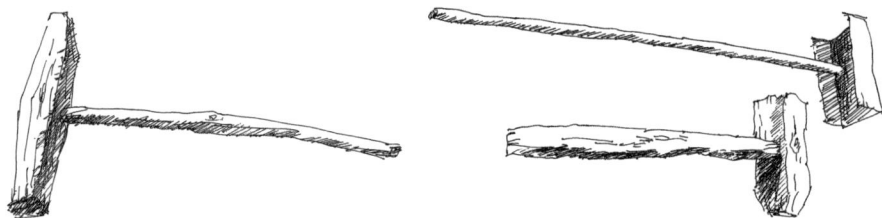

图2-31　木制手夯和铁制手夯

（3）铁铲、木耙。

铁铲，主要用于铲盐或铲泥土，在乃格、娘日洼、多伦多等盐场，结晶的盐层比较厚，一般要用铁铲才能将盐层铲起来。在达改、然木、白扎等盐场，常用木耙来收盐。上述工具的外观见图2-32。

图2-32　铁铲和木耙

（4）木拍。

木拍由一节木头制成，包括手柄和拍面。将木头的一端制成长10～14厘米、直径2.5厘米左右的圆柱体即为手柄。拍面的底面较平，背面为半圆形。使用时，盐工单手握住手柄，用力向下拍打盐畦，起到夯实盐畦底部的作用。上述工具的外观见图2-33。

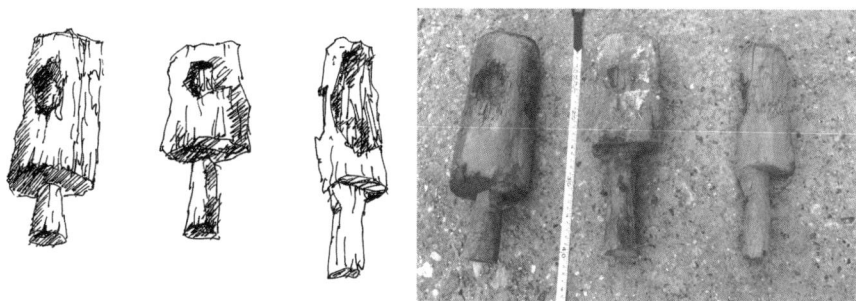

图 2 - 33　木拍（手绘和照片）

2. 现代工具

（1）手推车、三轮摩托车。

手推车是 21 世纪初期囊谦地区开始使用的现代工具，之后随着三轮摩托车的普及，手推车基本上被淘汰了。目前，仅见达改盐场还在使用。一辆手推车每次能运四五袋盐，重量在 600 斤左右。但是，一辆三轮摩托车每次能运盐 10 袋左右，载重量为 1 000 ～ 1 200 斤，比手推车运盐的效率要高。

图 2 - 34　手推车和三轮摩托车

（2）小型装载机。

装载机运盐的情形，仅见于娘日洼盐场。调查期间，笔者见盐工将结晶的盐畦用板锄或铁铲堆成一小堆之后，场主开着小型的装载机，从盐畦中间的道路进入盐场。此时，盐工立即用盐箕将盐运至装载机的斗中。整个斗装满之后，场主直接将装载机开向盐仓，将盐倒入盐仓之后再返回盐畦。

图 2-35　装载机正在装盐

（三）传统晒盐工艺的流程

囊谦县 8 个盐场采用的是风吹日晒法制盐，通常利用风能和太阳能让卤水结晶，以此获得盐巴。经过两次调查，笔者基本掌握了当地晒盐的整个流程，主要包含汲卤、运卤、晒盐、收盐四个环节。

1. 汲卤

汲卤，是将卤水井中的卤水运至地面的过程。囊谦县境内的 8 个盐场所处的地理位置不同，获取卤水的方法也有差别。在大部分的盐场，卤水来自自然冒出地面的盐泉，卤水井较浅，而且卤水井高于盐畦，此时很少需要汲卤。其中多伦多、达改、拉藏、然木、乃格等盐场均属于此类情况。但是，有些盐场的盐泉是从井底冒出来的，井口较深，此时需要汲卤。例如，娘日洼、白扎两个盐场，晒盐之前需要先进行汲卤。

在囊谦制盐史上，汲卤方式总共经历了三个阶段：第一阶段为早期，主要用羊皮桶取卤，如娘日洼、白扎等盐场的妇女取卤的时候左右各持 1 个羊皮桶，进入卤水井，先灌满羊皮桶后提出来，再倒入盐畦之中。第二阶段为新中国成立之后，白扎盐场曾用"天车"取卤。坚赞才旦曾描述："（白扎盐场）后来于井口竖二巨木，高约 7 米，呈门形，称'天车'，架顶中部悬二木轮，名'天滚子'，一中一右。另置地车（绞盘）一架，配有90 度变向轮。在井口另固定一木轮，名'地滚子'。在井底置地锚，锚上安一木轮，名'水滚子'。5 个轮子皆内凹，凹处固定链齿，与链孔咬合，使其不打滑。择三段链条，每段 20 米许。链条 A 联结地滚子与绞盘变向轮。
链条 B 联结地滚子和右天轮。链条 C 上面系铁皮桶，一头覆入井，一头悬
于空中，联结水滚子和中天轮。作业时，转动绞盘（初时由人推动绞盘的
横杆末端，后来用毛驴），收放链条 A，带动链条 B，再带动链条 C，一升
一降，周而复始，链上铁桶不断汲卤，每筒装卤 10 公升，倾入斜槽，流入
大蓄卤池。再分配至各分蓄卤池（平地盐畦有五六个分蓄卤池，山上盐畦
有十四五个分蓄卤池）。"① 此类装置，如图 2－36 所示。据娘日洼盐场的早
期盐工回忆，该盐场以前也曾使用过"天车"。第三阶段为 2012 年之后，
各个盐场开始采用水泵抽卤，此法简单，只需在市场上购买水泵，接通电
线，便可抽卤；其效率高、省力，自然是目前最好的抽卤方式。

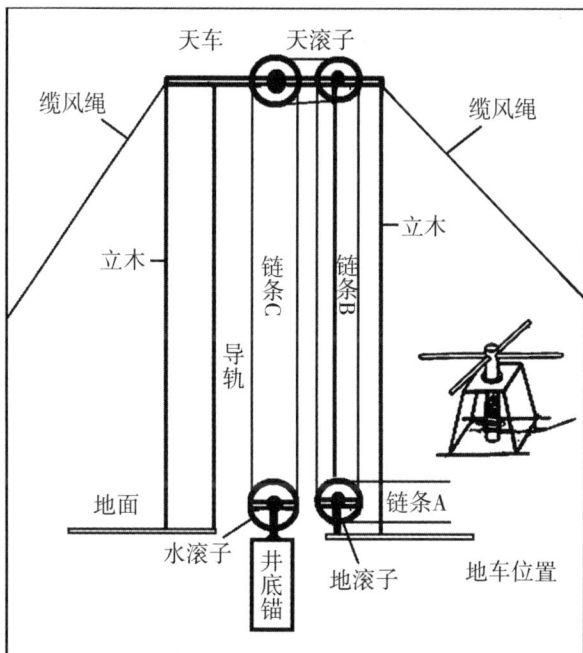

图 2－36 "天车"取卤示意图②

---

① 坚赞才旦、王霞：《百味之首在澜沧江源头——青海囊谦泉盐产销调查》，《青海民族研究》
2018 年第 1 期，第 153 页。

② 坚赞才旦、王霞：《百味之首在澜沧江源头——青海囊谦泉盐产销调查》，《青海民族研究》
2018 年第 1 期，第 153 页。

2. 运卤（或"引卤"）

运卤，是将储卤池或卤水井中的盐水运至盐畦。在囊谦可分为两种情况：第一种是储卤池或卤水井高于盐畦，此时，可直接将卤水引至盐畦之中，如达改、多伦多、乃格、拉藏、然木5个盐场属于此类情况。这些盐场很早就开始用木槽引卤，这样可以省去一部分劳动力。但是，目前仅有多伦多盐场仍采用此法，在该盐场可以看到由几段木槽连接而成的引卤工程，通向整个盐场。木槽长年累月经过盐水的渗透，已结晶成白色的管状（见图2-37）。在娘日洼、达改、然木等盐场，盐工一般用塑料胶管引卤水至储卤池。第二种是储卤池或卤水井低于盐畦，或同处一个高度。这些盐场早期用羊皮桶运卤，目前用水泵将盐水抽至盐畦。也有一些盐场先将卤水抽至储卤池，再用木槽或胶管引至盐畦。

图2-37　引卤的木槽

3. 晒盐（或"晒卤"）

在完成引卤之后，在气候和天气适宜的季节，盐工开始投入晒盐活动当中。通常，将卤水引至盐畦之后，全靠风吹日晒，让卤水自然结晶。此过程即为晒盐。不过，晒盐受气候和风力的影响较为明显，季节不同，成盐时间长短不一。志书记载："生产受季节性限制，春季雨水少，为生产旺季，一茬盐晒制7天至10天，即可刮取；夏秋季节雨水多，产制不易，为生产淡季；冬季只要卤水不冻结，生产就不会中断，唯晒制时间较长，一般需晒20天至1个月。"[①] 此外，不同的盐场成盐时间也有差异，有些盐场晒一次盐需要10~15天，有些只需5~7天即可完成。

---

① 青海省地方志编纂委员会编：《青海省志·盐业志》，合肥：黄山书社，1995年，第84页。

根据生产过程中制盐技术的精细化程度，晒盐技术可分为两种：

第一种是粗放型晒盐。粗放型晒盐方式是将卤水引（灌）入盐畦，靠风力和阳光，自然滩晒成盐。此法生产工序简单，比较节省劳动力，但是生产出来的食盐杂质多、盐质差。目前，多伦多、然木、乃格 3 个盐场的生产过程较为简单。由于这几个盐场的卤水井高于盐畦，因此，只要将卤水引入最高部分的盐畦，卤水灌满上方的盐畦之后，自然就会流到下方的盐畦。盐畦灌满之后，卤水自然结晶。

图 2 - 38　囊谦晒盐的场景

白扎、娘日洼、拉藏、尕羊和达改（部分）5 个盐场，盐工在晒盐之前需要先平整盐畦，再引入卤水。相较于上面的 3 个盐场，这几个盐场的盐畦和卤水井处在同一水平上，因此，需要人工挨个灌满每一块盐畦。

第二种为精细化晒盐。目前，这种晒盐法仅见于达改盐场。前面已经介绍了达改盐场的场主尕桑次仁是一位富有创见的老者。经过不断试验和改进晒盐技术，他已经熟练掌握了薄膜晒盐法。此法从盐畦的修整开始进入精细化的步骤，先是修建表面光滑的盐畦，一般采用混凝土浇筑。若盐畦表面粗糙，则容易损坏薄膜。每年进入 10 月份，场主除了修整盐畦之外，还需购买这一年所需的薄膜。薄膜通常需要提前和厂家定制，其规格为长宽略比盐畦长或宽 15～25 厘米。晒盐之时，先将薄膜平铺在盐畦表面，随后引入卤水。由于薄膜渗水性较好，仅需 7 日左右即可收盐。由于场主和盐工有长期的合作关系，晒盐的旺季一到，盐工每天都处在"待命"状态。盐畦结晶之后，场主立即召回盐工。经过几个小时的奋战，即可完成收盐。

图 2－39　达改盐场精细化晒盐

4. 收盐

盐畦成盐之后，进入收盐环节。因盐畦底部所铺的材料不同，收盐方式也略有不同。若是以鹅卵石或砖块铺制而成的盐畦，则需要刮盐。囊谦大部分盐场属于此类情况。

收盐使用的是铁铲、板锄等工具。在娘日洼盐场，盐工将盐收成堆之后，直接用板锄将其捞入盐箕之中，再运至装载机，即为收盐。在乃格盐场，人们穿着高筒鞋，两人拉开一张化肥口袋做的塑料布，另一人直接将盐铲入其中，沥去水分，即可放入袋子中，用手扶拖拉机或摩托车运至盐仓。其他盐场的收盐方式也大概如此。

图 2 - 40　囊谦各盐场收盐景象

三、盐业生产组织概述

（一）盐场承包方式

囊谦盐场的所有权和使用权在不同历史时期略有不同。在囊谦王统治时期，盐场主要归囊谦王所有，也有一部分盐场归藏传佛教寺庙所有。这个时候囊谦王行使地方行政的最高权力，下设千户、百户来管理地方。此时，盐场主要由当地头人来组织生产。

民国时期，囊谦的盐场由 231 户藏族盐民经营。民国三十三年（1944），囊谦的盐场被青海当局收买，设盐局，以工资的形式招雇盐民生产。[①] 1950 年，囊谦县人民政府接收囊谦盐务局。1951 年，当地成立囊谦县盐务支局，但是新中国成立初期，地方社会治安不靖，盐业生产受到影响，

---

① 青海省地方志编纂委员会编：《青海省志·盐业志》，合肥：黄山书社，1995 年，第 2 页。

直到 1953 年才恢复生产。①

20 世纪 90 年代以前，当地盐业生产主要由政府主导，通过盐务管理机构来组织生产和销售。有人认为，"囊谦县盐业公司，解放思想，开发资源，治穷致富，原盐产量实现新的突破，为加快囊谦县的经济发展起了积极作用"②。地方资料显示，20 世纪 90 年代初期，囊谦县成立了盐业公司，管理当地的 8 个盐场；整个公司一共有职工 19 名，退休人员 6 名，每年支付工资 13 万余元，缴纳的盐税为 23 万余元。③ 1982 年之后，当地盐场由私人承包，但是因管理不善，导致产量下降。于是，"1990 年初，县委、县人民政府召开了盐业工作会议，研究总结了过去存在的问题和经验，在此基础上成立了县盐务科，此后的一段时间，盐业有了进一步的发展。同时为了进一步提高开发盐的利用率，借贷资金 160 万元修建了 5 个盐场的房屋、盐畦、主井等，达到年平均销售 2 500 吨"④。资料显示，这一年整个盐场有 366 名职工，产量为 3 000 吨，产值达 78 万元，上缴税款 21 万元。⑤

2017 年调查期间笔者得知，囊谦现行的盐业承包方式分两种：一种是私人承包制，其中由学麦承包了达改、娘日洼、尕羊、然木和乃格 5 个盐场，阿都承包了拉藏盐场；另一种是集体承包制，多伦多和白扎两个盐场属于此类情况。囊谦各个盐场的承包情况，曾发生过一些变化。据学麦介绍，2013 年他承包了 7 个盐场，后来白扎和拉藏两处盐场的村民要求由集体承包，先后被划了出去。目前，由学麦承包的几个盐场，并非由他直接管理，而是采用转包的方式，实质上由二级承包商负责盐的生产和销售。即学麦从县盐业公司承包了 5 个盐场之后，再将这些盐场转包给不同的村民。据学麦介绍，2013 年他从县盐业公司那里承包了上述几个盐场，并和县盐业公司签订了 10 年的合同。对这个过程，学麦是这样描述的：

---

① 青海省地方志编纂委员会编：《青海省志·盐业志》，合肥：黄山书社，1995 年，第 4 页。
② 吴昊主编：《最新统计工作实务指导（下卷）》，北京：地震出版社，2001 年，第 1438 页。
③ 《玉树藏族自治州概况》编写组编：《玉树藏族自治州概况（修订本）》，北京：民族出版社，2008 年，第 135 页。
④ 《玉树藏族自治州概况》编写组编：《玉树藏族自治州概况（修订本）》，北京：民族出版社，2008 年，第 135 页。
⑤ 唐仁粤主编：《中国盐业史（地方编）》，北京：人民出版社，1997 年，第 817 页。

我以前在畜牧局工作了好多年，对盐的研究时间并不长。我是4年前（2013年）才开始承包盐场的。大概是在我55岁的时候开始承包吧，因为那个时候，我已经退居二线，没有在主要的领导岗位上了。为什么会想到承包盐场？那是因为我的家乡，也就是着晓乡，有一个查哈（乃格）盐场，我小的时候就看到父母在从事盐业的生产，可谓耳濡目染，所以说长期以来对盐是很有感情的。就在我准备要退居二线的时候，盐业公司对盐业的管理几乎瘫痪。所以，县里面似乎也在寻找对盐业生产进行改革的方案。于是我就承包了，但是承包之后，国家政策对于盐业生产这一块，也没有大的扶持力度，也很难进行全面的开发。盐业的生产，还是停留在原来的这种比较传统的手工式的生产方式。

我是从2013年开始承包的，到了2014年的时候，又重新签订了一次合同，主要是把白扎盐场分割出去，由当地的村民来承包。现在我主要承包了囊谦县的5个盐场，它们是娘日洼、达改、乃格、然木和尕羊。其他的盐场，都是由集体或村民承包。其中有一个叫日阿忠（拉藏）的盐场，是由私人承包，也不算是承包吧，反正就由他自己来经营。但是，他长期以来都没有进行生产，而且这个盐场的一个特点是盐质不太好，老百姓不太愿意买，影响了销量。

原来我们一直想给省里打报告，主要是想能够获得营业生产的资格证，也就是说想让这种生产出的盐成为一种食用盐，但是，最终都没有审批下来，所以也就处在一种自产自销的状态。

白扎盐场为什么要转出去呢？主要是因为白扎这个村的村民主动向乡政府申请，说是由村民自己来组织晒盐，乡政府再向县里面打报告之后，县里觉得如果说村民能够把盐业生产组织起来，也是一件好事，所以说最后呢，也还是同意了他们的这一个要求。①

学麦自2013年承包之后，有一两年的时间是由自己组织盐工来生产的，他雇用了11名工人，这项开支大概每年需要30万元。学麦的工作是每年上缴税收，负责工人的工资。后来，学麦进行了转包。

---

① 访谈对象：学麦。访谈时间、地点：2017年8月16日，于囊谦县城。

县里面在发改委的下面成立了盐业公司，但是这个公司只是行政上的领导单位，并没有业务上的指导。不仅囊谦县有盐业公司，即使是那些没有盐业生产的县，也有这样的一个单位，主要是用来管理当地的食用盐的销售。5个盐场都是这一个管理的方式，还是采用了二级承包的方式，我（学麦）承包过来之后，又转包给5个人，这5个人每个人负责一个盐场，由他们自主经营。只需签订合同之后，按照合同每年上交承包费，那么他自己如何从事生产营销，我基本不用管。①

每个盐场的承包时间一般为5年，合同到期之后，如果双方同意，再续签合约。承包费用以各盐场的产量来核算，每个盐场各不相同。从几位二级承包者的身份来看，主要分三种：一是从小在盐场长大，熟悉当地的晒盐技术，如乃格、然木、尕羊3个盐场的场主均是盐场的百姓；二是以前属于某个盐场的工人，后来盐场倒闭，向私人转包的时候，盐工主动要求承包盐场，例如达改盐场的场主尕桑次仁就属于上述情况；三是和学麦有私交，学麦以照顾的形式让其承包盐场，例如娘日洼盐场的场主扎巴，曾是学麦在畜牧局当局长时的司机，学麦承包几个盐场之后，扎巴从学麦那里承包了娘日洼盐场，每年的承包费为4万元，实行一年一交。

（二）盐工待遇

囊谦盐区8个盐场盐工的组织形式是不同的。如上所述，受集体承包和私人承包两种方式的影响。承包制下的盐工组织形式，是根据承包人的需求来招雇工人，即承包人在晒盐季节，按照盐场的产量多少招盐工。以娘日洼盐场来说，在8个盐场当中，该盐场面积不大，产量属中等水平。2018年4月调查娘日洼盐场时，笔者看到的景象是4名藏族妇女在盐场收盐，场主扎巴也加入收盐的队伍中。其中，一名盐工负责将盐捞成几小堆，其他3名盐工负责将盐铲入盐箕中。此时，扎巴开来装载机，盐工用盐箕将盐运至装载机的斗内，他将盐运至盐仓。

据扎巴介绍，盐工是自己找来的，她们主要来自本村，日常生活中大家已经比较熟悉了，所以一般不会谈工价，各自早已心知肚明。据调查，娘日洼盐场的盐工，一天的工资为100元。由于盐工和场主生活在同一个村

① 访谈对象：学麦。访谈时间、地点：2017年8月16日，于囊谦县城。

里，到了晒盐的季节，场主通知大家，那些手中没有活计的妇女就会来盐场工作。

达改盐场对盐工技术水平的要求相对较高，特别是在收盐的时候，盐工刮盐的力量不能太重，不然会损伤塑料薄膜。该盐场所招的盐工从事晒盐的时间比较长，有些盐工在这个盐场已经工作了 5 年以上，时间短的盐工也有一两年。所以，达改盐场的盐工队伍比较稳定，待遇也比其他盐场要高，盐工一天的工资为 200 元。

盐工的工作时长，盐场之间略有差异。一些盐场的工人早出晚归，每天需要工作 8~9 个小时，工作还是比较辛苦的。达改盐场的工人，工作时间稍短。在晒盐的那些天，场主每天都要查看卤水结晶的情况，一旦收盐的时机成熟，一声令下，大家就忙个不停，可能三四个小时就完成收盐。

盐工的数量，仍然和盐场的大小、生产的技术关系较大。例如，达改盐场需要的盐工通常多一些。晒盐前期，需要十几名盐工修整盐畦和铺塑料薄膜。抽放卤水的时候，仅需盐工三五人。收盐的时候所需的工人数最多，达十五六人。其他盐场的盐工数量也不相同，如在尕羊和乃格两个盐场，盐工全部来自附近的村庄，人数在 6~10 人，以短时的雇佣为主，工价在一天 150 元左右。

那些集体承包的盐场，如白扎和多伦多两个大型盐场，盐工是本村的百姓。晒盐季节一到，大家停下手中的活计，投入晒盐当中。据了解，集体承包之后，生产形式为各家各户派人参与晒盐，一年的生产结束之后，按照盈利的额度来分配到每个工时。2017 年 8 月调查期间，笔者看到白扎盐场有数十人在晒盐。盐工之间分工合作：一部分盐工负责挑运卤水至盐畦和收盐，这部分盐工均是女性；另一部分盐工负责用摩托车将盐运至盐仓，其中有两名盐工负责将盐仓中的盐堆放整齐，这部分盐工全部为男性。

（三）盐工生产状况

在不同的历史时期，盐工的地位是不同的。盐工的生活状况，常常受一定社会历史背景的影响。在部落社会时期，盐工受部落头人的控制。盐工辛辛苦苦地劳动，一年下来只能分到一小部分的盐，劳动力不断受到压榨，维持生计变得困难。

民国时期，马步芳家族牢牢掌控着青海省的重要资源，盐矿资源也包括在内。马步芳对囊谦盐业的控制方式，主要是通过派遣一定数量的兵勇到各地去管理盐场。据盐工回忆，每个盐场派一名卡长，其他士兵若干，较大盐场派 7~10 人，小盐场则派 2~4 人。在这种严格管理的体制下，盐工主要负责晒盐，每次所晒得的食盐全数上交，剥削程度不亚于封建时期。

新中国成立以后，各地盐场进入生产队时期，这个时期采用工分制，每位盐工按照劳动力的强弱划分等级。一年结束，按照总的收入来核算每一工分对应的工资水平，最终核定盐工的收入。20 世纪七八十年代，囊谦盐场实行企业生产制，每个盐场选派经理一名、盐工数名，在当地政府的指导下完成任务。此时，盐工收入增加，生活条件改善，成为囊谦最好的行业。

2000 年之后，囊谦开始实行承包制。此时，采用传统晒盐方式生产的食盐市场竞争力下降，随着青海境内铁路、公路的发展，工业化生产的食盐进入边疆地区，对传统晒盐业带来冲击。囊谦盐业生产进入由生产者自产自销、在夹缝中生存的阶段。

每年 10 月中旬，天气晴朗，盐场开始晒盐。晒盐之前，首要的工作是对卤水井和盐畦进行修整。卤水井的修整，一方面要查看盐泉是否正常涌出，另一方面要查看卤水井是否存在渗漏的地方。盐畦的修整则相对复杂。有些盐畦因被牲畜踩踏而有所损毁，有些盐畦则在雨天受洪水冲刷而损坏了。这些盐畦都需要进行仔细的修整。

盐工修整盐畦时，先从盐畦周围运来红土，然后铺在盐畦底部，再背运一些石头，用力夯实。一般来说，修整盐畦的时候，不需要较强的劳动力，因此，多由女性负责此项工作。只有搬运石头或者需要修筑较大盐畦或卤水井的时候，男性才会接手这项工作。

晒盐季节，在不同的盐场可以看到不同的场景。在白扎盐场，笔者见五六名妇女用塑料桶来挑运卤水，一桶卤水的重量大概在 30~40 斤，一担有七八十斤。笔者曾试过挑运卤水，发现挑运卤水的时候，除了消耗体力之外，还很考验挑运者的平衡能力。这是因为，盐工在挑运卤水的时候，需要在"田"间行走，而脚踩的是圆木或狭窄的"田埂"。笔者歪歪扭扭地走在盐畦边上，一不小心就有可能踩空、跌倒，变成落汤鸡。白扎盐场的藏族妇女则在旁边笑个不停。显然，她们有很好的平衡能力，行走的时候如履平地，毫不影响。

图2-41　白扎盐场盐工挑运卤水

多伦多盐场面积较大，却不见盐工多于其他盐场。由于卤水井处在盐畦上方，所以无须挑运卤水。盐畦中间到处是沟渠。笔者仅见两名盐工（藏族妇女）拿着尖锄，一边朝上走，一边将水沟被堵的地方轻轻扒开。此时，卤水便顺着沟渠慢慢往下流。

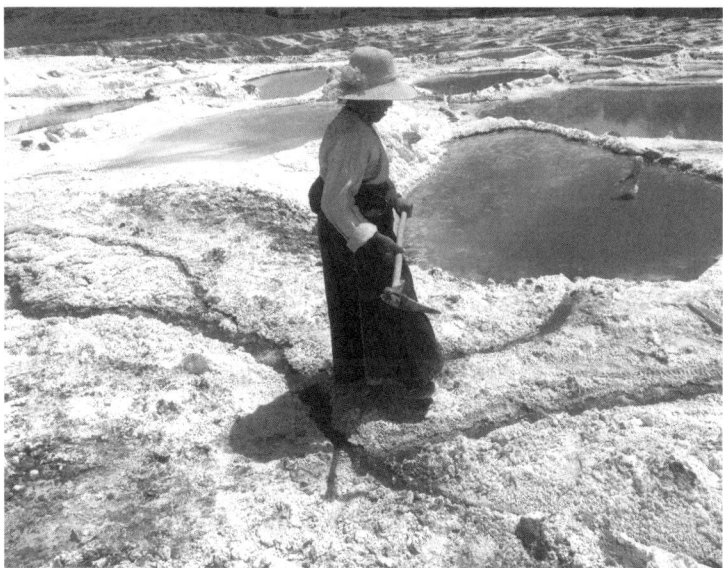

图2-42　多伦多盐场盐工正在引卤

收盐的季节，盐工最为忙碌。达改盐场的场主曾和笔者聊到："天气好的时候，我就会通知盐工赶紧来晒盐。当快收盐的时候，我时常观看天气情况。因为，有时候看似还有阳光，但是搞不好马上下雨，那一场雨下来，盐就白晒了，所以要赶紧收盐。我通常的做法是，快到收盐的时候，让盐工在家里休息，等着收盐的时机。一旦盐结晶得差不多，马上收盐。真正收盐的时间也就两三个小时。"[1] 也有一些盐场并不那么紧张。在娘日洼盐场，只有四五个妇女，收盐的速度并不快。其中，一位藏族妇女挺着大肚子，还在帮忙收盐，可见，劳动的强度不大。在娘日洼盐场，盐工早上八九点钟来到盐场，工作至中午十二点左右吃午饭。午饭由承包人提供。不过，吃得比较简单，一点牛肉，再加一些辣椒，就是她们的午餐。下午六点左右结束一天的工作，然后各自回家。

第四节　物物交换与民族互动

一、盐路与交换网络的形成

玉树地处川青藏的交界区。囊谦作为玉树地区唯一的盐产区，自然受到学界的重视。曾经有学者在玉树调查，指出玉树在整个交界区的中心地位："玉树为青边、康边、藏边之中心，为青海通康、通藏之要道。但交通仍困难，且多无里数，惟以牛马一日所行为计，马行约八九十里，牛行约五六十里，凡里数不详者，仅知牛站马站而已。"[2]

清代以前，有关青海省的盐业史料记载并不多见。那些零星记载的文献，关注的也仅是湖盐。而对于青海南部的井盐，很少有调查者进入该地区，文献资料也相对稀缺。

盐作为人类赖以生存的基本物质，无论是在边疆地区还是核心地区，它的重要性是相同的。不过，边疆地区的特殊性也比较明显，主要表现在地理环境、社会制度和经济发展的程度等方面。

地理环境主要决定了运盐的道路、运输的季节以及运输的载体。囊谦

---

[1] 2018 年 4 月 24 日调查资料。
[2] 马鹤天著，胡大浚点校：《甘青藏边区考察记》，兰州：甘肃人民出版社，2003 年，第 298 页。

盐区地处川青藏交界区，这里属于青藏高原的东部，因此，地形地貌相对复杂。囊谦县境内的达改、拉藏、娘日洼3个盐场，分布在地势相对平坦的坡地上，而尕羊、然木、乃格、多伦多、白扎5个盐场则分布在河谷两侧的坡地或台地上。整体来看，8个盐场所处的地势相对平坦。然而，如果将盐运至不同的地区进行交换，则马帮或背夫所走的道路地势相对复杂。地方资料记载："玉树解放前，交通十分不便。各地之间往来全靠牛驮马载和步行。行路里程无有准确数字，而以牛或马的一天行程作为衡量距离的计量单位。牛马一天的行程视水草情况而有远近之不同，一般牛日行程约三四十里称一牛站，马日行程七八十里称一马站。"[1]

学者曾对囊谦盐区盐粮交换的路线和区域进行了讨论，坚赞才旦和王霞提出，囊谦盐的交换范围，可以通过几个交换圈来形象地认识。首先，盐的交换是先满足本地区，再往外运输进行交换。因此，第一个交换圈是囊谦县境内（辐射半径100公里）；其次是玉树州境内（辐射半径300公里）；如果这两个方面均得以满足，则继续向东、西、南、北四个方向进行运输。

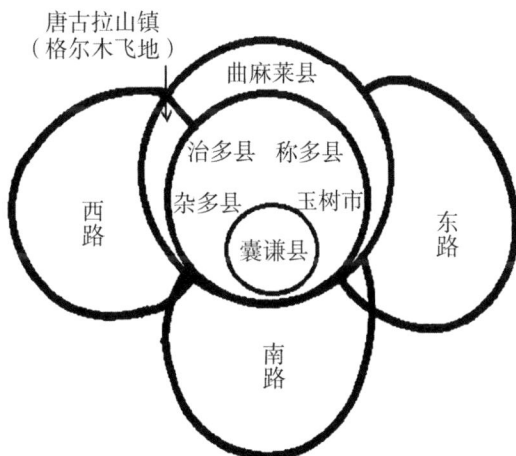

图2-43　囊谦泉盐交易圈[2]

---

① 《玉树藏族自治州概况》编写组编：《玉树藏族自治州概况》，西宁：青海人民出版社，1985年，第125-126页。

② 采自坚赞才旦、王霞：《百味之首在澜沧江源头——青海囊谦泉盐产销调查》，《青海民族研究》2018年第1期，第154页。

坚赞才旦和王霞继续对囊谦盐的交换范围进行了论述，通过图 2 - 43 可知，囊谦盐的交换形成了以东路、南路和西路为主的向外运输通道。

东路主要由娘日洼、拉藏和达藏（改）三盐场出盐，盐路为"香达—觉拉吉沟—尕拉尕垭口—结古—贝纳沟—班庆寺—邓柯—石渠—卓勤寺（德格）—甘孜"。到了岔路口可以分路。去石渠要走 15 牛站，甘孜最远，要二十余牛站。石渠是玉树藏族与四川藏族交易的中心，石渠以北是大草原，直上可达甘肃夏河的拉卜楞寺，西北可抵青海的湟源、西宁，交易范围 500 公里。

南路主要由多伦多、白扎、娘日洼、拉藏和达藏（改）五盐场出盐，盐路为"香达—白扎—谢尕峡谷—多普玛—然马那铁索桥（甲桑卡）—曲玛拉（多吉）—类乌齐"，里程约 16 牛站。类乌齐是玉树藏族与西藏藏族的交易点，交易半径 300 公里。继续南行可到昌都、邦达、洛隆、察雅、左贡、八宿等县，最远 15 牛站。

西路主要由尕羊、乃格和然木三盐场出盐，盐路为"吉尼赛—赛尚改—丁青—色扎—巴达—雅安—巴青—索县—当雄"。到丁青 15 牛站，到巴青 20 牛站，到当雄 25 牛站。还可先走南路，过铁索桥后岔路，一路往丁青去，一路往巴青，到丁青（5 牛站）、巴青（又 5 牛站）。丁青也是玉树藏族与西藏藏族的交易点，交易范围 500 公里。[①]

可见，东、南、西三个方向是囊谦盐往外运输的主要通道。按照常理，盐的运输是往四个方向的，上述运输通道为何少了北路？一般而言，盐的运输除了受地理环境的影响之外，还需要考察其他因素的影响。囊谦泉盐往北运输的线路并不长，主要受玉树北部地区有大量的湖盐影响，如柴达木盆地的盐湖和哈姜盐湖的盐产量巨大。湖盐获取容易且更廉价，因此，囊谦往北运输的食盐并无竞争力。

囊谦通往外界的道路主要有三条，北路是从囊谦至玉树（结古镇），共计 425 里[②]，从结古继续北上行 1 510 里到西宁。囊谦至玉树之后，路线将

---

① 坚赞才旦、王霞：《百味之首在澜沧江源头——青海囊谦泉盐产销调查》，《青海民族研究》2018 年第 1 期，第 154 页。

② 马鹤天著，胡大浚点校：《甘青藏边区考察记》，兰州：甘肃人民出版社，2003 年，第 298 页。此处的里程，以玉树至囊谦的行程来推算。

会发生变化，向东进入四川境内①，又可朝两个方向：一是"结古东行一马站至歇武寺，一站至打木多，一站至石渠。每站均约七十里"②，二是"结古西南行马站一站班庆寺，一站喀沙，一站瞻目，一站至邓柯县治③。每站均约七十里"④。南线为"结古南行五十里班庆寺，一百二十里拿伦多，七十里代隆屯，一百里果得，五十里义五屯，一百里仁达，四十里同普县治，共计程五百三十里。又由同普县折西行九十里卡贡，五十里童山沟，五十里觉雍，八十里拖坝，八十里雅热，七十五里昌都县治。又由昌都西行四站至恩达，又七十里至类乌齐"⑤。如此说来，从玉树至昌都并非经过囊谦，上述路线应为传统的官道或商道，而囊谦进入昌都地区，也会存在一些民间行走的小道。西路未见早期的调查或文史资料记载，同样为商旅小道。

东、南、西三路的每条运输通道均需要克服地理环境带来的考验。如东路，从囊谦至结古（玉树州政府所在地）一般有9马站⑥，若要往东进入四川境内，则需要在玉树的巴塘过通天河渡口，如要去往石渠县，需过歇武寺直布庄南渡口，该渡口宽约23丈。⑦若要至邓柯，则需过班庆渡口，此渡口明代就已经存在了。⑧此外，东路进入四川境内之后，可以同川西的商贸中心康定联通，从结古到康定的这条线路有40牛站，⑨另一说法是结古经邓柯到康定为27马站。⑩二者是否为同一路线，不得而知。南路需穿峡谷，跨过澜沧江，抵达类乌齐县。西路则需翻越多座5 000米以上的雪山，道路常常受冰雪覆盖，需要选择合适的季节才能出行。新中国成立以前，古道上行走的商旅经常遇到盗匪抢劫，于是"为了保证这些道路畅通，在各条道路的沿线设有莎薮站，各莎薮站有支应乌拉差役的人、马、牛，

---

① 民国时期称之为"西康"。
② 马鹤天著，胡大浚点校：《甘青藏边区考察记》，兰州：甘肃人民出版社，2003年，第299页。
③ 1913年设邓柯县，属川边特别行政区；1950年属西康省藏族自治区；1955年属四川省甘孜藏族自治州；1978年撤销邓柯县，将原辖4区13乡分别划入石渠、德格两县。
④ 马鹤天著，胡大浚点校：《甘青藏边区考察记》，兰州：甘肃人民出版社，2003年，第299页。
⑤ 马鹤天著，胡大浚点校：《甘青藏边区考察记》，兰州：甘肃人民出版社，2003年，第299页。
⑥ 《玉树藏族自治州概况》编写组编：《玉树藏族自治州概况》，西宁：青海人民出版社，1985年，第126页。
⑦ 马鹤天著，胡大浚点校：《甘青藏边区考察记》，兰州：甘肃人民出版社，2003年，第300页。
⑧ 《玉树藏族自治州概况》编写组编：《玉树藏族自治州概况（修订本）》，北京：民族出版社，2008年，第136页。
⑨ 《玉树藏族自治州概况》编写组编：《玉树藏族自治州概况（修订本）》，北京：民族出版社，2008年，第25页。
⑩ 《玉树藏族自治州概况》编写组编：《玉树藏族自治州概况》，西宁：青海人民出版社，1985年，第126页。

供官府人员过往驱使。莎薮站实际为古驿站的藏语称谓。玉树境内在新中国成立前有莎薮站七十一处，分置于玉树、称多、囊谦三县境内"①。

新中国成立之后，玉树境内的路况逐渐得到改善。1954年，修复了民国末期所建的从西宁至结古的公路，全长827公里。此后的30年间，不断修建玉树州境内的公路。其中，由结古经巴塘乡、上拉秀乡、下拉秀乡，至囊谦县府所在地香达庄的结香公路，全线长218公里，打通了同州内的称多县、杂多县以及曲麻莱县的交通线路。此外，还重点修建了由香达庄至白扎盐场39公里的专用线。② 1960年，修通了从囊谦县至类乌齐县的公路。③ 这样，囊谦被接入川青、川藏、青藏等联通的交通网络之中。

据地方志记载，囊谦的井盐在新中国成立以前还曾销往川西南和西藏东北部，其中1947—1949年销往上述两个地区的食盐在500~600吨。1950年，囊谦盐销往西藏、西康两处，共计373吨。1955年，销往西康的囊谦盐1 630吨，但销往西藏的仅有2吨。1965年之后，囊谦盐依然主要销往玉树及西藏和四川的上述传统地区。此后，按照外销量是总产量的四分之三分配至川藏地区，保持在2 000吨左右。④

二、盐粮交换的形式

在青海境内，无论生产的是产量较高的湖盐，还是产量相对低一点的井盐，盐业生产者都希望通过盐的交换获取更多生活物资。清代以前，青海南部的藏族部落以就近原则，到囊谦的各盐场或哈姜盐池，"以物交换、购买或直接采运，只有距盐场较远的部落，依赖商人转运，以实物或银币交换食盐"⑤。民国时期，玉树调查的资料显示，该地区的少数民族"生活甚低，交通不便，居民往往以实物相交易"⑥。

新中国成立以前，青海境内交通不便，人们主要依赖被称为"高原之

① 《玉树藏族自治州概况》编写组编：《玉树藏族自治州概况》，西宁：青海人民出版社，1985年，第126页。

② 《玉树藏族自治州概况》编写组编：《玉树藏族自治州概况》，西宁：青海人民出版社，1985年，第128页。

③ 《玉树藏族自治州概况》编写组编：《玉树藏族自治州概况（修订本）》，北京：民族出版社，2008年，第137页。

④ 青海省地方志编纂委员会编：《青海省志·盐业志》，合肥：黄山书社，1995年，第164－167页。

⑤ 青海省地方志编纂委员会编：《青海省志·盐业志》，合肥：黄山书社，1995年，第157页。

⑥ 周希武：《玉树土司调查记》，见李文海主编：《民国时期社会调查丛编（二编）·少数民族卷（上）》，福州：福建教育出版社，2014年，第306页。

舟"的牦牛、犏牛和被称为"沙漠之舟"的骆驼等牲畜驮运食盐。① 一部分地区采用筏运，此法主要集中在从西宁运至兰州这段路程上。1949 年 9 月，青海解放之后，筏运停止，现代化的车辆运输和传统牲畜运输并存。不过，囊谦地区依然处在全靠牲畜驮运的阶段，这样的现象一直持续到1985 年。②

受青藏高原特殊气候的影响，"大宗交易通常在藏历四月或十月进行，此时皮张、羊毛、药材等产品上市，也是雨少路干、草绿天暖，方便长途跋涉、野外露营的时节。每逢藏历年十月，各村的驼队便开始集合，准备远程，草场上牛叫马嘶，人们给头牛戴上铃铛，让叮咚作响之声带动牛群，响彻群山两侧。贩盐人骑马赶牛，结队而行"③。盐的贸易，既有以商队形式的，也有个人贩卖的。成群结队的商贩，队伍浩浩荡荡，比如民国时期从四川到青海运盐的驼队，每次以千次计。④ 又，在多伦多盐场调查期间，当地的盐工提到在公路未修通以前，每次从昌都地区到该盐场驮盐的牦牛队多达四五百头。因此，盐场不得不将一块很大的草场用于安排驼队，让他们暂时安顿下来，并提供草料。商队在此"安营扎寨"，排队等候盐场提供盐巴。商贩除了直接赴盐场换购食盐之外，也会赴集市或赶庙会。如文献记录，玉树当地"各族亦无常设市场，其交易也约有一定之时间、地点，略如内地乡镇之集会焉"⑤。因此，整个地区从正月开始至十二月，每个月份均有集会或庙会。

盐的交换以青稞、小麦等粮食为首选，其次为毛皮和药材，多为以物易物，较少采用货币交易。据资料记载，玉树地区的皮毛毛质较好，深受商人喜好："玉树、囊谦、苏莽地方，雅砻江、澜沧江上游一带，均为羊毛主要生产区域。其毛富有弹性，色泽透明。销路颇广，南出口至昌都，售于藏印商人，北出口至西宁，售于平津商人，每年产销一百五十余万斤。"⑥

① 青海省地方志编纂委员会编：《青海省志·盐业志》，合肥：黄山书社，1995 年，第 144 页。
② 青海省地方志编纂委员会编：《青海省志·盐业志》，合肥：黄山书社，1995 年，第145 – 146 页。
③ 坚赞才旦、王霞：《百味之首在澜沧江源头——青海囊谦泉盐产销调查》，《青海民族研究》2018 年第 1 期，第 155 页。
④ 《西京日报》1934 年 5 月 12 日记载，引自青海省地方志编纂委员会编：《青海省志·盐业志》，合肥：黄山书社，1995 年，第 144 页。
⑤ 周希武：《玉树土司调查记》，见李文海主编：《民国时期社会调查丛编（二编）·少数民族卷（上）》，福州：福建教育出版社，2014 年，第 306 页。
⑥ 方范九：《青海玉树二十五族之过去与现在》，见赵心愚、秦和平编：《康区藏族社会历史调查资料辑要》，成都：四川民族出版社，2004 年，第 528 页。

各种货物的交换，有现场交换的时候，也有放货的时候，即牧民先收下货物，待其皮毛收获后交货还账。①

盐作为硬货，具有充当货币的功能。盐的价值，一般以一斤盐能交换到多少粮食来判断。民国时期青海境内的盐价，主要随青稞的市价波动。青稞价落时，原盐一口袋可换青稞一口袋；青稞价涨时，原盐两口袋可换青稞一口袋。也有一些时候，一两挂面可换百斤盐。② 1950 年之后，青海的盐价又以每担盐出厂价折合小麦一斤一两，此时每吨盐的价值在人民币 2.2 元左右。③ 1952 年，核准囊谦盐的出厂价为 2 元。1953 年，对各盐场的盐价又作了调整，不过囊谦各个盐场的盐质各不相同，于是定价也有差异，如苏莽盐场每吨为 1.6 元，县城周边的几个盐场每吨为 2 元，白扎和孕羊盐场为每吨 2.4 元。此后，盐价随着市场的变化进行调整。1985 年的时候，囊谦盐场的盐出厂价增加至每吨 50 元。④

三、运畜种类以及运力

青藏高原的货物运输，多以牦牛、犏牛为主，部分地区用羊或骆驼。在青海境内用羊来驮盐的情况并不多见，以牦牛、犏牛运输货物比较普遍。通常，牦牛和犏牛每次可运 70～80 公斤，骆驼每次可运 130 公斤左右。⑤

青藏高原地区偏向于用犏牛来运输货物，这是因为犏牛耐力好，负载能力强。商贩或运输队一般让牦牛或犏牛驮货物，赶马人则靠骑马远行。当地有句谚语，"上坡不骑马不是马，下坡骑马不是人"。这说明，囊谦地区的交通十分不便，有些地区地势陡峭，需要翻越峡谷和高山。由于下山的时候坡度较陡，人是难以骑马下山的。

玉树地区的交通，"无里数，唯以马牛一日所行为计。马日行约八九十里，牛日行约五六十里"⑥。因此，从囊谦至周边地区进行盐的交换，往往需要行走数日，多则半月之久，少则五六天。旅途中自然会吃些苦头，为了避免遇到麻烦和应对艰苦的自然条件以及旅途中可能遇到的风险，一般

① 毕艳君、崔永红：《古道驿传》，西宁：青海人民出版社，2007 年，第 109 页。
② 青海省地方志编纂委员会编：《青海省志·盐业志》，合肥：黄山书社，1995 年，第 177 页。
③ 旧人民币为 2.2 万元，折合新人民币为 2.2 元，下同。
④ 青海省地方志编纂委员会编：《青海省志·盐业志》，合肥：黄山书社，1995 年，第 178－179 页。
⑤ 青海省地方志编纂委员会编：《青海省志·盐业志》，合肥：黄山书社，1995 年，第 144 页。
⑥ 周希武编著，吴均校释：《玉树调查记》，西宁：青海人民出版社，1986 年，第 62 页。

需要有经验丰富的伙头当领队。青藏高原的气候并非一年到头都适合赶驼队，如民间谚语所言，"正二三，雪封山；四五六，雨淋头；七八九，正好走；十一腊，肉开花"①。商人每到一处村寨，便大声吆喝，村民从四面聚集而来，盐粮交换在众人的喧哗声中开始。

贩卖食盐的商人，整个行程并非只能吃苦，他们也有苦中作乐的时候。例如，每当盐贩在同一条线路上行走的次数多了，便会结交一些朋友，促使他们定点落脚。也有一些盐贩不顾妻儿，交上"女朋友"，偶尔送一些从远处带来的礼物。此外，盐贩也会不断融入一些地方社会的文化习俗之中。囊谦的盐工曾描述盐贩从西藏的丁青学会了一种锅庄舞，回到盐场之后，又教会大家一起跳锅庄。因此，盐的交换行为，不仅仅是一种经济行为，它在进行文化传播的同时，也促进了民族间的交往。

第五节　青藏高原东部盐场传统晒盐工艺的传承与保护

一、传统晒盐工艺呈现的多元价值

采用传统晒盐法的盐场主要分布在澜沧江上游的囊谦县、类乌齐县以及芒康县。前者属青海省，后两者属于西藏自治区。囊谦县的 8 个盐场和类乌齐的甲桑卡盐场地理上邻近，同属一个盐区——囊谦盐区。芒康县境内的 3 个自然村同时从事盐业生产，形成芒康盐区。

按照 1972 年 10 月 17 日联合国教科文组织公布的《保护世界文化和自然遗产公约》，物质形态的文化遗产分为文物、建筑群、遗址 3 种类别。按照此说，上述晒盐盐场属于"遗址"一类，主要表现为"从历史、审美、人种学或人类学角度看具有突出普遍价值的人类工程或自然与人工联合工程以及考古地址等地方"②。学者认为西藏自治区芒康县境内的盐田是"活态遗产"，其在文化遗产方面，具有 4 个方面的价值：原真性价值、稀缺性

---

① 翟松天：《青海经济史（近代卷）》，西宁：青海人民出版社，1998 年，第 157 页。

② 《保护世界文化和自然遗产公约》，见张娟编著：《环境科学知识》，北京：大众文艺出版社，2008 年，第 172 页。

价值、科普教育和考古研究价值以及社会价值。① 通过对青藏高原东部诸多盐场的调查研究，笔者认为上述盐场主要具有稀缺性、观赏性（含原真性）、科学研究和经济效益（含旅游开发）等方面的价值。

（一）稀缺性价值

中国制盐的历史悠久，不过历史文献中最早的制盐方法为传说中的"煮海为盐"，《说文·盐部》中记载"古者，宿沙初作煮海盐"②，即人类最早利用的是海盐。汉代之后，西南地区的四川、云南等地的井盐生产不断得到发展，但主要采用的是煎煮法制盐。宋元时期，传统的海盐制盐技术因需要大量的燃料，成本剧增，生产工艺上曾采用过滩晒法制盐。③ 明代中叶以来，晒盐法作为盐业史上的一大进步，以福建盐产区为核心，向淮北、浙东、广东、台湾④等盐区推广使用。⑤ 不过，从历史文献记载来看，长期以来井盐生产主要以煎煮法制盐为主，采用晒盐法制盐的记录并不多见。这种在井盐生产中采用晒盐工艺的盐场，主要分布在边疆地区。这些地区往往交通不便，比较封闭和传统，很难被外界知晓。目前，学界已经关注到青藏高原东部地区晒盐技术的独特性，如北京大学考古学教授宿白认为"芒康盐井盐田在我国西南地区历史、文化、文物、景观、自然、民族、宗教等多方面的重要性以及巨大的潜在遗产和文物价值，特别是它作为一部现存的活的历史在当今世界各地极为罕见"⑥。可见，这一人类生产形式存在着较强的特殊性。

从生产工艺来看，上述囊谦盐区和芒康盐区分别存在着两种不同的修筑盐田的方式：前者采用的是"垒石为'畦'"，后者采用的是"架木为田"。

囊谦盐区的盐畦数以千计，总面积为 21.7 公顷。人们直接在山坡或河谷的台地上，用石料和红泥土垒砌盐田，以此晒制盐巴。盐工先是平整土

---

① 陈义勇、俞孔坚、李迪华等：《西藏芒康古盐田：活态遗产的价值与生存危机》，《世界遗产》2013 年第 1 期，第 107－109 页。

② 张章主编：《说文解字（下）》，北京：中国华侨出版社，2012 年，第 568 页。

③ 王日根、吕小琴：《析明代两淮盐区未取晒盐法的体制因素》，《史学月刊》2008 年第 1 期，第 100－106 页。

④ 姜道章认为晒盐法传入台湾的时间为 17 世纪中叶。姜道章：《中国沿海盐场晒盐法的起源与传播》，《中国地理学会会刊》1993 年第 20 期。

⑤ 李何春：《动力与桎梏：澜沧江峡谷的盐与税》，广州：中山大学出版社，2016 年，第 276 页。

⑥ 《国家文物局领导就芒康盐井保护工作回复宿白先生》，《中国文物报》，2009 年 9 月 9 日第 2 版。

地，然后将其分隔为田字形方块。根据使用的材料不同，盐田的修筑方式也有所不同。常见的是在盐田的底部铺上红土，然后将鹅卵石用力嵌入红土之中，夯实之后，注入卤水，即可晒盐。也有一些盐场的盐田是在平整的盐田底部铺上火烧砖，用以晒盐。囊谦的达改盐场修筑盐田的方式是直接用混凝土浇筑，这种方式比较少见；晒盐的时候，会在盐田底部铺上专门的塑料薄膜。

芒康盐区的盐田的修筑方式同囊谦盐区的有一定区别。这是因为当地的盐场处在澜沧江的河谷，那里地势险要，无平整的土地供人们修建盐田，所以当地的藏族和纳西族盐民在澜沧江河谷两侧的台地或山坡上用木料架起一座座如房子般的盐楼。先用木料将盐楼顶部垫平，然后铺上厚度在 15～20 厘米的沙石，最后铺上一层黏土，用盐锤夯实之后磨平，即"架木为田"。盐民早期靠背卤将卤水运至储卤池，冷却之后注入盐田，以此来晒制盐巴。

（二）观赏性（含原真性）价值

青藏高原东部独特的晒盐景观，吸引了众多专家和学者的关注。学界曾指出青海省囊谦县境内的"手工制盐技艺历史悠久，文化深厚，是诞生于农业文明中的手工业瑰宝，传承至今难能可贵。囊谦盐泉的开采、盐业的萌芽与发展是充满地方性、民族性的一个活例，是镶嵌在青海省盐业体系中的一块瑰宝"①。

青藏高原东部的 10 个盐场，其最大特点是未经人类特意的雕琢，呈现出人类利用自然资源、发挥地理优势、从事盐业生产的自然场景。无论是芒康地区澜沧江河谷两岸延绵三四公里的盐田景观，还是青海省境内数以千计的盐田，均呈现出层层叠叠的壮丽景色，以最古老的形式镶嵌在青藏高原上。在此，不同的季节可以看到不同的景色。在秋冬季，难以分辨到底是白雪还是盐田；在春夏时节，盐田在山谷之间呈现出独有的自然面貌，形如汉族地区的水田，水光倒映，在蓝天白云的映衬下，景色十分优美。这些都是人类在特定的自然环境中，利用自然资源，以维持群体和个人生活的真实场景。2011 年，芒康盐田荣登《中国国家地理》，引起了学界的广泛关注；2019 年，囊谦的各盐场也由《中国国家地理》进行了报道。② 无独有偶，在秘鲁的"圣谷"里，也有相似的盐场。学者曾将其和芒康盐田

---

① 坚赞才旦：《囊谦盐泉是青海盐业体系中的瑰宝》，《中国国家地理》2019 年第 7 期，第 53 页。
② 江才桑宝、王牧：《澜沧江源古盐场——历史悠久、景观壮丽》，《中国国家地理》2019 年第 7 期，第 42－59 页。

作比较①，不过它和囊谦的白扎、多伦多盐场相似度更高。秘鲁的这一盐场被称为"印加盐田"，"如果从高空看，这片盐田，就像镶嵌在干旱河山谷中的一件精美珠宝，洁白的田埂划分出 3 000 多个小水池，在高原耀眼的阳光中，闪闪发光"②。这样的景观，自然每年吸引不少游客观光。

（三）科学研究价值

考古学家对青藏高原东部这些盐场的基础设施、生产技术、生产工具和交换等情况颇感兴趣，据国家文物局前局长单霁翔介绍，芒康县的盐田"至今仍完整保留了凿盐井和卤水制盐的传统工艺，大多数盐井仍在使用，其井盐晒制技术被列为国家级非物质文化遗产。盐井现为芒康县文物保护单位"③。如有学者指出芒康县的盐田"相关文化遗产和文物部门以及各级政府应当尽最大的努力，使这一珍贵的遗产能够在原地得以保存，使传统的制盐工艺得以延续"④。另有考古学专家对青海省玉树州囊谦县的多伦多盐场和白扎盐场进行了调查，主要对盐场的方位、大小以及盐田情况进行简单介绍，同样提出"要充分认识到这一文化遗产的重要价值，认真地加以保护和利用"⑤。此外，还有学者对囊谦盐区的多个盐场进行了调查，依然认识到"囊谦当地人民靠自己的聪明才智，在其特定的自然和社会环境下，最大限度地利用了当地的自然资源，创造、完善了这一独特且经济、适用的盐业生产工艺，具有极高的文物价值，在中国盐业史上写下了重重的一笔，它为学者进一步研究囊谦盐业提供了宝贵的一手资料。其独特、壮观的盐田成为人类利用自然、挑战自然的壮丽景观，具有极高的旅游观赏价值"⑥。

从民族学、人类学的学科范式对芒康盐区的盐场进行分析的情况也不

① 刘莹：《神奇相似的"盐泉"：秘鲁玛拉斯盐田 VS 中国芒康盐井》，《中国国家地理》2011年第 4 期，第 84 页。
② 刘莹：《神奇相似的"盐泉"：秘鲁玛拉斯盐田 VS 中国芒康盐井》，《中国国家地理》2011年第 4 期，第 84 页。
③ 《国家文物局领导就芒康盐井保护工作回复宿白先生》，《中国文物报》，2009 年 9 月 9 日第 2 版。
④ 哈比布、张建林、姚军等：《西藏自治区昌都地区芒康县盐井盐田调查报告》，《南方文物》2010 年第 1 期，第 97 页。
⑤ 贾鸿键、索南旦周：《青海玉树州囊谦县两处盐场调查概况》，《南方文物》2015 年第 1 期，第 123 – 124 页。
⑥ 王玥、陈亮：《玉树州囊谦县盐场与盐业文化的调查研究》，《南方文物》2019 年第 1 期，第 93 – 100 页。

少，主要对边疆地区的盐业生产概况、盐的交换方式、不同的社会制度对盐业生产的影响，以及边疆地区同国家的互动关系等主题进行了讨论。有学者指出，芒康县的盐田"有人文社会科学研究的重大意义。可以通过中西制盐技术的对比，制度和地理环境的比较，来了解传统盐业的社会意义。以此，探究不同制盐方法之间的异同，也可以分析制度与生产方式之间的关系"①。可见，青藏高原东部的盐场，对学界来说，存在着极强的学术讨论价值。目前，学界的任务是对囊谦盐区实现进一步的研究，不过受该盐区交通不便、环境恶劣的影响，这方面的研究还明显不足。有待年富力强的青年学者，敢于攀登，认真挖掘和发扬青藏高原的传统文化。

（四）经济效益（含旅游开发）价值

从盐场具备的稀缺性、观赏性等条件出发，这些盐场"丰富（的）盐泉资源，具有较大的经济价值，只要开发利用好，对促进当地经济的发展必将起到积极的作用"②。在今天消费文化日益凸显的时代，将晒盐遗址打造为旅游开发景观区是完全有必要的，也是可行的。在这一方面上，西藏自治区芒康县盐井纳西民族乡的旅游开发已经走在了前面。

21世纪初期，在西藏自治区各级政府的推动下，盐井开始实行招商引资，吸引企业对盐田进行开发。2012年，西藏宏绩集团开始投资盐井景区开发，由西藏格拉丹东公司管理，先后修通了纳西民族乡驻地到盐田的柏油路，并修建盐井历史文化展览馆，总计投资3 000万元。该景区被评为国家4A级景区，已于2012年10月开始对外开放，收取门票。景区主要包括：盐田、盐井历史文化展览馆、天主教堂、岗达寺和文成公主庙，开发公司将数处景点捆绑成一个整体旅游项目，收取一定的门票。近两年，芒康盐区的旅游开发获得一定的成效。在旅游旺季，一般为6月至10月，每月的门票收入可达50万~70万元；在旅游淡季，即11月至次年5月，每月的门票收入为10万~30万元。

旅游开发使得晒盐遗址的经济价值得以充分显现出来，通过规划和建设景区来获得一定的经济效益。首先，景区以门票作为收入的重要手段，除了给工人发放工资，保证景区的运行之外，还可以缴纳一定的税收，起到增加当地政府财政收入的作用。其次，景区开发之后，基础设施的完善

---

① 李何春：《动力与桎梏：澜沧江峡谷的盐与税》，广州：中山大学出版社，2016年，第222页。

② 王玥、陈亮：《玉树州囊谦县盐场与盐业文化的调查研究》，《南方文物》2019年第1期，第93-100页。

能吸引游客观光，促进盐井小镇的餐饮、住所等消费行业的发展。最后，盐井小镇、加达村不断打造"藏家乐"的体验式旅游方式，游客不仅可以到盐田观赏，还可以到盐民家中喝酥油茶、吃藏餐，甚至可住宿，提高了盐民的收入水平。

二、传统制盐工艺传承与保护的困境

当下，很多产业均以工业化生产为标准，求质量、讲效率，对传统手工业带来了较大的冲击和挑战。传统的文化遗址面临着前所未有的危机，学界认为像芒康县盐田这样的遗址，"传统制盐产品质量低劣、劳动强度大、生产销售成本高，而盐价便宜、劳动力成本上升、现代盐业生产成本低，加之盐民无特殊经济补贴，芒康传统制盐业正处于生死存亡的关键时期"[①]。从目前学界探讨的结果来看，这样的遗址想要保护起来，主要应采取保护和利用相结合的方式。那是因为，即便申报了世界（文化）遗产，如果没有生产的活力，遗址也会面临慢慢消亡的危险。目前，这些遗址主要面临两个方面的问题：一是以盐业生计为主的传统村落不断衰落；二是利用和保护之间难以平衡，一些盐场甚至由于利用率低，开发跟不上，难以实现向经济价值转化。

（一）以盐业生计为主的传统村落不断衰落

盐业曾是青藏两地的盐村的主要生计方式。在以畜牧业为主要生产方式的青藏高原地区，从事盐业生产的村落并不多。

青海省囊谦县境内的几个盐场，民国以后当地盐业不断得到发展，一直持续到21世纪初期。盐业生产的地位，长期以来很难受到其他生计方式的影响。但是，随着近些年工业化加碘食盐的产量剧增，在青藏高原的交通条件不断得以改善以及政府给予牧区较多食盐补助的情况下，传统的制盐业难以发展，手工盐市场前景下滑，盐田保护堪忧。这在无形之中改变了当地人以盐业生产为主的生计方式，以及通过盐来交换生活必需品的模式。当地的盐场被私人或集体承包之后，如白扎、多伦多两个被集体承包的盐场，附近的村民还可以加入晒盐的队伍之中。然而那些由私人承包的盐场，雇佣什么样的盐工，完全由盐场主来定夺。此外，现在部分盐场

---

① 陈义勇、俞孔坚、李迪华等：《西藏芒康古盐田：活态遗产的价值与生存危机》，《世界遗产》2013年第1期。

在运盐、装盐等过程中逐渐实现机械化，导致盐场所需的盐工数量逐渐减少。临时组成的盐工队伍，不再是来自盐井周围的牧民，而是来自不同的村落，大家相互不认识，收工之后，便是各回各家，缺乏交流和沟通。

清末以来，芒康县境内的盐田属于周围的三个村落即加达村、上盐井村和纳西村的藏族与纳西族家庭，村民一直以盐业生计为主，长期以来主要以家庭为单位从事盐的生产。这里的食盐长期在川滇藏交界区进行交换。食盐通常可以交换粮食、食用油、糖、布匹等生活物品。不过，近十年来，盐井遇到了同囊谦相同的境遇，周边对盐的需求锐减，盐的销路不好，导致很多祖祖辈辈靠晒盐来维持生计的家庭逐渐放弃盐田，这在纳西村是比较突出的。东岸纳西村的盐田多数已废弃，无人修整。近些年，虽然旅游业得到发展，但是盐田仍未得到重视。

加达村和上盐井村也有部分盐户放弃盐田，只是此类情况比纳西村好一些，放弃盐田另谋出路的盐户要少一些。之所以放弃祖辈经营几百年的晒盐业，主要是因为晒盐是既辛苦利润又低的活计。据了解，男性主要转向县城或其他地方打工，从事建筑行业或苦力活。女性则需要照顾家庭，难以脱身，出去打工挣钱终究不现实，只得老实在家务农，并兼采集松茸或挖虫草，晒盐基本成了她们的副业。从事晒盐的人数减少，盐业生产不被重视，盐田遗址自然而然也受到损坏，无人修整。

（二）保护与利用之间关系的不平衡

青藏高原传统晒盐工艺，近些年不断受到学界的关注以及政府的重视。但是，盐田的保护始终是件棘手的事，如何平衡保护与利用的关系成为讨论最多的话题。从国家的角度出发，主要依靠制定各项政策，采取自上而下的方式来推动对这些遗址的保护，包括将盐田遗址列为文物保护单位，入选物质文化遗产等。例如，囊谦县多伦多盐场在 2013 年 4 月被青海省定为省级文物保护单位，这是囊谦县 8 个盐场中唯一的省级文物保护单位。此外，国家通过制定传统村落的保护意见，推动对传统村落的保护，如在 2012 年 12 月 12 日住房城乡建设部、文化部和财政部三部委联合颁布了《关于加强传统村落保护发展工作的指导意见》，主要目的是"促进传统村落的保护、传承和利用"，分批评定"中国传统村落名录"，其中有一部分的制盐村落入选，其中，芒康县纳西民族乡上盐井村入选第一批，玉树藏族自治州囊谦县娘拉乡多伦多村入选第二批。这些以政府作为抓手的保护手段能收到一定的效果，但是依然面临着严峻的保护难题。

传统的保护文化遗产是以保护为主，但是，这样的手段针对盐田保护效果甚微。主要原因在于：盐场作为一种传统的文化遗产，是人类在生产生活中形成的。如果仅以保护为目的，则失去了生产本身的意义，盐场的活力将不复存在。因此，近些年提倡将保护和利用有效结合起来。但是，当地盐田这两个方面的成效均不显著。以囊谦县 8 个盐场来说，目前均未开发为旅游景区，遗址的保护无从谈起，盐场被承包之后，基本处在自生自灭的状态。盐田、卤水井、盐神以及晒盐工具等与盐业生产直接相关的设施或物品，均以盐场承包人自己的意志来决定是否需要修整或保存。这意味着，如果盐业生产的利润下滑，承包人自身利益受损，则传统工艺面临消亡的可能性很大。

西藏芒康县的盐井自开发为国家景区之后，知名度得到提升，也有部分从 214 国道入藏后到盐田来参观的游客，但是并不多，导致景区利润低。开发之后还遇到以下问题：一是当地乡政府并未参与到盐田的开发和保护之中，盐民很难在开发的过程中受益，利益诉求得不到正常的表达，因此盐民的积极性不足。二是景区自开放以来，管理不到位，盐田的保护能力主要依托盐民，成效不明显。基础设施跟不上，除了道路，其他相关的配套设施并不完善，如电瓶车、厕所、餐馆等均未配备。此外，对晒盐的相关设施并不重视，如对早期的盐工住所、盐局、盐马古道等重要建筑或遗址不进行修复或重建，仅仅竖一些标识牌。景区管理能力和管理水平有限，例如，展览馆的讲解员对盐田的历史了解不准确，不利于游客深入、客观地了解晒盐业这一特殊的文化现象。总体来说，保护跟不上，利用率低，旅游开发和盐田保护之间定位不准确，重视不足。

宿白认为，尽管经济利益和文化遗产的保护之间可能存在矛盾，但是可以从以下几个方面来保护芒康县的盐田：

（1）可否利用目前正在进行的全国重点文物保护单位申报机会，将这处珍贵的遗产直接列入国保单位（我记得以往曾有过类似案例，备查）。

（2）在强调保护的基础上还要尽快考虑将其列入世界文化遗产和自然遗产候选名录，同时也完全有资格列入非物质文化遗产名录。

（3）应该组织和利用现有媒体进行广泛的宣传，扩大影响，特别是在民族文化遗产的保护方面。①

---

① 《国家文物局领导就芒康盐井保护工作回复宿白先生》，《中国文物报》，2009 年 9 月 9 日第 2 版。

尽管学界和文化部的领导不断强调保护当地盐田的重要性，但是效果并不明显。查阅资料发现，芒康县的盐井并未列入第七次全国文物保护单位。当然，这一次自上而下的政府行为，取得的成绩主要是在电站开发的过程中不再将盐田划入淹没区。这为盐田的保护，提供了一定的政策支持。

三、传统晒盐工艺传承与保护的对策

（一）将文化资源转化为文化资本，促进传统晒盐村落的保护与发展

从目前几处盐场的发展来看，将西藏自治区芒康县的盐井投资开发为4A级景区之后，取得了一定的经济效益。因此，将文化资源转化为文化资本，实现文化带动经济，可能是青藏高原东部各盐场发展的有效出路。

学界对文化资源如何转换为文化资本的机制进行了一些论述。马振认为这一过程的发生，主要在于经济价值要同文化价值相融合。转换机制中，内部条件包括三个方面：价值性、收益性和稀缺性，外部条件包括：清晰的产权、完善的市场和确定的开发主体。[①] 笔者认为，传统制盐文化遗产有其普遍性和特殊性，如果要从文化资源转换至文化资本，则可根据特殊的行业以及自然环境对上述观点进行修正，这样形成了青藏高原传统晒盐遗址文化资本形成的条件和机制（见图 2 - 44）。

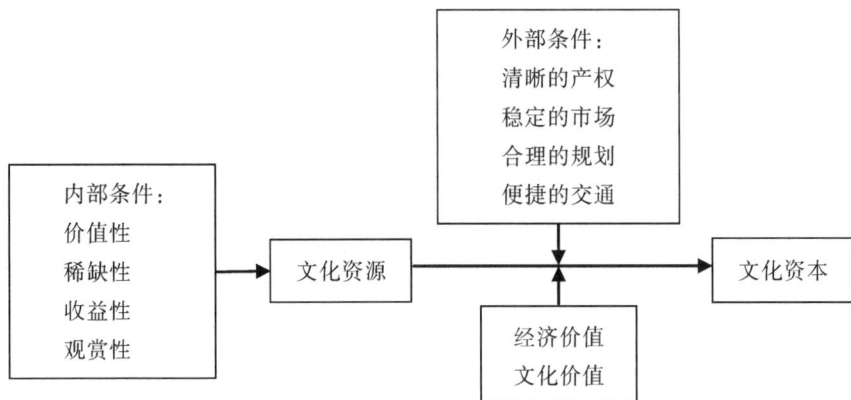

图 2 - 44　青藏高原传统晒盐遗址文化资本形成的条件和机制

---

① 马振：《文化资本视角下宏村旅游可持续发展研究》，厦门大学硕士学位论文，2018 年，第20 页。

从内部条件来说，青藏高原东部的诸多盐场中，同时具备 4 个条件的盐场有：芒康县境内的盐井盐田，囊谦县境内的多伦多、白扎、乃格和尕羊 4 个盐场。其他盐场，诸如囊谦县境内的达改、拉藏、娘日洼和然木 4 个盐场以及类乌齐县甲桑卡乡的吉亚盐田，由于盐田数量少，规模不大，因此，缺少收益性和观赏性，开发价值不大。

从外部条件而言，即从清晰的产权、稳定的市场、合理的规划和便捷的交通 4 个方面进行分析，芒康县的盐田已经开发为旅游景区，盐田和一些盐场设施的所有权归国家和集体，当地盐民主要享有使用权。从开发的结果来看，无须对盐田及相关设施进行改造，所以并未涉及产权的归属问题。从市场开拓的情况来看，主要为散客，组团观赏的情况不多。此外，受西藏特殊的气候特征影响，一般来说，游客主要集中在 6—10 月，其他月份由于下雨或下雪，来此观光的游客不多。景区开发之后，主要对道路以及盐井历史展览馆进行了规划，其他方面的建设还不够完善。盐井的交通条件，因处在 214 国道旁，所以可以同这一通道相连，但是无论从芒康县至盐井，还是从云南的香格里拉进入盐井，均未有高速公路可达，所以交通还谈不上便捷。

囊谦县的 8 个盐场均不存在产权的归属问题，但是从开发的角度来看，归集体承包的盐场，旅游开发之后触及其核心利益，因此需要注意引发纠纷的可能性，其他盐场则不存在类似的问题。其他 3 个外部条件，囊谦县的 8 个盐场目前均不具备，到该地区旅游观光者极少，开发未提上日程，因此规划无从谈起。交通条件相对落后，虽然囊谦县境内有 214 国道穿过，但是盐场一般远离国道，从西宁市到囊谦县无铁路，高速公路仅通至玉树市，从西宁市至玉树市共 790 公里，全程汽车需要 12 个小时。囊谦县到各盐场，有些路面还是土路，稍好一点为柏油路。因此，这些条件极大地限制了地区的发展。未来囊谦地区几个盐场的开发，将要重点解决后 3 个外部条件。

（二）认真挖掘传统盐文化，实现生产性保护

传统文化是整个晒盐遗址的核心内容，也是其血肉。因此，将盐文化认真挖掘出来，通过多种途径展现出来或保存下来，并加强生产性保护，是青藏高原东部传统晒盐工艺传承与保护的基本策略。

1. 认真挖掘和整理盐文化

盐文化的核心包括盐业的生产工艺、盐场的基础设施、盐民的住所、

盐工（含贩盐马帮）的生活经历、有关盐业生产的传说和对制盐本身的认知。有些属于物质层面的内容，比如基础设施、盐民住所等；有些则是非物质层面上的内容，如工艺、盐工（含贩盐马帮）的生活经历、传说和认知。前者可以通过修补或重新修建的形式保存下来，但是后者难以通过同样的方式进行保存。因此，需要通过运用文字、影像、图片等形式对其进行搜集、整理和保存。

2. 做好保护和抢救工作

如第一点所言，盐文化所涉及的几个方面的内容，有些方面急需进行保护和抢救。如制盐的工具，这是直接反映晒盐工艺的最好素材，但是随着生产方式向现代化的转变，某些传统的依靠手工制作的工具不断消失。此外，那些有关食盐交换的丰富多彩又历经艰难的马帮文化，也将随着马头的逐渐逝去，再难寻找其踪迹。盐工的生活经历也是如此，越来越少的家庭投入晒盐生计中，这种经历也会随着时代的发展而被抹去，如不加紧保护和抢救，则难以再呈现给后人。

3. 利用科技手段重现制盐历史场景

晒盐是整个产业最核心的要素，也是最吸引人们的生产场景。可通过现代的技术水平，一方面利用影像资料，加工成为以生产、交换和消费为主题的具有故事情节的视频，用来展现生动的盐民生活图景；另一方面将无人机拍摄、3D动画模拟等技术利用起来，将环境和历史紧密结合，重现制盐历史场景。

4. 实现生产性保护同开发有机结合

生产性保护是保护物质文化遗产的重要举措。如果只是对非生产性的环节进行保护，如对盐田、卤水井、储卤池、盐神和住所等基础设施进行保护，难以真正展示生产的真实过程，即缺乏"活性"，自然就少了人类面对艰苦的自然环境如何生存的灵性。因此，需要实施生产性保护的措施，将盐民的生计和旅游开发紧密结合起来，防止仅仅为了开发而忽视盐民的利益，致使开发出来的产品只是一个空壳而无内涵。

第三章

传统到现代：滇西北兰坪盐业生产及其社会变迁

兰坪县隶属于云南省怒江傈僳族自治州。从地理方位来看，兰坪县位于云南省西部，地处迪庆州、怒江州和大理州的交界处。澜沧江从青藏高原东部一路南下，在兰坪县的中排乡流入境内，贯穿了该县的西部地区。东部地区是澜沧江的支流——沘江流域。沘江发源于该县的青岩石山，该县境内的盐井主要分布在沘江流域上，这里盐矿资源极为丰富，元代已有开发。明清时期是兰坪县境内盐业发展的高峰期。经民国和新中国两个生产时期之后，至 20 世纪 70 年代初，盐业生产开始渐渐衰弱，甚至在一段时间内还停产了，不过之后又恢复了生产。1987 年开始转向现代工艺——真空法制盐。21 世纪初期由于市场竞争大，生产技术革新跟不上，最终停止了生产。

第一节　兰坪县盐区概述

一、区域社会

兰坪县地处云南省西北部，是怒江傈僳族自治州所辖的一个民族区域自治县，全称为"兰坪白族普米族自治县"，是全国唯一的白族自治县。该县地处青藏高原东南部的横断山脉，碧罗雪山将怒江峡谷和澜沧江峡谷自然分开，兰坪县处在碧罗雪山的东面，北部与迪庆藏族自治州的维西傈僳族自治县接壤，东部分别与丽江市的玉龙纳西族自治县和大理白族自治州的剑川县相邻，南部同大理白族自治州的云龙县相交，西部翻越碧罗雪山便是怒江傈僳族自治州的泸水市、福贡县和贡山县。

兰坪县境内人类活动的历史，可追溯至石器时代。目前，该县境内发现有两处石器时代遗址，分别是通甸镇玉水坪的洞穴遗址和金顶镇文兴村的马鞍山遗址。玉水坪洞穴遗址处在兰坪县的东北部，位于本县以及丽江市玉龙县和大理州剑川县的三县交界地带；马鞍山遗址在兰坪县的县城所在地——金顶镇境内。根据玉水坪考古发掘报告，该遗址上层堆积为新石器文化层，下层堆积为旧石器文化层，[①] 洞穴的主人主要从事的是狩猎活

---

① 云南省文物考古研究所、怒江州文物管理所、兰坪县文物管理所编：《兰坪玉水坪——云南省文物考古研究所田野考古报告第 21 号》，北京：文物出版社，2020 年。

动，且已经懂得用火烧烤食物，会缝制衣服，学会用动物的牙齿制作装饰品等。[①] 马鞍山遗址属新石器时代遗址，文化层厚 0.6 米，遗址中主要采集到磨制石斧、石锛、有孔石刀、石球等 42 件，此外还有柱形石器数件、夹砂红陶片 17 片，还发现大量动物化石和炭屑。[②] 其社会形态同玉水坪相差无几。

兰坪县在西汉时期属益州郡比苏县。唐代，兰坪设置眉邓、洪郎二州，属剑南道姚州都督府管辖。南诏时期，属剑川节度谋统郡。大理国时期，设兰溪郡，属谋统府所辖。元代，曾在该地区设州，称"兰州"，归丽江路。明代，兰州属丽江军民府。清代，并入丽江县。民国时期，先设州，后改县。县名由兰州和县城所在地白地坪中各取一字，为"兰坪"。[③] 兰坪解放以后，兰坪县城曾几经异变，这将在后文中叙述。

兰坪县境内水系发达，澜沧江支流众多，澜沧江从北部的维西县流入兰坪县境内。此外，其境内还有通甸河、沘江、腊铺河、大竹箐河、木瓜邑河、罗松场河、凤塔河、玉龙河等支流。其中，兰坪县境内澜沧江流域的支流上，如沘江、通甸河，均有盐泉分布。通甸河的河西一处有高轩（山）井，沘江流域则分布着小盐井、上井、温井、下井、老姆井、炼登井、日期井和喇井[④]等多处盐井。

2005 年，兰坪县境内的喇井盐矿关闭，这意味着历经 600 多年的兰坪盐业画上了休止符号。此后，在 2012 年的时候，地方政府曾提出恢复盐业，但最终未获批。因盐而兴的市井繁华面貌，终将成为历史的记忆。

二、井场分布

兰坪盐区紧靠滇西的云龙盐区，二者同属一个盐矿带。兰坪县的盐矿处于老三系含盐盆地，是继承中生代咸化海盆后期发展演化而成的，矿区地处南北走向三江断裂带中部。[⑤] 盐区则主要分布在澜沧江流域东部地区的

---

① 《怒江傈僳族自治州文物志》编纂委员会编：《怒江傈僳族自治州文物志》，昆明：云南大学出版社，2007 年，第 12 页。

② 《怒江傈僳族自治州文物志》编纂委员会编：《怒江傈僳族自治州文物志》，昆明：云南大学出版社，2007 年，第 13 页。

③ 《兰坪白族普米族自治县概况》编写组编：《兰坪白族普米族自治县概况》，北京：民族出版社，2008 年，第 46 - 47 页。

④ 喇井，又称"啦鸡井""喇鸡井"和"啦井"，为了统一表述，除了引文之外，一律使用"喇井"。

⑤ 兰坪白族普米族自治县盐矿编：《兰坪盐业志》，内部资料，1993 年，第 26 页。

通甸河和沘江上。盐井呈南北分布，最北端为高轩井，位于河西乡西北部；最南端为金顶镇境内的老姆井。从北到南，盐井呈线状分布。

　　兰坪县境内的几处盐井，主要分布在三个乡镇：河西乡、金顶镇和啦井镇，盐井的分布情况见图 3-1。

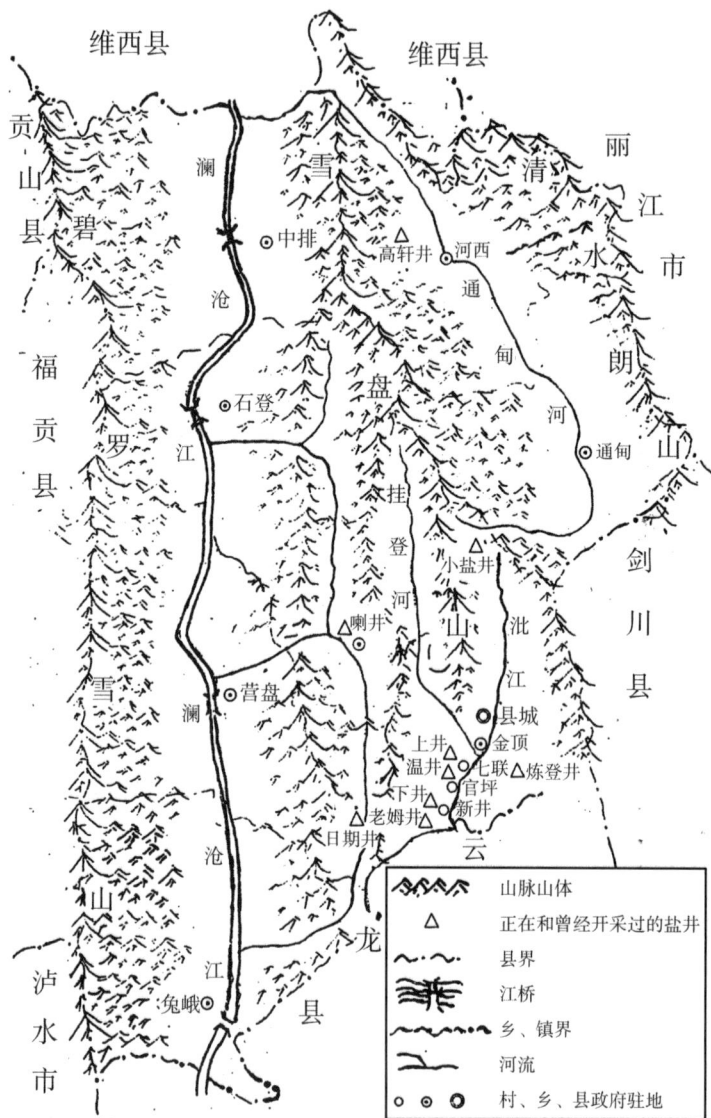

图 3-1　兰坪县各盐井分布示意图①

　　① 采自兰坪白族普米族自治县盐矿编：《兰坪盐业志》，内部资料，1993 年。部分县市名称按照今天的行政区划进行修改，特此说明。

一是兰坪县北部通甸河上游的河西乡境内有高轩井，据 2022 年 7 月 22 日的调查，村民正在清理该井，内有一定浓度的卤水自然流出。高轩井又因处在两面高山之间而被称为"高山井"，其遗址位于兰坪县河西乡共兴村，距河西乡政府约 4 公里。民间相传一放牛老妪牧牛时发现盐卤。资料记载，高轩井正式开发于雍正二年（1724），属丽江井的子井。[1] 高轩井为一口石吊井，井内有淡水渗入，取卤时需先排除淡水再汲卤，固有淡水井之名。[2] 地方志描述，高轩井在盐业生产最昌盛时期有工人 700 多人，共 66 座煮盐灶，生产的食盐除供应兰坪、维西、丽江、福贡等地外，还远销缅北，成为丽江军民府盐课的主要来源之一。[3]

二是金顶镇南部分布着上井、温井、下井和老姆井等盐井，此外还有一些附井，如小盐井、炼登井和新井等。它们主要分布在沘江两侧的高山之中，海拔在 2 200～2 900 米。上述几处盐井已在 20 世纪 90 年代停产。历史上，兰坪盐区比较有影响的是老姆井，此井于乾隆二年（1737）开发，时归丽江盐大使管辖。但是，上井、温井、下井三井的开发历史更早，明代受丽江木氏土司管辖，清代将其统称为"丽江井"。

三是啦井镇境内的日期井和喇井。日期井是杨贤井以及福、禄、寿、喜共五井的总称，其中杨贤井为主井，筑有石吊井一口，另有四口小井，不常采用。日期井离啦井镇有 25 公里，盐井所在地海拔为 2 780 米，该井开发年代不详，清代同治年以前属丽江井子井，盐大使移驻喇井之后，由喇井管辖。喇井盐区，今为啦井镇驻地，位于啦井河的河谷之中，矿区海拔在 2 200 米左右。喇井于道光二十三年（1843）正式开井报课，为丽江井子井。同治十三年（1874），迁大使署至喇井，该井从子井升为母井。

三、民族源流

据 2000 年的统计数据，兰坪县境内总人口 187 295 人，少数民族 175 089 人，占总人口的 93.48%。2019 年，兰坪县总人口增加至 21.8 万人，境内以少数民族为主，占 94% 左右，其中以白族和普米族占多数，前

① 兰坪白族普米族自治县盐矿编：《兰坪盐业志》，内部资料，1993 年，第 36 页。

② 地方志记载，高轩井分为咸水井和淡水井，见《怒江傈僳族自治州文物志》编纂委员会编：《怒江傈僳族自治州文物志》，昆明：云南大学出版社，2007 年，第 21 页。

③ 《怒江傈僳族自治州文物志》编纂委员会编：《怒江傈僳族自治州文物志》，昆明：云南大学出版社，2007 年，第 21 页。

者占五成,后者不足一成。此外,该县境内还分布有傈僳、怒、彝、藏等14个少数民族。①

白族在汉、晋时期被称为"僰",这个时期的分布区域为"西北与羌族聚居区相接,往西南直抵云南境内的澜沧江以东、红河以北地带,沿线与出自氐羌系统的其他部落相杂居,同时又有自己的一片聚居区"②。南北朝以后,被称为"白蛮",至唐代,也称此名。其地域的分布"与汉、晋时期僰族的居住地域基本一致,或仅在局部范围内有所扩大。所不同的是:汉、晋时期先后迁入的汉族人口,在南北朝时期与内地汉族之间的联系逐步松弛的情况下,到唐朝初年时,已经完全与当地僰族趋于融合而被称为'白蛮'"③。即表明,从南北朝开始,生活在西南地区的白族先民已经同汉族发生过民族融合。元明清时期,"白蛮"又称"白夷"或"僰人",不过"僰"是"白"的同音字。这三个朝代,白族的分布较广,主要以大理为中心,辐射了蒙化(今巍山,也属大理白族自治州)、永昌(今保山市)、顺宁(今凤庆县)、云州(今云县)、威楚县(今楚雄彝族自治州)、定远县(今牟定县)、南安州(今双柏县)、镇南州(今南华县)、丽江府、鹤庆、剑川、昆明县、安宁州(今安宁市)、昆阳州(今昆阳)、晋宁州(今晋宁区)、澂江府(今玉溪市)、曲靖府、广西府(今泸西县、师宗县、弥勒市、丘北县等)、临安府(今通海县、石屏县、峨山县、蒙自市、开远市)、开化府(今文山市、马关县及文山西部)、广南府(今广南县、富宁县)、沅江、普洱以及滇东北的建昌地区和滇东的普安地区。④

白族在形成和发展中,民族分布的区域不断扩大。元代,白族主要分布在滇中的昆明,滇西的楚雄、大理和保山一带。⑤ 明代之后,白族不断同当地的少数民族或汉族进行融合。

兰坪县境内的白族,地方志认为"除了少部分是世居的当地土著外,大多数是从临近的洱海区域、鹤庆、剑川、云龙、丽江等地先后迁入兰坪定居的。也有少数是明清来自南京应天府、江西吉安府等内地戍边的汉族

---

① 《兰坪概览》,见兰坪县政府公开信息,https://lp.nujiang.gov.cn/html/lpgk/。
② 尤中编著:《中国西南的古代民族》,昆明:云南人民出版社,1980年,第17页。
③ 尤中编著:《中国西南的古代民族》,昆明:云南人民出版社,1980年,第72页。
④ 尤中编著:《中国西南的古代民族》,昆明:云南人民出版社,1980年,第200-232页。
⑤ 王文光、段红云:《中国古代的民族识别(修订本)》,昆明:云南大学出版社,2011年,第255页。

和流民"①。从文献记载来看，明清时期兰州（今兰坪）的周围，的确分布有白族。如清代有文献记载，丽江、剑川、云龙等地同兰州接壤的地方有白族的分布，雍正《云龙州志》记载："浪宋，接兰州（今兰坪）之石门关，旧有十二寨，嘉靖间，兰州据七寨，今止五寨。若表村，若槽牙，若桑岔，居江至西，共三百家，与汉洞为邻。若柯利，若老末，居江之东，二百余家，与师井为邻。"② 其中，"老末"即那马寨，属白族村落。③ 此外，云龙州的归化里④同兰州交界的地方，也有"僰子寨"（即白族村寨）。余庆远在其《维西见闻纪》中记录："那马，本民家，即僰人也，浪沧、弓笼皆有之，地界兰州。"⑤ "那马"即为白族，可见今维西县北部的澜沧江流域和攀天阁乡⑥等地，清代分布有白族。尤中认为，明朝中期以后，丽江府的白族人口逐渐向其西部边境地区扩展⑦，因此逐渐进入澜沧江和怒江流域的峡谷之中，在维西、兰坪、泸水等地生存和繁衍。

第二节　历代王朝对兰坪盐业的管控

一、明代木氏土司对盐业资源的控制

据学者所述，兰坪县境内的盐业生产早在唐代就已出现，樊绰所著的《蛮书》一书中论述云南境内的盐业生产概况时提及"剑寻东南有傍弥潜井、沙追井，西北有若耶井、讳溺井。剑川有细诺邓井。丽水城有罗苴井。长傍诸山有盐井，当土诸蛮自食，无榷税"⑧。其中的"若耶井"和"讳溺井"或为今兰坪县喇井。⑨ 不过，多数学者认为兰坪境内的盐业始

---

① 《兰坪白族普米族自治县概况》编写组编：《兰坪白族普米族自治县概况》，北京：民族出版社，2008年，第19页。
② （清）陈希芳纂修，周祜校点：《云龙州志（雍正本）》，1987年，第35页。
③ 尤中编著：《中国西南的古代民族》，昆明：云南人民出版社，1980年，第202页。
④ 今检槽乡西北部的表村以及泸水市的南部地区。
⑤ （清）余庆远纂：《维西见闻纪》，北京：中华书局，1985年，第9页。
⑥ "弓笼"即今维西攀天阁乡，见邓章应、白小丽编著：《〈维西见闻纪〉研究》，成都：四川大学出版社，2012年，第89页。
⑦ 尤中编著：《中国西南的古代民族》，昆明：云南人民出版社，1980年，第212页。
⑧ （唐）樊绰撰，向达校注：《蛮书校注》，北京：中华书局，1962年，第189–190页。
⑨ 李晓岑：《南诏大理国科学技术史》，北京：科学出版社，2010年，第154页。

于元代。

宋代，云南境内有关盐业生产的记载不多，因此，并未提及兰坪盐业的情况。元代，据《大元一统志》记载，丽江境内有盐井七口，但不见史料对盐井名称、方位和生产规模等方面的内容进行阐述。据地方志描述，"元代和元代以前，县境内的世居民族傈僳族还过着以狩猎为主、辅以采集的原始生活。散居在当地与傈僳族参错而居的白、纳西等族，则分别受白族封建领主和纳西族部落贵族的统治，向领主领取小块份地耕种或主要从事畜牧业生产。各民族、各部落或氏族之间，没有统属关系，盐井为井区邻近的村社所占有，由村社成员自煎自食或用以交换其他物资"①。这种情形在唐代是比较明显的，如《蛮书》记载："（云南境内）其盐出处甚多，煎煮则少。安宁城中皆石盐井，深八十尺。城外又有四井，劝百姓自煎。"②这表明西南地区的盐业生产，在历史上长期由当地的村民自行熬制，地方盐业管理体系并未形成，上缴课税的现象更是极少，至少在明代以前都是如此。地方志记录："兰坪各井，元、明时期为丽江木氏土司统治，清雍正元年（1723）丽江改土归流后，始由流官知府督令经营。产、销、税、缉均由丽江府统管。"③

明代初期，中央开始加强对边疆地区盐业的管控。洪武十五年（1382）十一月，中央设云南盐课提举司。据《明史·食货志》记载，云南提举司凡四："曰黑盐井、白盐井、安宁盐井、五井。"在云龙设置五井盐课提举司之后，又在丽江军民府境内设兰州井盐课司④，归云龙五井盐课提举司管辖。但是，中央对兰坪盐业的管控是比较有限的，其主要原因是明代丽江木氏土司是滇西北地区最大的权力集团，对滇西北地区的地方格局影响较大，该地区的重要资源多被木氏土司掌控。具体表现为：

> 元末明初，通安州（今丽江市中部）的纳西族贵族势力迅速发展，兼并了附近各部落，建立了大封建领主制度。明王朝又以这个兼并了附近各部落的贵族——木氏领主为丽江土知府，使其统治区域扩大到今丽江地区、迪庆州和怒江州（不包括泸水）。

---

① 兰坪白族普米族自治县盐矿编：《兰坪盐业志》，内部资料，1993 年，第 2 页。

② （唐）樊绰撰，向达校注：《蛮书校注》，北京：中华书局，1962 年，第 184 页。

③ 兰坪县志编纂委员会编：《兰坪白族普米族自治县志》，昆明：云南民族出版社，2003 年，第 411 页。

④ 据方志记载，兰州井盐课司属五井盐课提举司管辖，见方国瑜主编：《云南史料丛刊（第十二卷）》，昆明：云南大学出版社，2001 年，第 576 页。

木氏领主凭借其政治、军事实力，强占了其统治区内的全部矿山和盐井。兰坪盐井区的各族人民，也因此而沦为木氏领主的盐户，专门为领主进行盐业生产。明王朝虽任命了盐课司，却徒有虚名，未能到位，但为贯彻其羁縻政策，对此采取了听之任之的态度。①

明代木氏土司在滇西北地区权力的扩张，伴随的是军事的进攻。《维西见闻纪》记录："率么些兵攻之，吐蕃建碉数百座以御，而维西之六村、喇普、其宗皆要害，拒守尤固。木氏以巨木作碓，系以击碉，碉悉崩，遂取各要害地，屠其民而徙么些成焉。自奔子栏以北，番人惧，皆降。于是自维西及中甸，并现隶四川、巴塘、里塘，木氏皆有之，收其赋税，而以内附上闻。"②可见，木氏土司北扩之后，已经占据了今天滇西北的丽江、迪庆、芒康、巴塘等地，滇西北的藏族、纳西族、傈僳族、白族等先民均被其统治。

木氏土司作为地方社会的代理人，一方面向明朝政府示好，时常进京上贡；另一方面则在统治区域内大肆搜刮百姓，对重要的资源如金矿和食盐进行严格的控制。除了开采金矿之外，木氏土司在统治滇西北地区的过程中，主要占有了西藏芒康县的盐井③和兰坪县境内的盐井。

木氏土司占领滇西北的广大地区之后，实行封建领主制，征收苛捐杂税，进行残酷的剥削。在该地区实行"实物代役制"，即盐民获盐半数以上需上交丽江土司府。④据《明实录》载，万历三十八年（1610）土司木增时期，盐井有六处：曰二欠井、曰下日欠井、曰上日欠井、曰罗摩井、曰温水井、曰伍井。明代，兰坪县境内的盐井属丽江木氏土司管辖，时间长达470年。中央在兰坪境内设立了盐课司，但是"因为当时丽江实行的是土司制度，府境内为木氏领主独占经营，封建王朝在兰州所设的盐课机构有其名，而无其实。至清雍正年间丽江改土归流之后，境内的盐井才改由流官知府督令经营，并于雍正六年（1728）在今兰坪下井建立大使署，征收盐课，监督盐户，组织运输、销售"⑤。这表明，中央王朝虽然建立起一套盐务管理体系，但是在对待边疆民族地区的时候，还是存在一定的差异，

① 兰坪白族普米族自治县盐矿编：《兰坪盐业志》，内部资料，1993年，第2页。
② （清）余庆远纂：《维西见闻纪》，北京：中华书局，1985年，第1页。
③ 李何春：《动力与桎梏：澜沧江峡谷的盐与税》，广州：中山大学出版社，2016年，第126页。
④ 兰坪县志编纂委员会编：《兰坪白族普米族自治县志》，昆明：云南民族出版社，2003年，第410页。
⑤ 兰坪白族普米族自治县盐矿编：《兰坪盐业志》，内部资料，1993年，第46页。

多数只能依赖于土官来管理地方事务。因此，盐业的生产和税收方式，仅以土官的意志来决定，并无法令来约束。

二、清代地方盐业的进一步发展

清代，是云南省盐业生产技术提升和产量剧增的重要历史时期。从大环境来看，清初经历了一段从战乱到稳定的时期，这促进了盐业的发展，学者曾论述道：

> 明末清初之际，人口大量减少，社会经济遭到严重的破坏。随着战祸范围的逐渐缩小，人口逐渐增加，荒地逐渐垦辟，社会经济也逐渐复苏，使得盐业的恢复成为可能。
>
> 人口的归复对食盐的销售至关重要。清初为了招徕逃亡丁口，重建正常的封建秩序，恢复社会经济，曾于顺治六年至康熙二年先后向地方官员颁布了招抚人丁的奖惩措施，对人丁的增额起到了一定的作用。虽然各地区人丁的增加不平衡，但人丁的迅速增长却是一个总的趋势。
>
> 清初人口的增长，标志着社会趋于稳定和社会生产力的向前发展。人口又是食盐的消费者和最后纳税者，顺治中期以后人口的增长，给销引完课带来了转机，使顺治初年以来盐引壅滞和课额拖欠的不景气局面逐步得以好转，并且在一定程度上导致了盐销量和盐课增长。[1]

从云南人口统计的数据来看，顺治十八年（1661）全省为 1 270 174 口，到乾隆元年（1736）为 936 041 口，呈现下降趋势。自乾隆六年（1741）人口开始增长，至道光十九年（1839），全省总人口增长至 6 971 000 口，是顺治时期的五倍还多。[2] 这一数据表明，清代云南人口呈现增长趋势的确对云南的盐业发展起到促进作用。事实上，有学者做过比较，"终明一代，盐课相对稳定在白银 35 000 两。然而，17 世纪初期，盐课开始上升，1623 年为 43 000 两白银，1625 年为 50 000 两白银……到 17 世纪

---

[1] 陈锋：《清代盐政与盐税（第二版）》，武汉：武汉大学出版社，2013 年，第 13 页。

[2] 邹启宇、苗文俊主编：《中国人口（云南分册）》，北京：中国财政经济出版社，1989 年，第 75 页。

晚期，盐课收入已上升到 150 000 两白银，而在 1732 年，盐课常项收入已达到278 039两白银。……在 1841 年、1842 年、1845 年和 1849 年，云南的盐课收入分别是 366 293 两、294 023 两、372 161 两、356 922 两白银"[1]。这表明产额增加，使得盐税总额不断升高。

清代正是兰坪盐业发展的高峰期，这个时期不断开辟新井，并对旧井实行更名。

雍正六年（1728）丽江井盐课大使设立后，这个地区的盐井进入盐官管控的阶段，实现了国家委派的盐官逐级延伸至基层，加强了地方盐务的监管。总体来说，清代兰坪境内已经形成了三个主要盐区：一是丽江井，共十八井。二是老姆井，含四井。三是喇井，道光二十三年（1843）喇井在发现之后的第 22 年开始生产盐，初期仅属于丽江井的一口子井，后于同治十三年（1874）因产量远超丽江井和老姆井而升为母井。不过，三者之间并非并列关系，而是继承和发展的关系。例如，喇井从子井升为母井的过程，属于此类情况。

丽江井、老姆井，主要包括河西乡的高轩井，金顶镇的上、温、下、老四井及啦井镇的日期井。从产量来看，在清代早期主要靠金顶镇的上、温、下三井和日期井。在整个雍正时期，上述四井的年产量比较稳定，在64 万斤左右。但是，在乾隆到道光年间（1736—1850），上述一些老井因开采年代已久，卤水资源逐渐枯竭，产量下降。为了能维持整个兰坪境内的盐产量，当地又组织盐工开发新井，譬如新开了老姆井和喇井。这样，总产量还是和雍正年间持平。其中，新开的盐井产量最高，如道光年间喇井的产量占兰坪盐产量的一半左右。

边疆地区丰富的盐业资源，历来是地方权力争夺的对象。清代，以杜文秀为首的云南反清起义，最后建立了与清政府抗衡的大理政权。该政权从 1856 年 9 月开始，至 1874 年 5 月结束，历时 18 年。在此期间，该政权对云南地方社会产生了较大的影响。以杜文秀为首的大理政权主要控制了滇西、滇西北、滇西南和滇中地区。[2] 这些地区是云南最重要的盐产区，如滇西的白盐井、云龙五井、洱源的乔后井、兰坪的喇井及滇中的黑井。至1856 年，大理政权已控制了云南省的大部分盐井，盐税收入甚至一度成为

---

① ［美］李中清著，林文勋、秦树才译：《中国西南边疆的社会经济：1250—1850》，北京：人民出版社，2012 年，第 55 页。

② 马诚：《晚清云南剧变：杜文秀起义与大理政权的兴亡（1856—1873）》，成都：四川大学出版社，2012 年，第 17 - 18 页。

该政权的主要财政收入。①

大理政权不断加强对地方盐务的控制。咸丰十年（1860），回民起义将领大司卫姚德胜率军攻占喇井，并派先锋和万邦驻该井督统盐务。同治二年（1863），驻守喇井的回民义军就卤寻矿，开拓了"恒丰硐"，当地实行采矿制盐。后因此井意外倒塌，淡水流入井中。化矿为卤之后，井中的卤水浓度变高，流量变大。于是驻军便停止采矿，进而采卤煎盐。② 喇井也因"恒丰硐"的开辟而产量剧增。同治九年（1870），清军攻陷喇井，并下令封闭老井，专开喇井。同治十三年（1874），盐大使署从金顶的下井搬迁至喇井，喇井正式从子井变为母井。光绪十四年（1888），兰坪县境内又重开金顶的上、温、下、老四井，为隶属于喇井的子井。③

表 3-1　清代各井年产盐额表④

单位：斤（十六两老秤）

年代	产井	正额盐	养廉工役盐	合计	总计	备注
清初	丽江井	184 708		184 708	184 708	
雍正六年（1728）	丽江井	267 120	373 974	641 094	641 094	
乾隆十六年（1751）	丽江井 老姆井	554 158		554 158	554 158	包括称头盐
嘉庆（1796—1820）	丽江井	438 600		438 600	648 000	
	老姆井	209 400		209 400		
道光（1821—1850）	丽江井	438 600		438 600	648 000	
	老姆井	209 400		209 400		
光绪、宣统（1875—1911）	喇井	1 976 054		1 976 054	2 106 155	包括溢盐、漏报溢盐
	丽江井 老姆井	130 101		130 101		

从兰坪盐区总产量来看，清代的总产量呈增长趋势，清初仅为 184 708

---

① 马诚：《晚清云南剧变：杜文秀起义与大理政权的兴亡（1856—1873）》，成都：四川大学出版社，2012 年，第 91-92 页。

② 罗世保主编：《那马、勒墨人简史》，昆明：云南民族出版社，2008 年，第 139 页。

③ 兰坪白族普米族自治县盐矿编：《兰坪盐业志》，内部资料，1993 年，第 38 页。

④ 兰坪白族普米族自治县盐矿编：《兰坪盐业志》，内部资料，1993 年，第 110 页。

斤，雍正、乾隆、嘉庆、道光时期，年产量均在50万斤以上。清末，喇井产量剧增，以致整个兰坪盐业的产量增加至210万斤以上。

兰坪的盐税收入，以清末的时候最少，丽江井一共征收盐税"二千二百二十八两九钱八分四毫七丝"①。雍正六年，丽江井共征盐税"五千八百七十六两六钱四分"②。乾隆初期，丽江井、老姆井一共征收盐税"六千四百七十五两二钱七分五毫"③。清末光绪、宣统时期，兰坪境内的喇井、丽江井、老姆井每年征收课银"二万一千零四十六两二钱三分七厘"④。但是，清末兰坪境内的盐课主要来自喇井，丽江、老姆二井的产量急剧下滑，盐课锐减，仅为"正课银一千三百两八分九厘三毫"⑤。

三、民国时期地方盐业的缓慢发展

（一）井场

清末以来，中国的社会性质发生了变化。列强入侵中国之后，实质上不仅给中国的国家治理和社会控制带来挑战，也给经济带来极为明显的冲击和影响。清末民国时期，盐税一度成为列强操纵中国经济的工具，税收权完全由西方国家把持。

近代中国虽然时局动乱，但是盐税在国家经济社会发展中的重要作用并未减弱。学界指出，"盐税是近代中国国家岁入的重要来源之一"⑥。

学者看来，民国时期的盐务主要经历了三个阶段：第一阶段是北洋政府时期（1912—1927），第二阶段是南京国民政府时期（1927—1937），第三阶段是全面抗日战争和解放战争时期（1937—1945）。⑦

北洋政府时期，受清末列强瓜分中国、试图控制中国经济命脉的影响，特别是签订不平等的《马关条约》之后，巨额赔款让清政府无计可施，为

---

① 牛鸿斌、文明元、李春龙等点校：《新纂云南通志（七）》，昆明：云南人民出版社，2007年，第302页。

② （清）阮元等修：《云南通志·食货志·盐法上》，见方国瑜主编：《云南史料丛刊（第十二卷）》，昆明：云南大学出版社，2001年，第576页。

③ 兰坪白族普米族自治县盐矿编：《兰坪盐业志》，内部资料，1993年，第212页。

④ 兰坪白族普米族自治县盐矿编：《兰坪盐业志》，内部资料，1993年，第212-213页。

⑤ 牛鸿斌、文明元、李春龙等点校：《新纂云南通志（七）》，昆明：云南人民出版社，2007年，第308页。

⑥ 南开大学经济研究所经济史研究室编：《中国近代盐务史资料选辑（第一卷）》，天津：南开大学出版社，1985年，第1页。

⑦ 丁长清、唐仁粤主编：《中国盐业史（近代当代编）》，北京：人民出版社，1999年。

了解决财政困难，清政府不得不在1895年开始将盐税收入作为担保举借外债，偿付赔款。① 资本—帝国主义企图通过借款，控制中国的盐税收入，在财政上进一步扼住中国的财政命脉。这个目的，是经1913年善后大借款的成立而得以实现的。② 此后，由列强直接插手中国的盐政制度逐渐在近代形成。

1913年10月，北京盐务署稽核总所委派华、洋经理、协理来到云南组织盐务稽核分所。民国初期，云南盐业管理体系发生改变，盐业管理机构撤销，在省里设盐运使署，其下设黑井区、白井区和石膏井区。兰坪县境内的盐井属白井区管辖，白井区设督监总分机关，分驻白、乔、喇、丽、云五井。③ 此时，喇井和丽江井同其他三处产盐地区等级相同，升格为场务分局，不再属于云龙五井管辖。地方资料记载，"分局机构的人员配备依场井之大小决定；喇井分局51人，丽江井36人"④。喇井分局的人员构成，主要包括分局长1人，科员2人，一、二、三级雇员分别1、2、3人，查灶、点盐司事2人，盘关司事1人，正、边岸管盐司事2人，钱盐、银盐司事2人，填票司事、记盐司事、号书、看门、更夫等各1人，哨兵3人，局丁6人，场夫13人，送税局保护4人，杂役4人。丽江分局未设局长，但设委员1人，除了未设正、边岸管盐司事，钱盐、银盐司事，填票司事，记盐司事，号书，看门，更夫以及哨兵等人员外，人员构成和喇井基本相同。⑤

民国三年（1914），兰坪县境内有两处盐务管理单位：喇井场务分局和丽江井场务分局。喇井场务分局主管喇井的盐务；丽江井场务分局则管辖上井、温井和老姆井（见图3－2和3－3）。

---

① 丁长清、唐仁粤主编：《中国盐业史（近代当代编）》，北京：人民出版社，1999年，第35－36页。
② 南开大学经济研究所经济史研究室编：《中国近代盐务史资料选辑（第一卷）》，天津：南开大学出版社，1985年，第1页。
③ 《清末民初云南盐业》，见吴强、李培林、和丽琨编著：《民国云南盐业档案史料》，昆明：云南民族出版社，1999年，第17页。
④ 兰坪白族普米族自治县盐矿编：《兰坪盐业志》，内部资料，1993年，第48页。
⑤ 兰坪白族普米族自治县盐矿编：《兰坪盐业志》，内部资料，1993年，第49页。

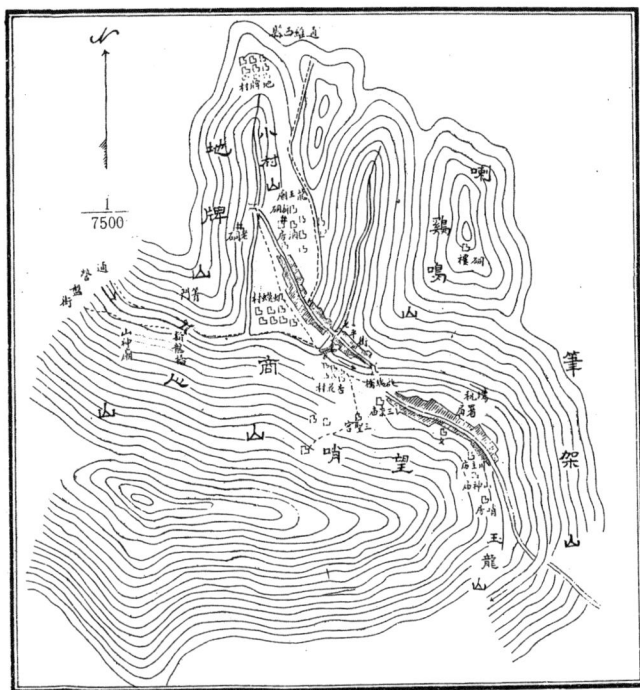

图 3 - 2　民国时期喇井场之略图①

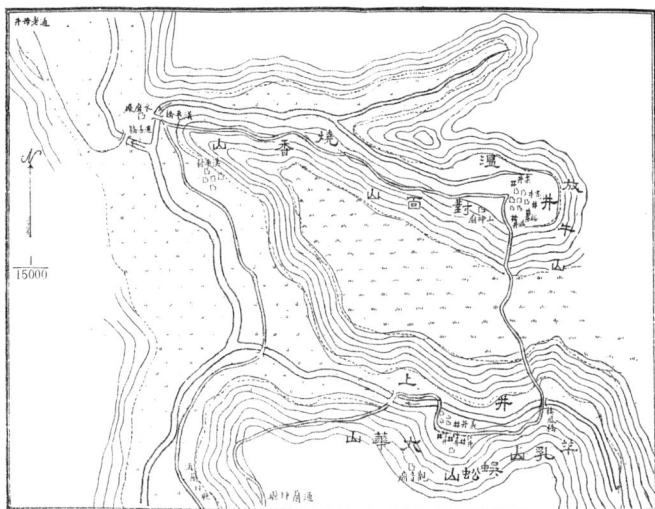

图 3 - 3　民国时期丽江分场之略图②

---

①　兰坪白族普米族自治县盐矿编：《兰坪盐业志》，内部资料，1993 年。
②　兰坪白族普米族自治县盐矿编：《兰坪盐业志》，内部资料，1993 年。

民国五年（1916）场务局、场务分局改为场公署，此时喇井被定为三等盐场公署，设场知事1人，丽江井设分场署，归喇井公署管辖。[①] 民国期间，当地盐务管理机构几经易名，如民国十八年（1929），场知事改称场长。民国二十七年（1938），喇井收税局和盐场公署合并，称为白井区盐场公署喇鸡井场务所，设主任1人。次年，喇鸡井场务所又改为迤西区盐场公署喇鸡场务所。民国三十五年（1946），因迤西区盐场公署从大理迁至乔后，喇鸡场务所升格为喇井盐场分署。1949年5月，喇井解放之后，先设喇井盐场管理处，次年5月改为喇井场务所。[②]

从图3-2可见民国时期喇井的井硐、街道、税局、场署等的分布情况。井硐在地牌山右侧的小山沟中，对面是喇鸡鸣山，因此，当地的盐井早期称为"喇鸡鸣井"，后改为"喇鸡井"或"喇井"。

（二）生产技术

兰坪境内的少数民族长期从事井盐的生产，并经历代盐工的传承，已熟练掌握了该项技术。兰坪境内的卤水为淡水在地下溶解了盐矿而形成，多数时候人们在发现盐泉之处不断掘井，寻找卤脉。找到泉眼之后，在四周镶嵌石头，砌成井状，称之为卤水井。之后，盐工通过汲取卤水来熬制盐巴。整体上，云南以煎煮法制盐的盐业生产方式，至少持续到20世纪八九十年代。

《云南省志·盐业志》指出："以柴薪为燃料，使用铸铁锅和土坯盐灶的简陋设备，生产我（云南）省特有的锅盐和筒盐，是晚清到民国年间云南主要的制盐方式。"[③] 民国时期，兰坪境内的盐场依然靠上山砍柴、背卤煮盐的方式熬制盐巴。

清末，兰坪井盐生产发生了一次偶然事件。同治二年（1863），驻守喇井的回民义军实现了采矿制卤，这种情况当时在云南境内并不多见。回民义军开拓了"恒丰硐"，但是，由于技术落后，开采又无计划性，缺乏防范措施，在同治至光绪初，"因盐岩层受淡水长期淋滤，底部采空，硐顶下陷，形成了'方方十八丈'的大水塘，外水浸入化矿为卤，出卤多，浓度

---

① 兰坪白族普米族自治县盐矿编：《兰坪盐业志》，内部资料，1993年，第48页。
② 兰坪白族普米族自治县盐矿编：《兰坪盐业志》，内部资料，1993年，第48-50页。
③ 《云南省志·盐业志》编纂委员会编撰：《云南省志·卷十九·盐业志》，昆明：云南人民出版社，1993年，第114页。

高，便停止了采矿，继续采卤"[1]。卤水丰富，采卤却不是一件轻松的活计，因为"恒丰硐"先是平进48架厢，然后要经下斜40度的46架厢，才能达到卤水源头，总长198米，只能靠人力背运卤水，实属艰难。后学习云龙地区各井采用的竹竜（即唧卤筒，一种由竹竿、牛皮、木把、麻绳、沙帽头构成的汲卤工具，其利用的是唧筒原理抽吸卤水）汲卤，利用7条至11条竹竜，方省去了劳动力。拉竜的工人被称为"竜工"，多系盲人，每日子夜开始汲卤，盲人竜工摸着井壁的厢木进入矿硐，并依次而坐，有节奏地拉卤。[2] 在云龙县境内的宝丰井，竹竜汲卤的方式也是如此。前者向后者学习，二者的拉竜技术相当。

云南境内的煎煮技术流程大致相同，只是不同盐场的盐灶构造有所不同。每一次技术的变革，都和提升产量密切相关。清代以前，当地主要采用圆锅制盐，先在地面上挖坑道，用土坯砌成梯形灶体，灶上架两口锅，一前一后，火门共一道，前锅熬盐，后锅温卤水。前锅底部火势大，容易沸腾，卤水煮成盐沙之后便捞到横架在后锅上方的箩筐里。此时，将后锅中经过温热的卤水舀入前锅继续煮盐，同时将后锅加满卤水。这样反复煎熬制盐。[3] 此种灶式，称"地牌灶"，在丽江井、老姆井各小井比较常用。

图 3-4 民国时期煮盐的铁锅和"地牌灶"

---

① 兰坪白族普米族自治县盐矿编：《兰坪盐业志》，内部资料，1993年，第76页。
② 兰坪白族普米族自治县盐矿编：《兰坪盐业志》，内部资料，1993年，第76-77页。
③ 兰坪白族普米族自治县盐矿编：《兰坪盐业志》，内部资料，1993年，第84页。

因喇井采卤水浓度高，"地牌灶"效率低，耗燃料，逐渐不适用。于是，清代后期当地盐工开始在灶上架品字形的三口圆锅，称为"三丁拐"。民国时期，也曾先后不断对灶式进行更改，从一排增加至两排，每排从三口增加至五口，后因效果不佳而放弃。民国二十九年（1940），对"三丁拐"进行改造，增加圆锅一口，称"幺四灶"。

（三）产量

民国时期，兰坪境内食盐的产量主要依赖于喇井。民国初期，喇井的产量和清末相比并无增加。民国元年至民国十九年（1912—1930），年产量保持在1 000吨左右。民国十九年之后，年产量从1 000吨逐渐增加至2 000吨左右。民国二十九年（1940）已经突破3 000吨。产量的提升和盐业生产的改革是密切相关的，其中1934年新开颂丰洞对产量的提高很有帮助。但是，这样的产量仅仅保持了四五年，民国三十四年（1945）年产量下降至1 270.3吨（见表3-2）。这主要受时局的影响，地方志指出"抗战胜利后，又发动了反人民、反革命的内战，从而严重地阻碍了盐业生产的发展，到1949年，兰坪盐产量又下降到641吨"[1]。

除了喇井之外，民国时期还有一些包课小井，如上井、温井、下井、老姆井、日期井、高轩井等，各井的产量并无详细记载。民国十五年间，上井产盐54 000斤，下井产盐25 440斤，老姆井产盐量较高，达658 000斤。民国三十五年之时，以上六井包课额仅为402 000斤。

表3-2　民国时期喇井盐年产量情况表[2]

单位：吨

年度	年产量	年度	年产量
民国元年至十三年（1912—1924）	—	民国二十五年（1936）	2 175
民国十四年（1925）	1 100	民国二十六年（1937）	2 333.15
民国十五年（1926）	1 700	民国二十七年（1938）	2 215
民国十六年（1927）	1 000	民国二十八年（1939）	2 009.9

---

[1]　木云湘：《兰坪盐业的历史和现状》，见中国人民政治协商会议怒江傈僳族自治州委员会文史资料研究委员会编：《怒江文史资料选辑（第十三辑）》，内部资料，1989年，第122页。
[2]　兰坪白族普米族自治县盐矿编：《兰坪盐业志》，内部资料，1993年，第111页。

（续上表）

年度	年产量	年度	年产量
民国十七年（1928）	1 050	民国二十九年（1940）	3 207
民国十八年（1929）	1 165	民国三十年（1941）	3 199.65
民国十九年（1930）	1 055.57	民国三十一年（1942）	2 815.6
民国二十年（1931）	1 310.56	民国三十二年（1943）	2 661.25
民国二十一年（1932）	—	民国三十三年（1944）	3 027.65
民国二十二年（1933）	1 684.8	民国三十四年（1945）	1 270.3
民国二十三年（1934）	1 914.8	民国三十五年至三十七年（1946—1948）	—
民国二十四年（1935）	1 735.2		

第三节　新中国的成立与兰坪盐业的发展

一、新中国成立初期的地方社会

（一）喇井解放之经过

地方史料记载："兰坪县啦（喇）井，盛产食盐，在滇西久负盛名。随着采盐制盐工业的发展，在啦（喇）井已经形成一支盐业工人队伍。解放前产盐六万多担，当时，因税利丰厚，国民党中央财政部直接派有税警队守护。"[1] 喇井的解放，首先面临的问题是如何接管盐场。

1948 年 8 月，滇西工委决定在剑川和兰坪的接合部，即上兰、马登、通甸等处建立据点，成立通兰特区党委。随后，在 1949 年的 4 月 17 日至 5 月 8 日的半个月内，成功地发动了马登、上兰、通甸三个地方的武装起义，为西进解放兰坪做好准备。[2]

---

① 赵寿元、段定书整理：《兰坪县解放经过》，见中共怒江傈僳族自治州委员会党史征集办公室编：《怒江傈僳族自治州党史资料选编（1948.8—1950.3）》，内部资料，1988 年，第 133 页。

② 赵寿元、段定书整理：《兰坪县解放经过》，见中共怒江傈僳族自治州委员会党史征集办公室编：《怒江傈僳族自治州党史资料选编（1948.8—1950.3）》，内部资料，1988 年，第 134 页。

据亲身经历喇井解放者的回忆，1949年5月初，滇西工委带领打下乔后之后，派李岳嵩①到喇井谈判，其目的是解决喇井的武装问题。5月4日，李岳嵩进入兰坪，首要的任务是和时任国民党兰坪县长李澍谈判。受乔后盐厂厂长赵诚义在解放过程中并不接受和平谈判，最终靠武力解决的影响，李岳嵩对和平解放喇井的谈判格外谨慎。李澍向李岳嵩介绍情况时说道："你进去啦（喇）井谈判，税警队人员很复杂，地方势力也大。"②显然，解放喇井的关键在于处置好盐厂的税警队。据喇井盐厂厂长傅益章描述："啦（喇）井问题主要是税警队的武装要解决，但他们的武装，我（傅益章）掌握不了，税警队直接受大理管；他们的队长汪存仁很狡猾，你可直接同他谈，不过把他们解放后，他们的出路问题，一定要妥善解决。"汪队长则提到："税警队有几种情况，有青帮、红帮，大部分是外省人，少数是本地人，情况比较复杂。"③经过李岳嵩的谈判和训话，税警队实现了"化整为零"，以致在"共革盟"④攻占喇井的时候，税警队只有少部分人被收买，其他大部分人员撤离了盐厂。

解放喇井的过程涉及多方势力的斗争，可以从几份电文中了解到。1949年5月，国民党兰坪县长李澍曾于2、6、8、9日四次向云南省政府主席卢汉请示，其内容分别如下：

1. 1949年5月2日电

上兰、通甸两乡自卫队百余名，冬日（二日）人枪均被剑匪解决，现匪由两路逼进县城。枪仅三十余，危急万分！

2. 1949年5月6日电

---

① 李岳嵩，白族，1910年5月25日生于剑川县甸南乡江尾河村的农民家里，1947年3月开始任剑川中学校长，后于1949年加入中国共产党，长期以来都是一位爱国人士。见中国人民政治协商会议怒江傈僳族自治州委员会文史资料研究委员会编：《怒江文史资料选辑（第二十一辑）》，内部资料，1993年，第16-22页。

② 李岳嵩：《啦井谈判经过》，见中共怒江傈僳族自治州委员会党史征集办公室编：《怒江傈僳族自治州党史资料选编（1948.8—1950.3）》，内部资料，1988年，第46页。

③ 李岳嵩：《啦井谈判经过》，见中共怒江傈僳族自治州委员会党史征集办公室编：《怒江傈僳族自治州党史资料选编（1948.8—1950.3）》，内部资料，1988年，第46-47页。

④ 据地方文史资料描述，1949年初，滇西一角的云县出现了一支打着"共产党、国民党革命委员会、民主同盟联军"（简称"共革盟"）旗号的地方反动武装，打家劫舍，窜扰四方，并于4月8日进占昌宁县城。1949年4月11日，保山县县长杨恒刚、警察局局长杨剑虹和团管区司令张镇英宣布保山独立，成立"共革盟"司令部，张镇英任司令，杨恒刚任副司令。见唐定国编著：《新编保山风物志》，昆明：云南人民出版社，1999年，第285页；云南省施甸县志编纂委员会编：《施甸县志》，北京：新华出版社，1997年，第424页。

喇鸡急报。请转云南省政府主席兼保安司令卢钧鉴：齐、灰、马、梗回电计达，迄今奉复。职县兔峨东日被云龙匪陷；上兰、通甸两乡自卫队百余名，冬日人枪均被剑匪解决，现匪由两路逼进县治，枪仅三十余，危急万分，若不能守，只有撤退。兰坪县长李澍，参议会议长罗润、李国宝叩晨鱼印（六日晨）。

3.1949 年 5 月 8 日电

兰坪各处匪，现均已逼进县城，职不难退守，以待反攻。维（西）地方绅民，恐已地方糜烂，已与敌谋和，进退维谷，拟将县印交参议会维持。

4.1949 年 5 月 9 日电

喇鸡万急电报。请转省政府主席卢、民政厅长安钧鉴：云龙、剑川共军侵入，绅民为免人民糜烂计，已与谋和，军心涣散，政令停阻，齐电（八日晨）将县印交议会，迫不及待于灰日（十日）将县印、枪、款交议会接收，同日离兰，谨闻。兰坪县长李澍叩晨佳（九日晨）印。①

此时，各方势力均处在斗争的状态。中国共产党领导的军队进入兰坪之后，立即展开武装斗争，促使国民党感觉到地方统治的危机。

1949 年 5 月 13 日，在队长知绍秋的带领下，"共革盟" 100 多号人进入喇井，占领盐厂。直至第五天，才被共产党领导的军队打退。"共革盟" 退出喇井之后，喇井在共产党的领导下，一方面组建盐厂的管理组织，另一方面成立护井中队。5 月 15 日，喇井解放。

（二）喇井解放初期的盐业生产状况

喇井解放初期，兰坪盐业生产情况的文献记载较少，仅能从档案资料中了解到一部分。从民国向新中国过渡期间，新的政权替代旧势力，刚刚解放的喇井的盐业生产处在低迷状态，欠课更是严重。此类现象的发生，不妨先看几份档案资料：

---

① 中共怒江傈僳族自治州委员会党史征集办公室编：《怒江傈僳族自治州党史资料选编（1948.8—1950.3）》，内部资料，1988 年，第 153－154 页。

第一份"丽江上温两井临时灶务办事处代电"　　日期：1950年初

喇井盐场管理处钧鉴：窃查职井尚上年份十、十一、十二等三个月之军饷盐一项，职等奉张（贡蕃）特派员面饬进喇，向场管处洽办手续，职亦遵于阴冬月二十六日到处面报，蒙主任将职井所欠课款一项，准限于古十二月十五日，照数扫交以清上年度手续，等谕。职等遵于二十七日大速返家，不分星夜，催交此项应交课款，是以灶困民穷，迄今尚未催清一月之数，其数目虽少，而负担灶户不多，此三个月之课款，在此短限期内，碍难收清，兼值年终之际。①

第二份"喇井盐场管理处指令"　　日期：1950年元月18日

事由：为指令所呈借款及减轻盐额各节碍难照准，并应将上年欠缴税款克日解缴，勿再遭追由。

令，金顶区老姆井村人民政府、金顶区老井第十农业会：（1）值兹军需浩繁之际，所请借款及减轻盐额一节，未便照准。（2）查该井自解放后，未向本处缴解课款，殊有未含。除前向兰坪后勤分部缴纳军费，应将收据报核无讹，作抵一部外，其余未缴部分，仰尽于半个月内，扫数缴解来处，以资结案。（3）该井应即妥派代表来本处洽商今后煎盐及缴纳课款各问题。该井延欠课款数月，除已缴兰坪后勤分部军饷，凭收据可抵一部分外，其余未缴部分，应限半月内扫数缴解来处。请借款及减轻盐额未便照准。以上各点，仰该井切实遵办勿延为要。②

两份档案资料同时提到兰坪各井的欠课现象。于是，盐务管理机构立即派专人督办催缴盐课。

据档案资料记载，喇井欠课一事主要受当地采用包课方式的影响。1950年初的一份档案资料显示，"该代表③古历十二月一日呈悉，查上年度该代

---

① 《兰坪盐矿关于一九四九年度盐业问题的有关资料》，兰坪县档案馆档案资料，档案号：67-1-1。

② 《兰坪盐矿关于一九四九年度盐业问题的有关资料》，兰坪县档案馆档案资料，档案号：67-1-1。

③ 为老井灶户代表陈国贤。

表任内课款，尚未交结，在课款未交结以前，不能推卸责任，仰即日返井，收所欠课款，统限于古历十二月十五日以前，扫解来处，勿约再误，该井包额，每月纳盐计旧衡十六担，折合新衡为十八担四十斤，每新衡一担，照官订场价九元计"①。据了解，灶户陈国贤承包了喇井的盐课，但是陈国贤认课期间并未完成缴纳税课的任务。一份保证书记录："具限保结人，老井灶户代表陈国贤，职井积欠喇井盐务管理处一九四九年十、十一、十二三个月税款，半开洋四百九十六元八角正，今因一时尚未征收汇解，惟有展限至农历十二月十五日以前，扫数解清，倘有逾限情事，惟保人负责，理合出具是实。"② 陈国贤本人则有一段说辞：

> 为呈请，鉴核俯准辞职，另委贤能接替，以维公私两便事；窃，职碌碌庸才，谬承地方青睐，推为灶户代表。当时自谅才疏学莫俱无，经验太差，尤以单人独身，家庭窘迫，诚难任职，当即面同大会，力辞推却，惟众意不许，诺不遵命则受戴高帽子游街示众之处，因此，进退实为狼狈，耐不得已，勉为其难，振扎支持。自五至九月份止，计五个月，在此当中欲顾家务，则税课拖延，若专重税款，不惜勤劳，则生活无着，是以往往顾此失彼，加之账务系毫不懂，深感虞虑，……钧处俯念下情，准予十冬腊月三个月，饬由新选贤能接替，或展现今交解，以全公私两便，不甚迫切之至。③

最后，喇井盐场管理处以陈国贤完成包课任期内的盐课为条件，同意其请辞。指令其"克期扫数交清欠课外，自1950年元月份起，老井包课收解事宜，即由新代表杨泽民负责，课额暂照过去"④。喇井盐场管理处为了保证盐课征收，选举了新的灶户代表杨泽民。1950年元月21日，杨泽民立下包课保证："因职井每月认解税款（老秤十六担，折合新衡十八担四十斤），照规定，税率每担单价九元计，合半开洋一百六十五元六角正，接办伊始，尚未征收，惟有限至农历正月十五以内，扫解清交。倘有逾限情事，

① 《喇鸡盐厂管理处指令》，兰坪县档案馆档案资料，档案号：67-1-1。

② 《具限保结人老井灶户代表陈国贤职井积欠》，兰坪县档案馆档案资料，档案号：67-1-1。

③ 陈国贤：《为碌碌庸才、单人独身难称重任恳祈》，见《兰坪盐矿关于一九四九年度盐业问题的有关资料》，兰坪县档案馆档案资料，档案号：67-1-1。

④ 《喇鸡盐厂管理处指令》，兰坪县档案馆档案资料，档案号：67-1-1。

惟保人负保证责任，理出具是实。"①

接替喇井军务、政务和盐务之初，刚刚成立的新政府的确困难重重，急需增加财政收入。因此，喇井接滇西北人民政府专员公署盐政课钧令："查职处（喇井）所属各包课小井，过去以时值军事，已形成无政府状态，兹为清理及追收课款计，特派张贡藩同志前往各井分别追收。"② 事实上，各井对加课意见较大。以日期井来说，据灶长张梅泽和灶户代表杨有平在 1950 年 2 月 2 日反映，存在完成原有税课之后，又有加课的现象：

> 日期井所缴之课，均由上谕交解，自一九四九年阴七月份起，上饬每丁纳半开一元，计全井共五十八丁，月交五十八元之课额，以致七、八、九三月之课，已蒙核收在案，递至阴十冬腊三月，亦源照数收解。此次代表扫解一九四九年之课，方奉面谕云："民井之课须加倍缴解等情，令遵。"则民井已照旧收解，则碍难急派敷数，请查日期井地处僻野，五谷不收，又非四井可比，且近日本区政府新派一项公粮，除课及公粮外，所余无几，年底切无衣无食，以何庆岁？现合井竞悉数无隔宿储粮，一旦增此巨款，实无从加收缴解，至于新一九五十年度，则上峰加课额亦当照四井遵令，不敢恳减。③

除了日期井，喇井盐场管理处李克光告知高轩井代表龙占奎："查本场场价于本年一月份起，已加为每担半开一十四元五角，该井包课自应按照本场场价缴纳，兹二月份课款已属缴纳时期，仰该代表克期日照收，来处缴清。"④此外，此时处在敌我双方交战期，特殊情况亦有发生。例如，马户陈明陈述：

> 马户等于古九月十五日向钧处，赊获每担十六元之盐七十

---

① 见《兰坪盐矿关于一九四九年度盐业问题的有关资料》，兰坪县档案馆档案资料，档案号：67 - 1 - 1。

② 见《兰坪盐矿关于一九四九年度盐业问题的有关资料》，兰坪县档案馆档案资料，档案号：67 - 1 - 1。

③ 见《兰坪盐矿关于一九四九年度盐业问题的有关资料》，兰坪县档案馆档案资料，档案号：67 - 1 - 1。

④ 见《兰坪盐矿关于一九四九年度盐业问题的有关资料》，兰坪县档案馆档案资料，档案号：67 - 1 - 1。

担，抵家后十八日，即交来一百六十九元。本拟继续将盐运往销盐境内，赶速发售，来清尾补；讵料剑、丽等地，俱为保安团盘踞，发生烽火，未能直进销盐境内，在途躲避。因此，稽延时日尾补未清，至敌方退后，方将盐售去，转至家中后，遇蛮匪抢劫，通兰一带，马户等惊，即他逃复有数日，又未能如期交清矣，钧处盐税已加为每担八元，凡愈限之赊盐价欤。均依照现时之价追补，本为定则，曷敢多渎，惟马户等，此次愈限一节，绝非蓄意习狡，别有他图，乃因时局，如此实无如之何恳祈。钧长俯恤下情，格外通融，免予追补加税，以悯商艰而维苦力，不胜感激之至。①

据盐务管理处主任的批示："查该商以前赊盐欠价益未逾限，此次所呈各节，尚属实情。"② 时局动乱，各种力量的交锋，使得匪患严重，趁火打劫之事时有发生，商人自然生活无着。

从盐务管理者的角度来看，征收税课是国家财政收入的基本保证，是盐务机构的职责所在。与此同时，适当进行盐价调控，以保证盐业生产的正常运行，是完成盐税征收的前提。于是，1949 年底喇井盐场管理处发出布告，称秋冬以来，该处存盐成本较高，于是实行以下措施："（1）存仓盐自本日起（即十二月一日），每担增加仓价一元，含前价共计每担八元整；（2）前赊出之盐，过限期未缴款者，一律照加；（3）自十二月二十二日加价以后，赊出之盐查照保单，限据所载办理。"③

除上述增加盐价、实行调控的措施之外，私盐对官盐的冲击不可忽视。1949 年 11 月 1 日，喇井盐场管理处发出公函："查本场各灶停煎期满，复煎十对商灶，存盐亟应清理，以免公私盐斤鱼龙混珠。"11 月 29 日，管理处发布通告："查近来走私风炽，私盐遍地，若不严加禁止，不独影响本处业务，实属目无法纪，兹本令暂行规定处理办法于后：（1）凡属商民人等买卖私盐，一经拿获，除将私盐没收充公外，视其情节轻重，分别惩处。（2）本井各灶户，贩卖私盐，经查明属实，不论私盐数量，

① 见《兰坪盐矿关于一九四九年度盐业问题的有关资料》，兰坪县档案馆档案资料，档案号：67 - 1 - 1。

② 见《兰坪盐矿关于一九四九年度盐业问题的有关资料》，兰坪县档案馆档案资料，档案号：67 - 1 - 1。

③ 见《兰坪盐矿关于一九四九年度盐业问题的有关资料》，兰坪县档案馆档案资料，档案号：67 - 1 - 1。

每次除收私盐没收充公之外，即停止发三个月碎斤、卤水，以示严惩。（3）右（以上）二项，自即日起实行，决不宽贷，仰各盐商人等及灶户，切实遵行为善。"① 这便是新政府刚刚接手地方盐务所实行的一些政策措施。

（三）喇井与兰坪县城的异变

盐业生产不但能有效促进人口的聚集和城镇的形成，而且能够吸引更多的外来人口参与盐业生产、交换和消费。在历史上，因盐而兴的村落、城镇不胜枚举，盐业的发展促进地方社会形成集政治、经济和文化为一体的格局时有发生。这样，盐业生产的基地往往成为一个地区的政治、经济和文化中心。在澜沧江流域上，西藏自治区芒康县的盐井、云南省兰坪县的喇井和云龙县的金泉井都有过类似的情况。

新中国成立之后，地方社会在中国共产党的领导下，各项事业蓬勃发展。原来束缚百姓的枷锁被解开，各地纷纷投入新中国的建设当中。这个时期有以下几方面的显著特点："一是旧的生产关系改变了，建立了国营喇井盐厂，过去的盐娃子成了企业和国家的主人，盐工的劳动生产积极性有很大提高；二是技术改革的步伐加快了；三是随着各项建设事业的发展，过去长期未能解决的产品材料运输问题和能源问题先后得到了解决，并进而促进了生产力的发展。"② 此时，经济建设和政权建设须同步进行。在此背景下，1950 年 3 月 31 日，兰坪县人民政府报滇西北人民行政专员公署，要求将兰坪县城从民国初期的设治（金顶白地坪）西迁至喇（啦）井。这一过程，学界已有论述。③

县城西迁至喇井主要有两个原因：一是原来的县城地理位置不佳，经济欠发展，交通不便，难以呈现出作为行政中心的地位；二是喇井具有经济和区域位置的优势，表现在喇井"为兰坪交通中心地区，经济流通、文化水准较高，最适合行政枢纽，本身具备领导作用条件，并接近澜沧江上下可产米区，又系商业集散地，五方杂交、人事稠偬，社会性亦复杂，为匪特唯可能活动地区，为完成胜利，巩固胜利，为有重点之实行各项要政，

---

① 见《兰坪盐矿关于一九四九年度盐业问题的有关资料》，兰坪县档案馆档案资料，档案号：67 - 1 - 1。

② 兰坪白族普米族自治县盐矿编：《兰坪盐业志》，内部资料，1993 年，第 112 页。

③ 王庚照：《兰坪县城变迁的缘由和经过》，见政协兰坪白族普米族自治县委员会文史委员会编：《兰坪文史资料（第三辑）》，内部资料，1999 年，第 89 - 93 页；有关兰坪县城变迁的历史，主要参考此文。

标准全县性重大任务，势非将县府暂移设啦井不可"①。经滇西北人民行政专员公署研究后，于1950年4月3日批准了兰坪县人民政府的请求，于4月15日便正式迁至喇井办公。

兰坪县城西迁至喇井的最初几年，的确带动了喇井盐业的发展。在三年恢复时期内，喇井盐产量逐年上升，到1952年已超过民国时期最高水平。其中，1950年的产额为2 700吨，1952年增加至3 335.678吨，并在此后的三年内，均保持连续增长的态势。不过，好景不长，由于传统的煎盐技术全靠柴薪当燃料，成本高，利用率低，更不利于森林保护，于是盐场在1956年间一度被裁废。1957年，盐场又恢复生产，不过产量仅为837吨，不及1954年鼎盛时期的四分之一。1960年，产量已低至458吨。此后，盐业生产得到恢复，不断有上升趋势，到1965年开始恢复到2 000吨以上的产量。②

喇井的盐业生产在一定程度上促进了地方社会的发展，但是受一些客观因素的影响，县城设在喇井并未真正发挥其领导作用。于是，1966年9月20日，兰坪县人民委员会以兰会字第120号《关于迁移县级机关所在地的请示报告》上报丽江专员公署、怒江州人委及省工委，提出将县级机关迁至金顶（旧县城）。理由主要包括：一是喇井农业人口少，仅为800余人，耕地主要分布在陡坡瘠梁，地势不平坦，难以靠盐业来推动一个县级机关的发展；二是喇井处在一个山坳之中，容易遭受雨灾，因此，担心县级机关在喇井难以发挥其指导作用。此外，又分析了迁至金顶的优势：一是此时的金顶已成为全县7个区的交通枢纽，利于联通各个地区；二是有利于处理县域发展和开采盐矿的矛盾，而喇井由于地盘小，县城的发展和盐业的开发存在冲突，土地资源存在竞争关系；三是金顶农业人口多，达12 000多人，耕地面积达3 000多亩，是喇井的三倍，土地面积也比喇井广阔，且有平坦的土地。1966年11月12日，云南省人民委员会发文，同意将兰坪县城从喇井迁至金顶。不过，受"文化大革命"的影响，直至1985年7月20日才正式迁至金顶。喇井作为县城存在了35年。③

① 王庚照：《兰坪县城变迁的缘由和经过》，见政协兰坪白族普米族自治县委员会文史委员会编：《兰坪文史资料（第三辑）》，内部资料，1999年，第89页。
② 兰坪白族普米族自治县盐矿编：《兰坪盐业志》，内部资料，1993年，第112－113页。
③ 王庚照：《兰坪县城变迁的缘由和经过》，见政协兰坪白族普米族自治县委员会文史委员会编：《兰坪文史资料（第三辑）》，内部资料，1999年，第89－92页。

二、盐工的组织与管理

（一）盐务管理机关的变化

1949 年 5 月喇井解放之后，9 月便在喇井设盐场管理处。1950 年 5 月 11 日，喇井盐场管理处正式划入云南盐务管理局建制，改为喇鸡场务所。6 月 13 日，改为迤西盐务管理处（乔后）喇鸡场务所，下设总务股、生产股和会计股，运销组织机构则成立西南地区云南盐业分公司乔后支公司喇鸡销盐店。[①] 1953 年，迤西盐务管理处升格为乔后盐务管理分局之后，喇井场务所改为乔后盐务管理分局喇井盐场。1954 年 1 月 1 日，地方国营喇井盐场正式成立，机构职能发生转变，由综合性管理机构变为专门从事盐业生产的机构，生产方式也由零散的各家各户单独生产变为集中统一生产。1955 年 7 月 1 日，统管产销的综合性管理机构——乔后盐务管理分局撤销，并组国营乔后盐厂，喇井盐场改为乔后盐厂的分厂。1956 年 5 月，因喇井分厂使用传统煮盐方式，全赖柴薪，对森林资源破坏极大，加之未掌握盐资源的储藏量，于是对分厂进行了裁撤。[②]

1957 年元月，中共兰坪县委、县政府根据党中央"积极发展地方工业"的指示，以及喇井当地群众恢复生产的要求，报请省人民委员会批准后，重建了地方国营兰坪县喇井盐场，隶属县财政办。1958 年，县工交局成立后，隶属工交局。1962 年 6 月 1 日，喇井盐场为地方国营兰坪县盐矿，隶属关系不变。[③] 1979 年，将 1968 年更名的兰坪县盐矿革命委员会改为兰坪县盐矿。[④]

1987 年，兰坪县盐矿正式定位科级厂矿单位。1988—1990 年，兰坪县盐矿进行了第一轮的企业承包。

---

① 兰坪白族普米族自治县盐矿编：《兰坪盐业志》，内部资料，1993 年，第 7 - 8 页。
② 兰坪白族普米族自治县盐矿编：《兰坪盐业志》，内部资料，1993 年，第 51 页。
③ 兰坪白族普米族自治县盐矿编：《兰坪盐业志》，内部资料，1993 年，第 51 页。
④ 兰坪白族普米族自治县盐矿编：《兰坪盐业志》，内部资料，1993 年，第 53 页。

图 3 – 5　兰坪县盐矿的正门①

（二）盐工的种类、数量和工资情况

新中国成立之后，中央先后对盐务制度进行了改革。在 1949—1953 年期间，主要实行的是产销分管政策。1950 年 1 月 20 日，政务院以财政字第二号颁布了《中央人民政府政务院关于全国盐务工作的决定》，指出了采取"生产归工业、运销归贸易、税收归财政的大分工制"②。不过，暂时只实行了产、税统一，运、销分开的方针，对西南地区并没有明确指示。

新中国成立初期，喇井盐场先是改变原有以家庭为主的落后的生产方式，"在盐业生产互助合作化运动中，广大盐工积极带头，发挥了作用，促使喇井盐场在建国初期，走上了集体生产，建立了联营社，到 1954 年，国营喇井盐场建立，盐业工人成了掌握自己命运的盐矿主人。政治地位和经济待遇都发生了根本变化"③。在清代和民国时期实行的丁份制度，此时已不复存在。盐工是整个盐业生产、销售的主体。在社会主义制度下，盐工

---

①　由兰坪县档案馆提供，在此表示感谢。

②　见李志宁编撰：《中华人民共和国经济大事典（1949.10—1987.1）》，长春：吉林人民出版社，1987 年，第 25 页。

③　兰坪白族普米族自治县盐矿编：《兰坪盐业志》，内部资料，1993 年，第 355 页。

的身份得到确立，成为同农民、手工业者地位平等的生产者，这在一定程度上提高了盐工劳动的积极性。

1954年国营喇井盐场建厂后，整个盐厂共计职工151人，其中负责煎煮盐巴的工人62人，井下工74人，管理人员12人，服务人员3人。[①]

1957年喇井盐场恢复生产之后，盐工人数有所变化，相较于1954年，人数减少较多。据一份档案资料记载，这个时期的工人一共分为五类：采矿工、制盐工、泡卤工、拉卤工和背碚工。由于刚恢复生产，工人工资未接上级部门通知，于是兰坪县盐业公司拟定了《关于我厂（啦鸡盐厂）工人工资支付标准报请审批由》，主要指出以下问题：

> 我厂（啦鸡盐厂）录用的工人工资标准，尚未接到上级统一指示，为不影响生产和工人的生活，现根据兰坪手工业社工人及啦（喇）井小（工）工资水平，再根据各工种的生产条件（井洞工作比地面工作条件差）和劳动量（制盐工比泡卤工的劳动量要重），再结合工人同志的技术水平与劳动态度，拟订以下工资支付标准意见：
>
> （1）对以外场调来的正式工人，原则照其调来场矿已评定的等级标准支付，但其中如黄其禄、寸海龙两同志系乔后盐厂喇鸡分厂的老工人，以其过去与现在的劳动态度和技术水平，都不亚于杨占春等，我们认为原评定的等级、工资不合理，予以适当的提高，即黄其禄同志由27.58元提为31.86元，寸海龙同志由27.58元提为30.00元。
>
> （2）对新录用的工人，根据兰坪一般泥木工资，每天一元，啦井小工工资七角的水平，再按劳动条件、分量和劳动态度及技术水平底（的）高低，拟订最低为每月24.00元，最高为30.00元。
>
> 但以上标准，只做（作）为暂时支付标准，俟生产正常，技术标准（操）作规（程）制定并实施后，实行八级工资制或计件工资制，再按国家统一规定和我厂情况重新评定。

---

① 兰坪白族普米族自治县盐矿编：《兰坪盐业志》，内部资料，1993年，第356页。

表3-3　工人工资支付标准意见表①

工种	姓名	每月工资（元）	工种	姓名	每月工资（元）
采矿工	杨占春	31.86	制盐工	萧鹏	27.00
	黄其禄	31.86	泡卤工	李中玉	24.00
	李达忠	31.86		方中煜	24.00
	寸海龙	30.00	拉卤工	张贵华	24.00
制盐工	张旭	30.00		李加合	24.00
	高洪生	30.00		高灿如	24.00
	李汉肖	30.00		张权建	24.00
	李焕中	28.50		和子亮	24.00
	赵世海	28.50		和国四	24.00
	李金堂	27.00		和国民	24.00
	杨文超	27.00		和代	24.00
	敖小其	27.00		张安仁	24.00
	李吉生	27.00		李觉安	24.00
	李耳润	28.50		李月皆	24.00
	赵得义	27.00		孔兆发	24.00
	张德才	25.00		李炳润	24.00
	杨子仁	25.00	背碴工	蔡连芝	每百斤0.7元
	杨根仁	24.00		李银四	
	寸嘉瑞	24.00		李为向	
	寸高琴	27.00		杨三株	
	张继先	27.00		李庆六	

　　从表3-3中可知，工资的发放标准有两种：一种是根据工人的等级来发放；另一种是按照工人的工作业绩来发放，如背碴工的工资，以每百斤0.7元来核算。啦鸡盐厂的主要工种为制盐工，总共18人，差不多占工人总数的一半；次为拉卤工，计13人；背碴工为5人；采矿工为4人；泡卤工仅为2人，总计42人。不过，此时正是处在建厂初期，急需盐工，上述盐工数量明显难以保证正常的生产。于是，兰坪县盐业公司在1957年4月

---

① 兰坪县盐业公司：《关于我厂工人工资支付标准报请审批由》，兰坪县档案馆档案资料，档案号：67-1-5。

29 日又向丽江专区企业公司提出调回盐工的要求。

> 我厂（啦鸡盐厂）自恢复生产以来，由于党委、财委和上级
> 公司的重视和各区乡的支持，目前，已吸收工人 42 名，但根据我
> 厂今年生产任务及目前的生产能力，尚不够工人 12 名，且现有工
> 人大都是新参加的，技术水平很低，原材燃料消耗很大，产量、
> 质量亦很无保证。为达到发展生产、提高质量、降低成本的要求，
> 前乔后盐厂喇鸡分厂封闭时，曾有技术工人李炳生、李秀生两同
> 志，调祥云县马皇箐煤厂工作，特报请你司与大理白族自治州企
> 业公司祥云工商局联系予以调回，以利生产。①

调整和吸收盐工之后，啦鸡盐厂的工人数量增加至 45 人②，不过，盐
工数量仍然不足。1957 年 12 月 26 日，盐厂再次向县工业交通局提出配备
工人，其缘由是：除从丽江调来固定工 6 人之外，全是临时工，影响了盐厂
的正常生产。可见，工人人数少，满足不了生产是主要原因。为了保证能
完成 1958 年的生产计划，从而提出配备工人。

表 3-4　啦鸡盐厂盐工配备表③

工种	人数	附注
煎盐工	20	锅盐两灶，每灶以计 8 人，筒盐灶 12 人分为每 4 人（一灶）
拉卤工	12	现以目前计算分匀两班，每班 6 人
炸炮工	4	专门采硴
破硴工	1	硴炸落后，将整块盐硴打碎及捡硴内石头
修理工	3	在洞内换腐烂之相（橼）木及洞内修补
派竜工	1	专门修理水竜与换竜
泡卤工	4	在泡卤池泡硴，调剂卤水浓度与挖缸内泥土
放卤工	1	负责供给灶上需要之卤水

---

① 兰坪县盐业公司：《请与大理企业公司联系调回李炳生、李秀生两名工人由》，兰坪县档案
馆档案资料，档案号：67-1-5。
② 兰坪县盐业公司：《兰坪县啦鸡盐厂新职工工资评定花名册》，兰坪县档案馆档案资料，档
案号：67-1-6。
③ 兰坪县盐业公司：《兹将我厂需要工人配备数上报你局，请速给予批示》，兰坪县档案馆档
案资料，档案号：67-1-5。

（续上表）

工种	人数	附注
铁匠	1	每日修补炮杆及制盐需要之铲子与工具
背碛工	6	由洞内将碛背至泡卤池
背柴工	2	由柴坝将灶上每天所烧之木柴背至灶上
烧开水	1	因灶上操作至制盐工、土灶上热度过高及整理灶上零碎工作，需有人负责供给开水
炊事员	1	在家之职工都可与别机关达（搭）伙，此人用于柴山
冲柴工	12	现有6个水仓，每仓上需要工人负责放仓
跟柴工	10	在水仓放仓后，跟随河里木柴下来，主要稿（搞）木柴，阻挡洪水
砍柴	10	专门在山上砍柴
背柴	10	专门在山上将木柴背运至河里
合计	99	现有固定人员6人，临时37人，再需要固定或临时56人

从表 3-4 中可以看到，工种从原来的 5 种增加至 17 种，分工更加细致，责任更加明确。不过，从档案资料的记录来看，难以确定在请示之后职工是否全部配备齐全。一份档案资料显示，1959 年 3 月份统计 1958 年的职工数为 58 人，而 1957 年的职工数为 45 人，但是 1958 年比 1957 年的劳动效率提高 80%。即表明职工人数仅仅是原来计划 99 人的 58.59%，为了完成该年的产量，主要靠提高劳动效率来实现。[①]

1959 年的计划指标中，啦鸡盐厂再次提出盐工数不足，为保证完成计划生产 4 500 吨的目标，需要增加人手。据盐厂提出的计划，"我们（盐厂）是根据不同的生产拟订不同的指标和生产的安排，要完成今年的任务，经常需要盐灶 6 条投入正常生产，平均日产盐 15 吨，以 300 天的计划年产盐 4 500 吨。按制盐工人需配 44 人，又有充分的燃料和原材料等的供应，才能保证任务的顺利完成，如有欠缺，对任务就有影响"[②]，此外，需要配采矿工 20 人，制卤工 4 人，砍柴工 50 人，背运柴工 30 人，冲柴工（完成山柴的冲放捞等工作）24 人，硐内运输工 34 人，修理工 10 人，泡卤、碎矿等工人 6 人。总共需工人 222 人，厂内共有 176 人，未足数计 46 人，请求上

---

① 兰坪县盐业公司：《兰坪县啦鸡盐厂新职工工资评定花名册》，兰坪县档案馆档案资料，档案号：67-1-6。

② 地方国营兰坪县盐矿：《我厂 1959 年生产规划和安排完成生产的具体措施报请备核由》，兰坪县档案馆档案资料，档案号：67-1-7。

级给予工人补充。①

根据 1960 年初的统计数据，啦鸡盐厂共计 107 名职工，其中少数民族工人为 103 人，占总工人数的 96.26%。② 但是一份工资表显示，盐厂的工人数不稳定。从表中的内容可知：一是盐厂工人分为固定职工和流动职工。二是年末统计的职工人数和平均数差距较大，表明中间流失的工人不在少数。例如按照上述 1958 年有 176 名工人，但是年末只为 91 人。三是职工主要分为三大类：工人、管理人员和服务人员。③ 其中，工人最多，管理人员和服务人员所占比例不大。盐工人数不稳定，人员流失的情况时有发生。

表 3 - 5　盐厂劳动力配备情况④

工种	配备人数	备注
制盐工	105	作为制盐之用，每灶 21 人，每月产盐 20 吨以上
井下运输工	33	从井下运输到卤池，每月运输 24 吨
井下爆破工	33	经常在井下采矿，每月产矿 25 吨，供应制盐之用
井下修理工	12	经常在井下修理井硐，修理通风洞等设备
制卤工	30	经常轮班碎矿石，加工卤水，提高浓度
井上运盐工	25	日常背运灶盐入仓
井上运柴工	12	日常运往灶上所需之柴
砍伐木柴工	80	经常在柴山砍伐木柴，供给制盐燃料
装卸工	48	在等背运木柴入河和冲柴工作之用
其他工	2	作为放备之用
合计	380	

1961 年 3 月，兰坪县盐厂向县委组织部报告："我厂在三月二十三日，接省轻工业厅电报说，省里已下达专（至）劳动局给我厂工人指标为 132 人，如这一人数不足，则请示上级拨足此数。除行政干部 4 人外，工人有 96 人，但在去冬今春，因请短假返家探亲后，一直不回厂的有 11 人。因病

---

① 地方国营兰坪县盐矿：《我厂 1959 年生产规划和安排完成生产的具体措施报请备核由》，兰坪县档案馆档案资料，档案号：67 - 1 - 7。修理工的人数原文缺，按总数计算，应为 10 人。

② 兰坪县啦井盐厂：《少数民族职工人数统计年报》，兰坪县档案馆档案资料，档案号：67 - 1 - 8。

③ 《喇鸡盐厂 1959 年职工工资情况统计表》，兰坪县档案馆档案资料，档案号：67 - 1 - 8。

④ 《劳动配备情况》，兰坪县档案馆档案资料，档案号：67 - 2 - 7。

去世 1 人。批准转入农业 1 人。根据上级核定人数，则不敷 47 人（应为 45
人），不敷数字，请速给予调配。"① 次月，又有 9 人提出申请转入农业生
产，其中 3 人的理由是"因家里有老有小，又缺乏劳动力，生活有些困难，
志愿转入农业生产，以解决家中困难等情况"；另有 5 人因"平时工作表现
不好，缺勤较多，工作上喜欢干就干，不喜欢干就不干，影响任务完成"；
还有 1 人"请短假回家，逾期未归"。② 于是，到了该年 6 月中旬，档案资
料记载："全厂现在实有 90 个职工，实在奔忙不开，分布不过来。除病事
假 10 余人，服务人员 4 人，支援农业 15 人，实际投入生产的只有 61 人，
经常处于照顾着一头、放了一头的生产状态，抓了砍柴冲柴，丢了矿硐。"③
这样，按照计划的《劳动力配备表》，盐工人数急缺。

从一份《1963 年 6 月工人工资情况简表》得知，盐厂的工人主要以年
富力强者为主，且全部为男性。年龄在 25~45 岁的为 13 人，46~60 岁的
为 2 人，60 岁以上为 1 人。从民族成分来看，全部为白族。盐工以当地人
为主，16 人中仅有 1 人来自邻近的剑川县。职工成分主要为工人，学生和
农民各占 1 人。职工整体文化水平不高，文盲者 6 人，初小文凭 9 人，初中
1 人。工资等级分井上三级和井下一级，井下一级的工资普遍为 27 元，井
上三级的工资略有不同，最低为 29.8 元，最高为 35.91 元。④

盐厂的职工和家属人数，从 1964 年的统计表中可以看出，整个盐厂的
全体职工被列为 1 户，家属为 35 户，共计 36 户，人口共计 227 人；其中，
男性 140 人，女性 87 人。⑤ 另一份统计数据中，白族职工 195 人，占
85.90%；傈僳族 11 人，占 4.85%；汉族 17 人，占 7.49%；普米族 4 人，
占 1.76%。⑥ 少数民族占总人数的 92.51%。此外，还对年龄、文化水平进
行了统计。其中，12 岁以下不在校儿童 50 人（含 7~12 岁 11 人），不识字
83 人（含 13~40 岁 67 人），初小 49 人（含 13~40 岁 27 人），高小 26 人，
初中 16 人，高中 2 人，大学 1 人。可见，盐工及其家属的文化水平整体上
都不高。⑦

---

① 地方国营兰坪县盐厂：《关于我厂现有工人数不敷上级核定指标请速给予解决由》，兰坪县
档案馆档案资料，档案号：67 - 2 - 7。

② 《兰坪县啦鸡盐厂报告》，兰坪县档案馆档案资料，档案号：67 - 2 - 7。

③ 兰坪县工业交通局：《关于啦井盐场市场及矿硐倒塌问题的紧急报告》，兰坪县档案馆档案
资料，档案号：67 - 1 - 11。

④ 兰坪县档案馆档案资料，档案号：67 - 1 - 12。

⑤ 《人口变动情况统计表（一）》，兰坪县档案馆档案资料，档案号：67 - 2 - 13。

⑥ 《各民族人口普查统计表（三）》，兰坪县档案馆档案资料，档案号：67 - 2 - 13。

⑦ 兰坪县档案馆档案资料，档案号：67 - 2 - 13。

1964 年，兰坪县盐矿又安排了新职工共计 63 人，其中采煤 34 人，运输工作 29 人，含家属一共 74 人。① 按照此次劳动力增加之后，盐场人口共计 364 人。至 1965 年又有一些变化，死亡 7 人，迁出 29 人，出生 15 人，这样盐场人数总计为 349 人②，同 1964 年的总人数对照，有 6 人不知何时进入盐矿工作。

（三）盐工的奖励、考核和评定

1. 盐工奖励

一个行业的发展和职工的努力程度息息相关，因此，职工的奖惩成为企业管理模式中的常态。如喇井老员工和代在 1959 年底获得"个人模范"称号。据 1964 年的一份《人口变动情况普查统计表》描述，和代为男性，是 68 岁的老者，白族，贫农出生，文盲，进入盐厂之后，全靠自己不断努力，成为优秀的工人。③ 在这份表格中，和代在所有盐工中，属年龄最大。其获得"个人模范"称号的时候，已是 63 岁的老人。此外，在一份 1959 年的工资评调表中发现，和代获得该荣誉称号后，工资待遇也有所提升，从每月 24 元增加至 27 元。④ 另外一些表现优秀的盐工，也都获得相应的称号，如在 1958 年的一份档案资料中，记录了盐工黄其禄获得"先进工作者"称号的事迹。

黄其禄，籍贯：云南省兰坪县春龙乡，性别：男，年龄：44 岁，文化程度：文盲，民族：白族。本人 1933 年当工人至 1958 年，共计工龄 21 年，在 20 年当中，曾在 1955 年和 1956 年评为 3 次模范，并在今年 6 月份评为我厂先进工作者。⑤

黄其禄同志去年由三营煤矿调回来啦鸡盐厂以后，工作一贯用主人翁的态度，积极负责，如柴山困难当中不叫苦，坚持工作到底。工作中，处理好徒弟关系，积极工作，完成任务，在盐厂需建冲柴水仓的时候，缺乏技工人员，当时该同志积极研究创造水仓技术。经过不久试制成功，基本质量效果很好。所以在四十

---

① 《兰坪县盐矿新拨入人口劳动力安排表》，兰坪县档案馆档案资料，档案号：67 - 2 - 13。
② 《兰坪县盐矿 1965 年人口情况变动表》，兰坪县档案馆档案资料，档案号：67 - 2 - 14。
③ 《人口变动情况普查统计表》，兰坪县档案馆档案资料，档案号：67 - 1 - 13。
④ 《啦井盐厂职工每月工资评调情况表》，兰坪县档案馆档案资料，档案号：67 - 1 - 8。
⑤ 《地方国营兰坪县啦鸡盐厂评选黄其禄同志为我厂先进工作者》，兰坪县档案馆档案资料，档案号：67 - 1 - 6。

里箐建了9个水仓，计划比较结合实际，有几个仓原来计划5天完成，最后提前一天完成，其中为国家节约了720元。

（黄其禄）在制盐生产中，想了办法，提出了我们要积极苦干，工作中积极努力，动脑筋，改变生产中的常规方式，提高产品质量。如在产品方面，做到小心轻放，减少了废品率，给国家节约了燃料原料。在建灶上来说，改变了过去的老一套，做工作提高效率，并有一定的技能，在制盐中需要的铁铲方面，过去经常拿到铁铲修理应用。但提出了合理化建议后，自供自给，又便宜，又节约。每天节约1.5元左右，共节约300元以上资金，这是他主动想办法的工作成果。①

黄其禄作为先进盐工，他在制盐技术上的提升，并非一朝一夕达成。一份档案资料记载，在获得这些荣誉的5年前，黄其禄积极参加云南省第三届盐务会议，开阔了自己的视野。当时，交通并不便利，整个行程从1953年2月20日至3月28日，历时一个多月。黄其禄的行程大概为：喇井至乔后3天，乔后至下关3天，下关至昆明6天，后参观一平浪和元永井，再回到昆明。3月22日从昆明至下关，耗时两天，后经剑川、马登、兰坪，返回至喇井。② 据地方志记载，黄其禄在1960年4月16日，被县人民委员会任命为盐厂副厂长，实现了从一名采卤工成长为一名企业管理者。③

除了黄其禄之外，1964年的两份档案资料记录了另外两名盐工被评为模范代表，以下对这两位工人的先进事迹进行详细介绍。

第一份　李菊华

李菊华同志家住兰坪一区福东村，1932年出生在一个白族贫农家庭里。解放前，全家三口人只能收到200多斤粮食，秋收时节，一边收一边吃，就吃完了，有大半年的生活，全靠卖工度口，找野菜挖草根充饥。当他6岁那年，兰坪遭遇饥荒，父母带着他流浪到啦井谋生，卖工度口。在那暗无天日的旧社会里，穷人哪里都是一个样。生活仍然没有保证。没住处，只得住在东关岩那里。这年，母亲又生了个弟弟，无力生活，只得把弟弟卖给了人。母

---

① 《我厂黄其禄同志的先进事迹材料》，兰坪县档案馆档案资料，档案号：67-1-6。

② 《黄其禄赴昆参加省三届盐务会议开销单》，兰坪县档案馆档案资料，档案号：67-1-2。

③ 兰坪白族普米族自治县盐矿编：《兰坪盐业志》，内部资料，1993年，第12页。

亲产中得病，没吃没喝，更哪里来的办法医病。就这样挨饿，住在大岩房内。父亲到旧保井大队当"伙夫"，那时货物天天贬值，东西像7、8月的沧江水一样，不断上涨，连自己生活都顾不上，无法养活儿子。菊华走投无路，只得回到老家，小小的菊华从这时起，就给富农家当长工，替富农家放羊，白天他跟着羊群漫山遍野地跑。夜晚，和羊在厩里睡觉，吃的只是主人的残汤剩饭。就这样，在富农家里度过了他心酸的童年。

解放后，穷苦人民饥寒交迫的日子结束了。通过土地革命等反封建斗争，菊华一家团聚了。他们和广大的贫苦农民一样，分到了土地，穿上了棉布衣服，全家人不禁热泪盈眶，深深体会到只有紧跟毛主席，穷人才能得到翻身。1958年，在总路线的光辉照耀下，全民动手，大办工业，他踊跃地报名参加，当了工人，1960年光荣地加入了共产党。

他参加工作后，虽然几经调动，经分江铅银厂到富隆铅厂，又调到盐厂。党指向哪里，就到哪里。无论在哪个厂，他都老老实实、勤勤恳恳地工作，在各个岗位上都是标兵、模范。几年来，曾先后荣获12次奖励。1963年，他曾参加县先进生产者代表会议。刚刚来盐厂时，有好几种工种，在他原来都是新的，没有干过。但是，他虚心学习，积极钻研，很快掌握了技术，提高了工效。[①]

此后，李菊华在工作中不断表现突出。在负责泡卤工作时，他总是起早贪黑，辛勤工作，将卤水浓度从22度提高至24度，做到卤水浓度不达标不放卤。不仅节约了燃料，还减少了矿石的耗用，并经常保持澄清卤水，保证盐质。李菊华还当上了车间主任，但是依然任劳任怨，成为先进模范。

第二份　李石生

李石生同志，男，现年35岁，白族，兰坪县金顶区福东村人。父亲李金文是啦（喇）井盐场拉卤工人，在1940年病死；母亲是个瞎子，在1952年病故。

李石生同志在父亲去世时只有11岁，在黑暗的旧社会里，家

---

① 《李菊华同志模范事迹》，兰坪县档案馆档案资料，档案号：67-1-13。

中既无产业，又无亲戚。遗下的瞎眼寡母以及孤儿孤女，为了要活下去，请求多人向洞长说情，去顶补父亲死后拉卤遗缺工作。一些老工人同志，体念他年小力弱，分派他去拉最轻的水竜。但终因人小力弱，难以胜任。洞内每天十小时左右的艰苦工作，做了一个多月后，就被洞长开除了。就这样，年轻的石生同志，只好流浪在啦井街头去讨饭，瞎眼的妈妈被小妹牵起来到福东附近各村去讨饭。

李石生同志13岁起先后当地主寸家、高家、李家的长工，生活虽比讨饭好了一点，但天下乌鸦一般黑，所在的几家地主，没有哪家的心不是黑的。石生同志在当长工的几年里，曾遭地主寸裔光夫妇的毒打，受了恶霸地主李善齐的骗。在讨饭那个时期中，遭受过好多次恶棍的脚踢和欺凌，解放以前，石生同志是在人间的活地狱里，受尽折磨活下来的。

1951年兰坪盐矿碛山，在党的领导下，成立了工会，一些老工人提议说：过去受过苦的工人，以及他们的子女，应该把他们串联组织过来。有了共产党，有了毛主席，这个在旧社会里被人轻贱得猪都不如的受苦人李石生，才回到盐矿上来，才做了矿山的工人。到了1956年，啦井盐废厂，石生同志调到洱源县的三营煤矿，参加采煤工作。1957年，兰坪盐矿恢复生产，他又带起老婆子女回到啦井盐矿来。

石生同志在解放以后，经过党的不断培养教育，思想觉悟不断提高。到了1959年12月，光荣地加入了中国共产党。十多年来，对工作一向是积极的，对党的事业，是无限忠诚热爱的。党指向哪里，他就奔赴哪里。很好地完成了上级交给的任务，不计及个人的利害得失，抢重担子挑，吃苦在前，事事以模范的行动，带动群众。十多年来，由于工作做得出色，任务完成好，先后受过十五次物质奖励。①

李石生的模范事迹，从生产者的角度来看，主要表现在以下两个方面：一是对制盐技术进行改进，对盐灶进行改造。例如，喇井在解放以前，

① 《李石生模范事迹》，兰坪县档案馆档案资料，档案号：67-1-13；按照现在的行文规范，对文中个别字作了一定的修改。

煎盐的盐灶规模小，每灶只置锅四口，此种灶耗费人力，燃料浪费大，管理不便，生产规模远不能适应形势发展的需要。于是，李石生通过改小灶为大灶，即由原来的小灶置四口锅，扩建为置八口锅，后到十二口、二十一口、三十口，这样盐灶的生产能力提高了。在初建灶时，许多人认为这是不可能的事。李石生却毫不动摇，最终把大灶改建成功。

早期盐厂采用煎煮法制盐，对环境破坏极大，为了保护森林，1963 年10 月，兰坪盐矿试图将煎盐烧柴灶改建为烧煤灶。此时，李石生等被选派到乔后盐矿去学习。培训学习回来之后，他开始进行煤煎灶的试验。前三套方案都未成功，同事议论纷纷，认为乔后盐矿都办不到，他估计很难成功。此时，李石生冷静琢磨，一再进行改进。第四套盐灶终于成功试煎。

二是敢做敢当。档案资料提到："一九五八年，派到山上去砍柴，每天每人的任务是三尺到四尺。石生同志，他每天都比他人砍得多。每天都四尺五寸以上。"① 1959 年 5 月，全体工人到营盘帮助栽秧。有一天，恩罗水沟倒了，水出不来，那条水沟关系到梭罗寨一坝一千多亩地的用水问题。在情况十分紧急之下，领导决定由李石生任小组长进行抢修。水沟倒塌的地段有三丈多，又在悬崖峭壁上，抢修十分艰难。最后，李石生发动群众，砍来三段三丈多长的木料，搭成简易渡槽，苦战一天一夜终于把水放出来，水田得以灌溉，保证了当年粮食的丰收。李石生在冲柴、生产等过程中，抢救了国家财产，发挥了先锋作用，因此受到盐厂的多次表彰。

2. 盐工的考核和评定

在盐业生产过程中，需要调动盐工的积极性，因此，评选先进、模范成为这个时期行业内比较常见的表彰形式。此外，将盐工表现和工资对接，是企业管理的一个策略。1958 年的资料显示，在《兰坪县啦鸡盐厂新职工工资评定花名册》中，将盐工的工资定为四级，而且每个工人的等级由群众来评定。评定的内容主要是考查盐工的工作表现，包括"对工作不深入，不努力，不积极工作""工作一般，有点偷懒，不够积极""对工作不够正常，忽冷忽热""工作表现比较中常，但参加工作不久""年轻，但工作积极，表现好""工作热心，对工作负责、苦干""忍苦耐劳，虚心学习，坚持工作""做事坚决，不怕困难，积极工作""工作安心，克服困难，对制盐有经验""调到盐厂以后，一贯积极工作""参加工作，坚持工作，肯干"

---

① 《李石生模范事迹》，兰坪县档案馆档案资料，档案号：67 - 1 - 13；按照现在的行文规范，对文中个别字作了一定的修改。

"参加盐（厂）一年多，工作很好、安心""调盐厂工作后，表现很好，一贯积极""对制盐有一定的技术和能力，并积极工作""工作表现积极，能完成任务"等。①

1961年，啦鸡盐厂对调整工资的评比条件进行了详细的规定，具体为：

1. 技工评比条件

（1）政治觉悟高、干劲大，有一定技术能力，完成和超额完成任务者；

（2）对降低成本、提高质量，有显著成绩贡献者；

（3）在全厂各个工种中有一定技术者（包括井下和井上、柴山）；

（4）一贯遵守劳动纪律、组织纪律，并能积极钻研生产者；

（5）一贯以厂为家，责任心强，经常爱护国家财产者；

（6）和群众关系好，能开展批评与自我批评者，善于帮助同志者；

（7）遵守安全操作规程，不发生事故者。

达以上7条者，可评为三级技工；达以上（1）（2）（4）（5）（6）条者，可评为二级技工；达以上（1）（4）（5）（6）（7）条者，可评为一级技工。

2. 普工评比条件

（1）一贯热爱劳动，干劲大，完成和超额完成任务者；

（2）关心厂、热爱厂，关心群众、发动群众；

（3）遵守劳动组织纪律，服从调配；

（4）在工作中开展批评与自我批评，并能帮助同志；

（5）在生产上节约燃料、原料者；

（6）保证安全生产不发生事故者。

达以上6条，均评为二级普工；达上4条者，均评为一级普工。

3. 学徒工评比条件

第一，遵守劳动纪律，干劲足，能完成任务者；

---

① 兰坪县盐业公司：《兰坪县啦鸡盐厂新职工工资评定花名册》，兰坪县档案馆档案资料，档案号：67-1-6。

第二，关心群众、发动群众，能积极工作者；

第三，热爱集体，关心生产，并能爱护国家财产者；

第四，能开展批评，善于帮助同志者；

第五，虚心学习，专研操作技术，有一定的提高者；

第六，保证安全生产，不发生事故者；

达到以上6条均评为三级；达到以上5条均评为二级；达到以上4条均评为一级。①

各个工种评比的比例，具体为：技工占总人数的17%，普工占64%，学徒工占19%。②

盐业生产是具有系统性、组织性特征的生产活动，盐厂既要保证产量，又要保证工作效率，因此，对盐工纪律的要求比农业生产要严格得多，以致一部分盐工无法适应工作，放弃盐工身份，转向其他行业。

1961年4月13日，啦鸡盐厂向兰坪县委人事科报告，该厂工人杨仲全、杨保奇、和子亮、张天进4人，数次请求转入农业生产部门。加上上述4人已数月不参加劳动，其中，杨仲全、杨保奇两人，没病装病，消极怠工，从2月份到现在一直不参加劳动。根据盐厂意见，同意将该4人转入农业生产部门。③ 4月15日，盐厂再次向人事部门请示，有9名工人申请转入农业，并请求由其他部门调配缺额。9人中，3人提出家里有老有小，又缺乏劳动力，生活有些困难，志愿转入农业生产，以解决家中困难；5人则为平时工作表现不好，缺勤较多，工作上懒散，未完成任务；1人请短假回家，逾期未归，其哥哥到厂里说，他家里有事，不能再来参加工作了，因此申请转入农业生产。④

这个时期的盐厂，一方面急需扩大生产，另一方面盐工人数时常不足。1961年3月的一份报告再次强调"现有工人数不敷上级核定指标"，还需47名工人。⑤ 表面上看，盐工转入农业是由个人原因造成的，但实质上由于盐业生产是一项技术工作，并不能随意接纳普通百姓从事盐业生产。

---

① 《调整工资的评比条件》，兰坪县档案馆档案资料，档案号：67-1-11。
② 《调整工资的评比条件》，兰坪县档案馆档案资料，档案号：67-1-11。
③ 《啦鸡盐厂报告》，兰坪县档案馆档案资料，档案号：67-2-7。
④ 《啦鸡盐厂报告》，兰坪县档案馆档案资料，档案号：67-2-7。
⑤ 《啦鸡盐厂报告》，兰坪县档案馆档案资料，档案号：67-2-7。

三、盐业生产技术的变迁

兰坪盐业的兴起，刺激了地方社会的发展，但是在漫长的封建统治时期，盐井一直由封建王朝的统治者或少数民族的首领所把持，他们通过操控盐业来统治当地的少数民族，或以此维护自己的统治地位。因此，在封建社会时期对盐业生产工艺的改进较为迟缓。新中国成立之后，随着生产力的解放和生产方式的转变，盐业生产技术发生了改变，特别是滇西的乔后、喇井等盐场先后实行了真空法制盐，提高了效率，节约了燃料，提升了盐产品的质量。

兰坪县境内的盐业生产技术，主要经历了两个发展阶段。第一阶段为煎煮法制盐，地方志记载为"敞锅煎盐"①，第二阶段为真空法制盐。煎煮法制盐的历史比较悠久，至少从元代持续到 1987 年，历时 600 多年。而真空法制盐，则仅仅持续了不到 20 年的时间。此外，西南地区的传统制盐历史上，在煎煮法出现以前，还有一种更加古老的制盐方式——刮炭法。

据学者考证，在唐朝之前，云南境内大多数井盐生产的方式是"掘地为坑，积薪以齐，水灌而后焚之，成白盐"②。此法叫"刮炭法"，后有学者称之为"炭取法"③。云南使用此法制盐的时间较长，如学者提到"泼卤炭上，刮盐取食，明、清之季仍有个别地方沿用此法"④。

唐代，根据《蛮书》记载，"蕃中不解煮法，以咸池水沃柴上，以火焚柴成炭，即于炭上掠取盐也"⑤。可见，当时吐蕃境内将卤水浇于木柴上，再将木柴烧成炭，此时炭的表面会结晶出一层白色的盐晶体，刮而取盐，便是最古老的制盐方法。吐蕃统治川西的盐源之后，曾采用上述炭取法制盐，这种制盐方式随后从川西传入云南，直至明清时期仍在使用。由于炭取法制盐存在耗费燃料多、产量低、效率不高、生产的食盐杂质多等局限性，逐渐被另一种高产的制盐技艺——煎煮法所代替。兰坪在历史上是否曾采用过炭取法，还需进一步考证。

---

① 兰坪白族普米族自治县盐矿编：《兰坪盐业志》，内部资料，1993 年，第 84 页。

② （东晋）常璩：《华阳国志·卷三·蜀志》。

③ 李何春：《唐代吐蕃和南诏的制盐技术比较分析——兼论吐蕃东扩之原因》，《云南民族大学学报（哲学社会科学版）》2015 年第 5 期。

④ 黄培林：《云南盐史概说》，《盐业史研究》1996 年第 3 期，第 62 页。

⑤ （唐）樊绰撰，向达校注：《蛮书校注》，北京：中华书局，1962 年，第 189 页。

（一）柴薪煮盐

元、明、清初三个时期，兰坪境内的煎盐方式变化不大，采用的是圆锅制盐。此法先在地面上挖坑道，用土坯砌成梯形灶体，灶上架两口锅，一前一后，火门共一道，一般为前锅熬盐，后锅温卤水。前锅底部火势大，容易沸腾，卤水煮成盐沙之后便捞到横架在后锅上方的箩筐里，再将后锅温热的卤水舀入前锅。这样反复煎熬制盐。[①]

图 3-6　圆锅煎盐的场景[②]

总体来看，推动制盐技术革新的主要因素有两方面：一是利润，二是供求关系。传统制盐技术中，决定利润的因素又与薪本关系最为密切。西南地区多数盐井煎煮盐时，主要以柴薪为燃料，部分地区曾采用烧煤煮盐。历史上，"兰坪各盐井都附近森林，取薪近便，县境内缺乏煤炭资源，故早期开办的丽江井、老姆井，均以薪柴为唯一能源"[③]。以木柴为燃料的煮盐方式，想要改进生产技术，全赖在盐灶的结构上下功夫。因此，从清末开始，当地的盐工就探索对灶式进行改造，先后从两口改为三口（即品字

①　兰坪白族普米族自治县盐矿编：《兰坪盐业志》，内部资料，1993年，第84页。
②　由兰坪县档案馆提供，在此表示感谢。
③　兰坪白族普米族自治县盐矿编：《兰坪盐业志》，内部资料，1993年，第99页。

形），后改为四口锅，即"三丁拐"。民国时期，当地也曾在洋人的带领下进行试验，结果是增加灶上的锅口数和火门数。新中国成立之后，1951 年喇井建筒盐示范灶 1 条，安放两排盐锅，每排 5 口，不设温水锅，设两道火门、1 座烟囱，年人均产盐近 10 吨，比分散生产的年人均 5. 3 吨提高近 1 倍。[1] 不过，铁锅煎盐也有不足之处，即铁锅容易被卤水腐蚀，需要经常更换，这也是增加成本的一个重要原因。

兰坪各盐井生产过程中，木柴的消耗很大，清雍正年间，每年需1 100 立方米以上的柴薪。随着盐产量的增加，这个数额在清末的时候增长了 3 倍。随着卤水浓度降低，所需薪本增加，每吨卤水和柴薪的消耗比从原来的 1∶1. 4 增加到 1∶1. 3，导致利润下降，盐民生活变得更加艰难。[2] 据地方志描述，喇井在民国初期的制盐成本，每百斤为 1. 11 银两。[3] 在全省来说，属于中低档。民国六年（1917）之后，计算方式有些变化，每担（司马称）以滇币来核算。1917 年的制盐成本为每担 1. 0 元（滇币）[4]，1926 年每担增加至 5. 17 元（滇币），1930 年降至每担 2. 4 元（滇币）。1940 年之后，单位发生很大变化。1940 年的制盐成本为每市石 9. 7 元（国币），1945 年猛增至每市石 2 693 元（国币），1948 年 7—8 月的成本为每市石 620. 1 万元（国币），8—9 月份的制盐成本为每担 2. 07 元（金圆券）[5]。新中国成立之后，各地逐渐使用人民币为单位，1951 年、1952 年、1953 年这三年的制盐成本分别为每吨 49. 6 元、35. 29 元和 37. 42 元。[6] 可见，民国时期短短的三十多年中，货币单位变化很大，很难直接反映出薪本的消耗比。不过，将成本和盐价的比值进行比较，可以客观反映出成本所占的比例。

---

① 兰坪县志编纂委员会编：《兰坪白族普米族自治县志》，昆明：云南民族出版社，2003 年，第 415 页。

② 兰坪白族普米族自治县盐矿编：《兰坪盐业志》，内部资料，1993 年，第 100 页。

③ 《云南省志·盐业志》编纂委员会编撰：《云南省志·卷十九·盐业志》，昆明：云南人民出版社，1993 年，第 207 页。

④ 1917—1948 年，喇井的盐种分为大盐和小盐，这里是大盐的成本，小盐的成本为每担 1. 2 元（滇币）。1948 年之后，盐的种类分为锅盐和筒盐，制盐成本主要以锅盐计算。

⑤ 这是锅盐的成本，筒盐的成本为每担 2. 23 元（金圆券）。

⑥ 《云南省志·盐业志》编纂委员会编撰：《云南省志·卷十九·盐业志》，昆明：云南人民出版社，1993 年，第 207 – 210 页。

表 3-6　民国至新中国成立初期兰坪盐价与成本情况表

年份	盐价	成本（薪本、竜费）	单位	成本：盐价
民国初期	3.5	1.11	银两/100 斤	0.317 1
1926	13.06	5.17	元（滇币）/担	0.395 9
1930	3.89	2.4	元（滇币）/担	0.617 0
1940	14.65	9.7	元（国币）/市石	0.662 1
1945	25 800	2 693	元（国币）/市石	0.104 4
1948①	850 000	620.1	万元（国币）/市石	0.000 7
1951	38.2	2.48	元（人民币）/100 斤	0.064 9
1952	34.2	1.76	元（人民币）/100 斤	0.051 5
1953	48.2	1.87	元（人民币）/100 斤	0.038 8

注：根据《续云南通志长编》《云南省志·盐业志》和《兰坪盐业志》整理。

从表 3-6 的内容中，可以看到成本和盐价的比值在民国初期数额是比较大的，以生产一百斤盐来计算，成本占了盐价的 31% 以上，最高达 66.21%。此后，成本有下降，民国末期逐渐降至 10% 左右。新中国成立之后，成本所占的比例降至 6% 左右，并有持续下降的趋势。不过，在新中国成立初期，当地灶户无人垫付薪本的情况比较严重。一份档案资料记载，1949 年 11 月 27 日，喇井召开灶务会议，并决定向喇井盐场管理处请示：

"案查十一月二十五日召开灶务会议议决，现置米珠薪桂，百物高涨之际，兼加十月份停产支欠××场管理处垫薪一项，演成生活无着，告贷无门，请求××场管理处，准予十二月份起，锅盐每担薪本加为四元五毛，以便陆续扣还垫薪及维持生活等因"，记录在卷，理合备文呈请。钧处核准予十二月份起，锅盐每担薪本加为四元五毛，以便陆续扣还垫薪，俾免饥者无食、寒者无衣之苦，是否之处，恳乞示遵。呈喇井盐场管理处主任（傅）。②

---

① 为 7—8 月的制盐成本。

② 《鉴核准予十二月份起锅盐每担薪本加为四元五毛，以资维持生活，并乞示遵》，兰坪县档案馆档案资料，档案号：67-1-1。

次日，又再次提出无人支付薪本一事："灶户毫无收入，垫薪十担照扣，攸关灶民生活，以七、八、九三月产销额比较平均，每丁每月应得五担之收入。现又复煎，扣还垫薪实有断炊之虞，请求××管理处准予免扣一半，以示体恤十月份之损失，其余五担分为五期扣还，以免灶民等受冻馁之虞。"①

1949 年至 1952 年的资料不见存档。1953 年的档案资料记载了喇鸡场务所元月的薪本情况，其中制盐联营社交仓盐斤数为锅盐 3 602.46 斤，金额为 44 130 136 元②，附灶交仓锅盐 508.86 斤，金额 6 233 536 元③，每担的薪本达 12 250 元。④ 这个时期正值新中国刚刚成立，地方经济受国民党统治时期的影响依然存在，导致货币贬值，物价上涨，盐价和薪本高得离谱。到 3 月份，薪本以码来计算，喇鸡场务所公营社上山砍柴，每码的单价为人民币 15 000 元。所需山柴五十八码零二寸，共计人民币 87.06 万元。⑤ 不过，到了 1956 年的时候，物价已趋于稳定，每担盐耗柴 150 斤，薪本合计人民币 1.8 元。⑥ 除了薪本，生产盐的成本还包括原料及主要材料、辅助材料⑦、工资⑧、附加工资⑨、单向经费⑩、企业管理费⑪等，全部成本为 2.813 7 元，出厂价为 3.260 元，利润为 0.386 3 元。⑫

1957 年，资料显示，盐业生产的成本有所降低，表现为"在前一段，每担盐消耗木柴 150 斤，每月消耗锅口十余口，加上废品多、质量差等，目前已有逐步扭转。七月份每担木柴筒盐 145 斤，锅盐 147 斤，比过去每担盐消耗木柴降低 6~7 斤，锅口每月 8~9 口，比过去降低 5~6 口。其他方面也有同样降低"⑬。不过，燃料供应不上，依然是长期制约地方盐场生产的主要因素。1958 年 3 月 8 日的一份报告显示，喇盐生产方面存在以下问题：

① 兰坪县档案馆档案资料，档案号：67 - 1 - 1。
② 本月三天发薪一次。
③ 因四舍五入多登薪本 2 元。
④ 《喇鸡场务所核发 1953 年元月份私营交仓盐斤薪本清单》，兰坪县档案馆档案资料，档案号：67 - 1 - 3。
⑤ 《付款证明单》，兰坪县档案馆档案资料，档案号：67 - 1 - 3。
⑥ 《制盐成本计划表》，兰坪县档案馆档案资料，档案号：67 - 2 - 1。
⑦ 包括：碘化钾、碳酸钠、擦锅油、煤石等四项。
⑧ 制盐工人 18 人，按每人每月 30 元计算。
⑨ 按工总提 12%。
⑩ 包括：折旧费、卤耗材料等。
⑪ 包括管理干部 7 人的工资、差旅、业务办理等费用。
⑫ 《制盐成本计划表》，兰坪县档案馆档案资料，档案号：67 - 2 - 1。
⑬ 《关于啦鸡盐场生产情况的总结报告》，兰坪县档案馆档案资料，档案号：67 - 1 - 5。

"自上年（1957年）2月份恢复生产后，因燃料困难，生产量低，全年仅产16 726.76担。1958年虽他厂提出要求年产40 000担，但1月份仅产910.32担，2月份又因燃料困难，于21日被迫停产，全月只产749.34担。据反映，现干部工人已全部上山搞柴，估计3月10日左右可以开煎，20日左右柴薪方可大量到达；又他厂在燃料困难情况下，不得不搞小灶生产锅盐，但产锅盐比筒盐更费燃料，而长期烧柴，对农林水利均不利，不是长远办法。"①

图3-7　堆满柴薪的盐矿大院②

　　盐厂渐渐认识到节约燃料对盐业生产的重要性，没有燃料作为保障，生产即将停滞，于是1959年对保证燃料的供应提出了相应的措施。

　　由于年产食盐任务的增长，主要关键是燃料的供应，因此根据年产盐情况，今年需要燃料10 000码，但砍木材10 000码就需砍柴工人50人，每日平均每人4尺，年计每人合200码。50人以300天来计算，就应砍合10 000码，这个砍柴定额是有把握的实现。

　　砍柴运输工人，经常背运柴需30人，由山上背到河里，每人每日可运4尺，每月可运22码，以300天计算，年完成背运任务7 200码。我厂的意见是发动所有工人除工作时间外来计划完成这一任务。

　　燃料到河边以后的工作完全依靠水沧来解决，到柴堤的问题主要是配备适应的工人（24）人，来完成冲放捞等工作。按目前

① 《关于调出啦盐至丽江的报告》，兰坪县档案馆档案资料，档案号：67-1-6。
② 《平锅煎盐照片》，兰坪县档案馆档案资料，档案号：67-10-1。

计划，每季都冲到柴堤河柴一次，每次决定 2 000 码左右。若 2 000 码左右，也可能产盐 900 吨。①

根据成本核算，"制每吨食盐需木柴 1 丈 25 寸、砍工 4 个工、运输 4 个工、冲柴 8 个工，共 16 个工，每工平均工资 0.65 元，合币 10.40 元，附加工资 9%，合 0.936 元。共合币 11.336 元"②。如果加上电石、炸药、引线等消耗共计 4.535 元及育林费每吨 1.125 元等，燃料消耗的成本为 21.996 元。而全部成本包括：采碛、固定资产折旧③、材料消耗④、灶上制盐成本⑤、车间经费、企业管理费、银行利息⑥等，共计 41.56 元。⑦ 如此计算，燃料消耗的成本占总成本的 52.93%。因此，对盐厂而言，降低燃料成本十分重要。

于是，盐厂不断总结经验，提出新的措施，如"在柴山上利用溜槽，使柴由高处溜到河边，既提高了效率又节省了劳动力，而且还利用炸药炸柴，做到了既快又省"。经过开展"增产节约运动"，"不仅劳动效率提高，而且大量节约了原材燃料，生产成本显著地得到了降低。今年成本实际平均降低了 14.3%"⑧。燃料比也有所改变，筒盐生产过去为 1：1，现在为 0.8：1；锅盐生产过去为 1.4：1，现在为 1：1。⑨

---

① 《我厂 1959 年出厂规划和安排完成生产的具体措施报请备核事由》，兰坪县档案馆档案资料，档案号：67 - 1 - 7。

② 《地方国营兰坪县啦鸡盐厂成本计算》，兰坪县档案馆档案资料，档案号：67 - 1 - 7。

③ 主要是指炮杆、炮锤、泡卤缸等折旧。

④ 钢板 2 块，运价 244.98 元，每吨消耗 0.201 9 元；盐模 2 个，运价 130.00 元，每吨消耗 0.071 4 元；碘化碳酸钠每吨消耗 0.540 元；香油电石每吨消耗 0.300 元；胶管每吨消耗 0.096 1 元；箱木皮材每吨消耗 0.201 元；铁锅每吨消耗 1.526 4 元。以上 7 项合计每吨食盐消耗 2.936 8 元。

⑤ 每吨需 3 个工，放卤、运柴、燃料需 4 个工，共计 7 个工，平均工资 0.65 元。每吨合币 4.55 元，附加工资 0.409 5 元，共计合币 4.959 5 元。

⑥ 生产每吨食盐的银行利息在 0.231 元以上。

⑦ 《地方国营兰坪县啦鸡盐厂成本计算》，兰坪县档案馆档案资料，档案号：67 - 1 - 7。

⑧ 《喇鸡盐厂 1959 年任务完成情况》，兰坪县档案馆档案资料，档案号：67 - 1 - 7。

⑨ 《喇鸡盐厂 1959 年任务完成情况》，兰坪县档案馆档案资料，档案号：67 - 1 - 7。

图 3-8 喇井盐场四周光秃秃的山坡①

　　盐厂在节约燃料方面不断改进生产技术，想方设法降低成本，但是，长期采用煎煮法制盐，对森林的破坏性极大。盐厂周围生态环境受到破坏，四周是光秃秃的山坡（见图 3-8），一旦下雨直接影响到盐业生产。1961年，在盐厂积极筹备燃料期间，就曾发生河水暴涨冲走柴薪以及碘碉倒塌的事件。

　　从今年（1961 年）1 月 5 日开始到四十里菁，全力以赴砍柴运柴，直到 6 月间砍了木柴 1 600 码，并全部运到河边，于 6 月间开始利用河水冲柴……

　　7 月初全部木柴已冲到三岔河下面，一部分已到我厂柴堤，当时估计半月光景即可全部到厂，迅速投入生产。不料在 8 月 8 日，突然大雨如注，山洪暴发，河水猛涨；当时领导看到这一情况，除集中我厂全部力量捞柴外，立即向领导机关反映，给我厂动员了一些干部和农具厂的全体工人，大力协助，积极进行抢救。但是到下午 4 点左右，洪水涨得更加严重，两道柴堤被冲垮，又因洪水太大，（人）无法下水。结果木柴被洪水冲走约 1 400 码左右，给

① 由兰坪县档案馆提供，在此表示感谢。

国家财产造成了极为严重的损失，目前的情况是：

（1）剩下的木柴仅有两码左右，估计（可）生产 100 多吨食盐。

（2）商业局的食盐库存已空，盐场也无库存。

（3）每天市场运销食盐平均为 5 000 市斤（2.5 吨）左右，以此类推，我厂现有的燃料所生产的食盐仅能维持到 9 月底的供应。

（4）我县 9 万人口，平均每人每月吃盐一市斤算，如牲畜及副食品用盐每月最少要 11 万斤（55 吨），再加上各地商店库存储备，到明年二季度又需生产 800 吨食盐，才能满足人民需要，生产食盐 800 吨，需要木材 1 600 码以上。

（5）我厂硙硐，由于长期年久失修，1956 年前老盐厂时架的檩木，因年久日长，大半已经腐朽，所以在本年 6 月间，大窝路发生严重倒塌；经抢修后，现已初步修通，但经常仍有在窝路及通风洞、卤洞等处发生倒塌现象。有的将要倒塌，如不经常及时修理，即有发生更加严重倒塌的可能。如需要修理，每天约需 10 人左右。①

于是，盐厂只得将"现有 150 个工人，于 9 月初抽调 120 人上山砍柴运柴，其余的人在家生产及修理硙硐。但由于目前是雨季，工效低，每天计划完成 25 码柴，迅速在一个多月内完成 700 码柴，就利用当前雨季水多进行冲柴，估计到 11 月底才能到厂，而这一期间，由于燃料不能及时供应，前后接不上头，生产上可能产生脱节现象，生产停顿，市场供应也就会受到影响。砍下来的 700 码柴，仅能生产 350 吨食盐，不能维持到明年第二季度，雨季过后又不能进行冲柴。虽然砍了柴在山上，而相距 20 多里，形成远水难解近渴，不能保证正常生产，同时也就影响到市场的正常供应"②。

这个时期，除了环境破坏对盐业生产有影响之外，盐业生产和恢复农业生产之间的矛盾也日益加剧。农业开垦对盐厂周边的环境造成破坏，1961 年的几份档案记录了此类现象的发生。

第一份《请制止啦井第三生产队（原第六队）部分社在矿硐上面砍伐森林由》（1961 年 2 月 15 日）：

---

① 《啦鸡盐厂当前工作情况的报告》，兰坪县档案馆档案资料，档案号：67-1-11。
② 《啦鸡盐厂当前工作情况的报告》，兰坪县档案馆档案资料，档案号：67-1-11。

我厂矿山地区及盐硐上面的森林，在维护矿山、保证矿硐安全方面起重要作用。历来均严格加以保护，这是关系到国家和人民财产的重大问题。而且，还关系到群众的饮水问题。现在发现有啦井第六生产队（现编为第三生产队）的一部分社员，为了开自留地，对这些森林任意砍伐。这种只顾自己利益，不顾国家利益的行为，严重地影响了国家和人民的利益，威胁到矿山和矿硐的安全。①

第二份《关于我矿洞上面停止开垦生产的问题》（1962 年 11 月 20 日）：

我矿开采了百年之久，在这几年来矿山上面保存着美丽丰富的森林，地下畅流的饮水不断增长。矿洞安全日益巩固，井下从未发生倒塌现象及危险。但 1958 年以来，啦井急坡丁（街）生产队为了扩大面积，把我矿洞上面的森林开垦为土地，当时我矿为了认真保护国家资源，而屡次提出停止开垦。我矿反映上级政府曾通知公社和生产队。该生产队不照通知办事，依然开垦，结果 1961 年至今矿洞发生了严重的影响和损失（我矿坑道于 1962 年 5 月份被阻碍了 20 多天，这极为影响了生产）。②

第三份《请制止矿洞上面 1958 年已开的田地问题》（1962 年 12 月 4 日）：

我矿山地区的盐矿上面原有森林，历年来是维护矿山，保证矿洞安全。这些森林起到了重要的保护作用。1956 年前，对这些矿区的森林加以严格保护，此关系到国家和人民财产的问题，而且关系到矿区的群众饮水问题。但 1958 年来，为了扩大土地面积，在矿山上开挖了约 60 亩之土地，当时我矿提出了意见，矿山上面不能开挖种地，要及时地反映上级制止，直到目前没有制止下来。在这种情况下，到今年矿洞发生了严重的倒塌事故，就是开地的原因，开挖的结果严重影响了矿洞的安全。在 1960 年来，我矿屡次反映上级制止该地区的生产，曾在 1961 年 2 月份奉兰人委字第

---

① 《请制止啦井第三生产队（原第六队）部分社在矿硐上面砍伐森林由》，兰坪县档案馆档案资料，档案号：67－2－7。

② 《关于我矿洞上面停止开垦生产的问题》，兰坪县档案馆档案资料，档案号：67－2－8。

1号通知，把矿洞上森林继续维护，田地应该制止，但该生产队提出了意见，"制止了耕种，那影响了我社员的生活问题"，为此制止不下来。今年来，不是不种，而是继续大量开挖自留地的面积。为了保护矿洞和人民财产的利益，经过反复教育商讨反映拿获者，没收工具，但仍然无效，而且破坏厉害。[①]

这个时期，正值全国发展农业，需要大面积开垦土地之际，但是，喇井以高山为主要地形，耕地面积小，导致农业和盐业二者之间的矛盾很快显现出来。

图 3 - 9　烟雾缭绕的喇井盐场[②]

兰坪县盐矿需要大量砍伐木柴，这样做除了破坏生态环境、引发自然灾害之外，对盐工的生活环境也有一定的影响。从早到晚燃烧的木柴，使整个盐矿被烟雾笼罩。有时候，甚至终日不见阳光。

（二）煤柴并用

新中国成立以来，制约兰坪县盐矿发展的原因依然是燃料成本过高、生产效率较低。1963 年的档案资料提到，"今年情况比去年有根本的变化。

---

① 《请制止矿洞上面 1958 年已开的田地问题》，兰坪县档案馆档案资料，档案号：67 - 2 - 8。
② 由兰坪县档案馆提供。

总成本随着增长，主要原因由于往年燃料全部利用河水冲运，今年全部用
人背马驮（驮），中间成本悬殊。依靠河水冲柴，每百斤柴成本为 0.84 元，
用人背马驮（驮）每百斤柴成本合 1.00 元，生产成本随着增长，今年生产
效率高，但成本不低，关键是燃料运输成本高，比利用河水冲柴效率低"①。
于是，为了降低成本，兰坪县盐矿试图采用煤炭来煮盐。

　　燃料对于井盐生产的重要性是不言而喻的。虽然云南井盐生产历史悠
久，产量仅次于四川，不过，其井盐生产技术明显落后于四川。在四川境
内，古人早已懂得用天然气来煮盐，这是人类科学技术史上的一个创举。
学者指出，"四川天然气生产，经过魏晋以后的长期中断，到明代开始复
苏，如犍为、蓬溪、富顺等县纷纷开出火井，一时出现天然气生产的繁荣
局面"②。近些年，又有学者指出在 2 000 多年前的汉代，四川的临邛一带
已经使用了天然气煮盐，这样才能较好地提高生产的效率。③ 云南境内无
天然气，因此在云南制盐史上，并未出现过利用天然气煮盐的记载。不过，
云南盐业生产技术的创新并未停止，特别在对燃料的利用上，曾在民国时
期就已经开始研究利用煤炭来煮盐。其主要的原因在于云南"煎盐原料，
全用木柴，每煎一担盐，需大柴（树干柴）100 斤、叶柴（树枝柴）200
斤；如卤水较淡，需柴量还要增加。长期使用大量木柴，致使井场附近森
林砍伐殆尽，柴源日益遥远，一般柴源距井场达数十里以外，这样柴价提
高，煎盐成本亦相应提高。加上，食盐销售为奸商操纵，导致盐价暴涨；
又因频繁的军事行动和匪患，币制混乱，这就造成了严重的盐政危机"④。

　　民国二十年（1931），张冲出任云南盐运使后，在调查滇中黑井盐区的
生产情况时得知一平浪附近有煤源，并了解到之前已有人挖煤背至阿陋井
建灶煎盐，于是不断试验用煤炭来煎盐，最后在元永井试验成功，促使张
冲萌发了"移卤就煤"的伟大构想。⑤ 后张冲经努力，克服了资金短缺、技
术难度大等难题，成功将元永井的卤水引至一平浪，利用煤炭来煮盐。这
项伟大的工程从 1933 年启动以来，耗时 5 年之多，到 1938 年 9 月初才正式
实现生产。"移卤就煤"工程从节约成本来看，效果比较明显，学者提到：

---

① 《1963 年工作总结报告》，兰坪县档案馆档案资料，档案号：67 - 1 - 12。
② 张学君、冉光荣：《明清四川井盐史稿》，成都：四川人民出版社，1984 年，第 68 页。
③ 吴晓铃：《古人 2 000 年前或已用天然气煮盐》，《四川日报》，2018 年 12 月 28 日第 18 版。
④ 谢本书：《移卤就煤——云南盐业史上的创举》，《盐业史研究》1991 年第 4 期，第 56 - 57 页。
⑤ 黄培林、钟长永主编：《滇盐史论》，成都：四川人民出版社，1997 年，第 134 页。

移卤就煤的成功，是云南盐业史上的伟大创举，技术难点的突破是科技史上的又一奇迹，这一工程的成功取得了巨大的经济效益。一平浪盐矿以煤代柴的新灶建成后，煎出的盐色白、质好、味佳，每百斤盐成本 2~3 元滇币，加税饷达 60 元，比柴煎降低 30 元，以年产 2 125 万斤计，每年节约滇币 637.5 万元，相当于建矿五年的总投资，产量比过去提高 245 倍。从社会效益来讲，由于采用新设备新工艺制盐，促成优质生产，成本下降，促进了盐业生产的规模化和现代化，平息了盐荒。[①]

用煤煮盐在滇中地区的成功试验，给其他盐场带来启发。兰坪县盐矿也曾尝试将这一技术引入当地，以提高产量。不过，当地的盐场要掌握这项技术，并非轻而易举就能做到。1958 年的档案记载："长期烧柴，对农林水利均不利，不是长远办法。必须烧煤，据说金鼎煤产量少，价格高又影响成本，因此对产盐燃料和产量问题必须迅速解决。"[②] 不过，兰坪县始终难以掌握烧煤煮盐技术。1964 年，兰坪县盐矿开始试验这项技术。

关于烧煤制盐，在我矿来说是一项新的工作，必须通过实践，在实践中摸索经验。因此，1964 年计划先搞一条煤灶，长 10 米，宽 7 米，共 70 平方米，土木结构，进行试验。煤灶单位造价 70 元，共需投资 4 900 元；上用钢锅 2 口，每口长 3.5 米，宽两米，需投资 3 000 元；建灶投资 1 000 元，共需投资 8 900 元。计划煤灶专生产筒盐，年产可达 650 吨。煤矿供应问题，因我县现有煤矿资源都未经正式开采，蕴藏量及质量都没有确切的资料可稽。因此，计划 1964 年先用丽江河源煤及试用我县金顶煤各一半，但河源煤矿距离我矿里程较远，运至我矿，每吨原煤已合 90 元，金顶煤每吨约 20 元，各用一半，平均每吨价 53.65 元，成本就要提高。经初步估算，烧煤制盐每吨亏 31.196 元，生产 650 吨总亏 20 277.50 元。烧柴制盐计划利润 18 800 元，以烧柴盈利，弥补亏损外，实亏损 1 477.50 元，由财政弥补解决。如果可行，在现有职工 125 人的基础上再配备给试验烧煤工人 20 人。[③]

---

① 和丽琨、张卓玛：《张冲与"移卤就煤"》，《云南档案》2008 年第 4 期，第 28 页。

② 《关于调出啦盐至丽江的报告》，兰坪县档案馆档案资料，档案号：67-1-6。

③ 《关于 1964 年至 1966 年两年调整规划的报告》，兰坪县档案馆档案资料，档案号：67-1-12。

据另一份资料记载，在兰坪县盐矿采用烧煤煮盐法之前，曾派盐工李石生、李炳生、杨振明等职工到乔后盐矿学习，其中一名盐工的经历，可以反映出这项技术引入兰坪县盐矿的情况。1963 年 10 月，为了保护森林，兰坪县盐矿拟将烧柴灶改建为烧煤灶，并派李石生等职工到乔后盐矿去学习。档案记载："他们回来后，在今年（1964）的 3 月间，就在我矿建煤煎灶试煎。第一套盐，没有成功；第二套盐也没有达到要求，在这种情况下，人们都说煤煎灶只能煎成筒盐，制成锅盐那是没有希望的。乔后盐矿，他们也办不到。这时候，（李）石生同志是冷静地琢磨，一再地进行改进，同时采纳了同志们一些意见。到了第四套，终把干净洁白、硬扎的锅盐试煎出来了。"① 试验成功之后，兰坪县盐矿主要使用附近的金龙乡原煤试煎，培训了烧煤技术工 6 人，1964 年底实现了烧煤制盐。②

从柴薪煮盐到煤炭煮盐的变化，不仅是更换燃料那么简单，还需要对其他方面的技术进行改进。其中，用煤煮盐对盐灶的要求更高，于是兰坪县盐矿拟订两年的时间进行技术上的改进。从《兰坪县 1964—1965 年项目投资计划表》的内容可以看到，项目建设包括购置空气压缩机、风钻、汽车、钢锅等设备或工具，以及投资建设煤灶、烟囱等项目。其中，1964 年投资 95 900 元，1965 年投资 116 900 元，两年一共投入资金 212 800 元。③

1966 年，兰坪县盐矿所需的煤炭，曾从剑川、丽江等地运入。丽江河源煤矿为兰坪县盐矿提供主要的煤源。从运输距离来看，河源离喇井有 198 公里；长距离的运输，使得成本增加。为了降低成本，兰坪县曾在境内金顶公社开办金龙乡江头河煤矿，1965 年投产，供兰坪县盐矿煎盐，每吨煤组合价为 45.78 元，以吨盐煤耗 1∶1.4 计算，生产一吨盐的成本为 64.09 元。④ 不过，使用金顶煤之后，成本低了，但金顶煤的产量并不高，多数时候盐矿还需从丽江河源煤矿进煤。据地方志记载："1965 年吨煤运至盐矿组合价为 62.28 元。吨盐煤耗 1∶1.4，如果全部用煤，吨盐燃料价需 87.19 元，为抑制盐的工厂成本，只有'煤柴兼用'，以木柴为辅助燃料，工厂成本吨盐 67.77 元。"⑤

① 《李石生模范事迹》，兰坪县档案馆档案资料，档案号：67 - 1 - 13。
② 兰坪白族普米族自治县盐矿编：《兰坪盐业志》，内部资料，1993 年，第 87 页。
③ 《兰坪县 1964—1965 年项目投资计划表》，兰坪县档案馆档案资料，档案号：67 - 1 - 12。
④ 兰坪白族普米族自治县盐矿编：《兰坪盐业志》，内部资料，1993 年，第 103 页。
⑤ 兰坪白族普米族自治县盐矿编：《兰坪盐业志》，内部资料，1993 年，第 103 页。

图 3 – 10　堆放煤炭的盐矿大院

　　兰坪县盐矿为了保证每年的产量，在河源煤比金顶煤每吨高出 41.41 元的情况下，依然需要进河源煤作为燃料。1966 年 3 月 7 日，中国盐业公司云南省丽江盐业批发站给丽江汽车运输总站发出一份《关于代编河源至兰坪盐厂煤炭运输计划的函》，要求"一九六六年四月份由河源至兰坪盐厂需煤 400 吨"[1]。

　　1967 年从第二季度开始，除去 5、6、7 三个月每月进河源煤 200 吨之外，其他 6 个月，每月均需河源煤 400 吨。[2] 从柴薪煮盐到煤炭煮盐，效率提高了，产量有所增加，"1963 年剑（川）兰（坪）公路全线通车，烧煤问题开始解决，产量增加较快，1972 年达 6 335 吨，1973—1978 年，仍保持最低 3 700吨，最高年达 6 025 吨。因供大于求，产品积压，从 1979—1986 年控制在 2 660 ~ 4 368 吨之间"[3]。但是，成本过高一直是制约当地盐业发展的主要因素。为了降低成本，兰坪县盐矿曾在 1971 年试图模仿"移卤就煤"，将喇井的盐碡运至金龙实现"移碡就煤"，但未成功。1973 年，因金顶煤储量低、耗工大、质量低劣、采出来的煤容易变质等问题而停办。[4]

（三）真空法制盐

　　真空蒸发装置是英国在 1812 年发明的，本用于制糖工业，但后来美国制造出第一个用于制盐的真空蒸发装置。1899 年，美国开始采用真空蒸发装置制盐，而后其他国家相继使用此法。中国当时正处于被外国列强入侵、内忧外患、战乱四起、经济衰弱的时期，因此，真空制盐起步相比其他国家较晚。1934 年徐善祥、顾毓珍考察健乐盐场和自流井时提出"若改用真

---

　　① 　兰坪县档案馆档案资料，档案号：67 – 1 – 15。

　　② 　《地方国营兰坪县盐矿请求安排汽车运煤的报告》，兰坪县档案馆档案资料，档案号：67 – 2 – 23。

　　③ 　兰坪白族普米族自治县盐矿编：《兰坪盐业志》，内部资料，1993 年，第 112 页。

　　④ 　兰坪白族普米族自治县盐矿编：《兰坪盐业志》，内部资料，1993 年，第 103 页。

空锅，则烧煤一斤，可制盐五六斤"①，这是我国第一次提出建造真空蒸发装置制盐。1939 年，留学欧美的学者肖家干在自贡试验"灶用制盐真空机"获得成功，并于 1942 年 4 月 12 日投资建厂，揭开了我国真空制盐的序幕。②1976 年兰坪县盐矿领导了解到省外的一些盐场及省内的一平浪和磨黑盐矿都已经建立起真空制盐的生产车间，于是，兰坪县政府决定尝试新型的制盐技术，设计真空制盐设备。

真空法制盐是一项科学技术，它相比于传统的煎煮法来说，消耗的能源是煤和电，不但节能环保，而且效率高。但是，真空法制盐对于真空蒸发装置的要求极为严格，我国对真空制盐装置的研制是在探究和摸索中不断改良的。

1984 年，兰坪境内由专业人士开始负责设计研发多效真空蒸发制盐装置，于 1987 年竣工并正式试车投产。正式投产之后，"1989 年实产精制盐10 410 吨，突破年产万吨大关，并超预计生产 410 吨。……以正常年产万吨计，为清末年产 988 吨的 10.12 倍，为民国时期最高年产 1940 年 3 200 吨的3.125 倍"③。真空蒸发装置制盐技术的应用为兰坪地区常年低迷的盐产量带来了生机。但是，进入 21 世纪之后，云南各地工业化生产食盐的工厂迅速崛起，随着技术的成熟，盐产量剧增。2005 年，兰坪盐业生产技术革新跟不上，市场竞争激烈，最终停止了生产，这意味着历经 600 多年历史的兰坪盐业画上了休止符。

兰坪真空蒸发技术从投入使用到终结，也就 20 年左右的时间，但在这短短的时间内，不断的研究探索和技术改良使兰坪的盐业发展提升到了一个新的层次，这项新技术促进了经济的发展，节省了人力物力，减缓了能源的消耗，保护了生态环境。

四、生产组织、运销

（一）生产组织形式

（1）丁份制。

生产组织是盐业生产的基本保证。在新中国成立以前，兰坪各井采用丁

---

① 罗大忠：《真空制盐发展概况及工艺述评》，《中国井矿盐》2001 年第 1 期，第 8 页。
② 罗大忠：《真空制盐发展概况及工艺述评》，《中国井矿盐》2001 年第 1 期，第 8 页。
③ 参见兰坪白族普米族自治县盐矿编：《兰坪盐业志》，内部资料，1993 年，第 90 - 91 页。

份制，即"盐务机关按照盐户的丁口数核定盐民每年必须交纳盐斤的份额"①。
丁份成为盐业生产者缴纳盐税的基本单位。按照《兰坪盐业志》所述，乾隆
三年（1738）新开老姆井时，对丁份制的规定略有不同，并非按照丁口来计
算，而是按照开井时各盐户所投入的资金和劳动力的多少来确定。灶户的丁
份越多，所分配到的份额和薪本就越多。乾隆时期，老姆井共计 54 灶、216
丁，按照老姆井的年产量，每丁每天可得盐 2.73 斤。相比而言，光绪年间的
喇井年产量可达 1 976 054 斤，按照 85 灶、340 丁计算，每丁每天可得盐
15.92 斤，是乾隆年间老姆井的 5.8 倍。按照丁份可以出租、典当和买卖的原
则，盐井年产量越高，每份丁份所分配的食盐越多，便呈现出丁份份额高，
则丁份的买卖、典当情况就增多，反之则减少的情况。②

新中国成立初期，喇井依然保持着丁份制。资料显示，1950—1951 年
期间，整个盐场共有 87 灶、348 丁。其中，丽江教育局占 4 丁，剑川县 16
户占 45 丁，兔峨乡 1 户占 10 丁，新华 1 户占 1 丁，通甸 1 户占 5 丁，喇井
167 户占 287 丁。可见，所有丁份并非局限在喇井，井场所占比例为 82% 左
右，其他地区所持有的丁份，可能通过转让、买卖、典当等方式获得。例
如，丽江教育局所占的丁份，是由光绪年间的喇井灶户李琼仙家捐献给丽
江雪山书院，后属丽江教育局，自然继承了喇井的丁份。③

新中国成立之后，先后没收了 5 户地主所占有的 31 丁份，并接管了丽
江教育局的丁份。1951 年 3 月，推行集体经营模式，将 87 灶改为 44 灶。6
月，将公丁之外的 313 丁份编为 14 个生产组。9 月，对公丁也进行改造，
成立公营社。11 月 15 日，将 14 个生产组组织起来，组建制盐联营社，实
现了公营社和联营社并存。④

（2）国营盐场的成立。

1954 年 1 月 1 日，兰坪地方国营喇井盐场成立，改变了以往一家一户
自由生产的形式，实现了集中统一生产和销售的模式。1955 年 7 月 1 日，
地方国营喇井盐场改为乔后盐厂的分厂。

（3）产量。

新中国成立之后，兰坪盐业生产进入一个新的阶段。旧的生产关系的

①　兰坪白族普米族自治县盐矿编：《兰坪盐业志》，内部资料，1993 年，第 275 页。
②　兰坪白族普米族自治县盐矿编：《兰坪盐业志》，内部资料，1993 年，第 276 页。
③　兰坪白族普米族自治县盐矿编：《兰坪盐业志》，内部资料，1993 年，第 276 页。按照上述
的丁份总数应为 352 丁，文献记录存在误差。
④　兰坪白族普米族自治县盐矿编：《兰坪盐业志》，内部资料，1993 年，第 278 - 283 页。

改变、技术改革步伐的加快、各项建设事业的发展，均促进了盐业生产。①但是盐业生产还是受到其他因素的制约，例如 1952 年喇井的产量为 3 400吨，超过民国时期的最高水平。不过，1956 年之后由于喇井煮盐全赖柴薪，不利于森林资源保护，一度被裁废。总体看来，喇井的盐业发展经历了五个阶段②：

①恢复期。1950—1955 年，喇井的产量逐年增加。这个时期，处在新中国成立初期，各项事业都处在蓬勃的发展期。

②裁废期。1956 年生产半年后停产，后来"根据兰坪交通条件和盐业公司产盐不够，当时不能满足各县人民的食盐供应问题。同时要调乔盐，增加人民负担，而浪费国家很大一笔人力、财力，因此，当时请求上级恢复该厂生产"③。恢复生产之后，又受到销区的影响，因此，1957—1958 年产量均未突破 1 000 吨。

③缓慢生产期。从 1959—1964 年，喇井盐业生产几乎处在基本能维持盐厂生产运行的状态。除了 1959 年产量在 1 544 吨，其他年份均未突破1 000 吨。1960 年的产量甚至只有 458 吨。

④柴煤共用期。1963 年开始，兰坪盐业生产所需的燃料，从全部用柴薪发展到柴煤共用，煤的使用和盐灶的改造，极大地推动了盐业生产。于是，1964—1987 年间，喇井盐厂的产量不断上升，从 1 000 多吨持续增加至1972 年的 6 000 多吨。此后，产量也保持在 2 600～6 000 吨。

⑤真空生产期。1987 年开始，喇井采用真空法制盐，产量急剧上升。从 1987 年的 3 600 多吨，上升至 1989 年的 10 410 吨。1990 年的产量也保持8 000 吨以上。

（二）运销

新中国成立初期，喇井盐的运销制度以官办商运为主，由商人在井场购买食盐之后，运至销区出售。井场为了平衡各盐商的利益，保证盐的正常运输，供盐的顺序采用的是"仅先远商，然后近商，其次本地零商"的策略。每天对零盐的销量也有控制，"每天销产量三分之一，掉夫到井抄盐，须先登记到达日期，同时发给编号登记证，依照号次。抄盐时，应将

---

① 兰坪白族普米族自治县盐矿编：《兰坪盐业志》，内部资料，1993 年，第 111－112 页。

② 在《兰坪盐业志》中，将其发展分为四个阶段，见兰坪白族普米族自治县盐矿编：《兰坪盐业志》，内部资料，1993 年，第 112 页。

③ 兰坪县档案馆档案资料，档案号：67－2－23。

登记证缴销。每揹夫一名，视负重力之可能斟酌配抄。每人只能在五十斤至八十斤之中，每人不能抄盐运抄几次"①。马帮到井，依然采用先远后近的原则："马帮到井抄盐，须先登记到达日期，发给编号登记证，依照号次。配盐时，应将登记证缴销。每马一匹，准配一担，十天内不能运登运抄。"可见，一匹马一个月之内最多能运三次，总计三担。并对移运进行了详细规定："每马一匹，只许一担；如移运停止时，每日配销数另订之。以上零盐马脚登记证限期三日，为有效期之满失效。"②

图 3 - 11　盐工背筒盐③

新中国成立之后，兰坪的食盐运销实现了统一收购、统一税率、统一定价，并实行统一调运和统一销售。此时生产的食盐，主要供本地或周边的丽江、剑川、维西、中甸等地食用。例如，1952 年调运至怒江的碧江（现为泸水）、福贡和贡山三边县的食盐，达 306.75 吨。④

一般而言，一个盐场生产的食盐能否实现向外销售，主要取决于自身生产能力的强弱。1958 年的一份档案资料记载："经我们（喇井）平衡计算，如能年产 4 万担，可外调 15 000 担，如年产 3 万担，则只能外调 5 000～8 000 担，且外调数还必须利（于运）载，否则亏贴太大，如只能产 2 万担，则不予外调。据盐场说，年产 3 万担，决无问题，但兰坪盐司现仅存 9 320 担，雪开山后碧江、福贡即需调运，还需留供本销及代剑川销售，和必须保持一定合理库存，因此他厂产存数不增加前，我司同意从三月份

---

① 《兰坪盐矿关于一九四九年度盐业问题的有关资料》，兰坪县档案馆档案资料，档案号：67－1－1。

② 《兰坪盐矿关于一九四九年度盐业问题的有关资料》，兰坪县档案馆档案资料，档案号：67－1－1。

③ 由兰坪县档案馆提供。

④ 兰坪白族普米族自治县盐矿编：《兰坪盐业志》，内部资料，1993 年，第 118 页。

起，每月请剑川转丽江 500 担，今后视生产情况考虑增减。"① 但是，从
1959 年专员公署商业局统一调运盐的计划来看，食盐调运仍然任务艰巨。
上述商业局在 8 月份"要盐计划分配"的通知中提到：

> （1）关于本年度食盐调运工作，根据各县库存情况，还很薄
> 弱，为接受去年食盐供应紧张的教训，认真做好调运工作，要求
> 各县库存分布要合理，要先克服平时不准备，市场紧张时乱吵乱
> 闹，甚至个别地区已经脱销，因此要求积极进行准备运输工作。
>
> （2）为了完成批准调运计划，保证市场供应，汽车运输地区
> 丽江（书面报）、中甸、维西、贡山转运站等将五日调运情况电报
> 我局，以便即时联系运输部门按计划派单，对装卸工作要求放运
> 单位随到随装，收货单位随到随卸，加速调转车辆、驮马运输地
> 区，贡山、泸水、碧江各县采取措施，积极想办法联系运输部门
> 组织运力。贡山在雪封以前运足 2 500 担，放运维西车辆如遇下
> 雨、路滑，不能进维西时，还需卸货巨甸，把仓库准备好，等晴
> 天再由巨甸中转维西，七月份运盐车辆混乱，维西、中甸两县把
> 收货清单列报我局，以便查对。

从《丽江专区行业局八月份要盐计划分配表》中可以看到，整个丽江
专区涉及维西、奔子栏、中甸、宁蒗、永胜、兰坪、泸水等地区的食盐供
应，其中，丽江专区商业局需调配盐 5 000 担，维西县商业局需调配盐4 500
担，奔子栏办事处需 160 担，中甸县商业局需 2 340 担，宁蒗商业局需1 500
担，永胜商业局需 2 400 担，兰坪商业局和泸水商业局各需 1 500 担，上述
丽江专区共计需要调配食盐 18 900 担。但是，上述调配的食盐中，喇井盐
所占比例仅为 7%，其他还需乔后盐、一平浪盐、白盐井盐、云龙盐和盐源
县生产的食盐来供应。从供应量来看，乔后盐为 12 540 担，占 66.35%，其
他盐场供应的盐基本上为 1 500 担左右。②

---

① 《关于调出喇盐至丽江销售的报告》，兰坪县档案馆档案资料，档案号：67-1-6。
② 《云南省丽江专员公署商业局 8 月份要盐计划分配的通知》，兰坪县档案馆档案资料，档案
号：67-1-7。

第四章
因盐而兴：滇西云龙地区的社会变迁

云龙，地处云南省大理白族自治州的西部。这里的大部分地区以高山、峡谷和山地为主。澜沧江从云龙西部的苗尾乡（原表村乡）流入云龙境内，因此，云龙西部地区的地势、气候、海拔受澜沧江峡谷的影响比较明显，地势多数是沟壑纵深、悬崖峭壁。绝大部分的地区以从事农业为主，高山上种植玉米、豆类、小麦等作物，在澜沧江河谷的部分地区可种植水稻，例如地处河谷地带的功果桥镇（原旧州镇）是云龙的水稻主产区，素有"鱼米之乡"的美称。云龙的东部地区有澜沧江的支流——沘江流经，沘江从该县北部的顺荡村流入境内，然后一直南下，在老功果桥处汇入澜沧江。

沘江流域分布着丰富的盐业资源，除了兰坪县境内，在云龙县境内也有广泛的分布。汉代的文献资料中早有记载今云龙、兰坪等地产盐。唐代，《蛮书》记载云龙有"细诺邓井"。明代以来，云龙境内的盐井数不断增加，中央政府加强了对云龙盐务的管理，加之从各个地方慕名前来云龙地区的人口不断增加，以致小小的制盐村逐渐发展成为滇西重镇。清代，云龙境内盐井数增加至八大盐井，以盐业生产为主的村落应运而生。民国时期，盐业一直是云龙当地主要的生计方式，盐税一直是地方财政收入的主要来源。新中国成立之后，在一段时期内，盐业依然是当地重要的产业。但是，随着全国盐业生产技术的革新，云龙早期的煎煮法制盐对环境破坏极大，加之技术落后，同社会生产力发展的水平不相吻合，于是在 20 世纪 80 年代，盐厂逐渐停产。这个过程中，当地的村落因盐而兴，同时也因盐而衰。所幸的是，进入 21 世纪之后，国家开始为传统村落的保护提供政策支持，并提出乡村振兴的战略；此时，以盐为主题发展起来的盐村由于有其特殊的文化内涵，以及长期处在政治、经济、文化的中心，文化资源丰富，发展旅游业、生产特色产品成为当地百姓的主要出路。

第一节　生态环境、民族与盐业生产环境

一、人口与民族分布

云龙是云南省大理白族自治州所辖的一个县，位于大理州西部。地理上处于横断山脉的南端，地势北高南低，境内以峡谷和高山为主。在云龙县的西部，澜沧江从苗尾乡流入该县境内，经功果桥镇流向保山市境内。

澜沧江贯穿了云龙的西部地区两个乡的大部分地区。峡谷的存在，使得西部地区地势陡峭，峰峦迭起。东部地区则以澜沧江的支流沘江为"轴线"，沿线分布着白石、长新、检槽、诺邓（原石门镇）和宝丰5个乡镇。关坪和团结两个乡，则分布在大理至云龙的S227省道上。此外，云龙西部的漕涧镇和民建乡两个乡镇，分布在怒江和澜沧江之间。云龙县一共11个乡镇，其中，西部的苗尾乡与怒江傈僳族自治州兰坪县的兔峨乡接壤，功果桥镇与保山市隆阳区瓦窑镇接壤。沘江由兰坪县金顶镇流入云龙县白石镇的顺荡村，此处成为云龙和兰坪两县的县界。东部的团结乡，则与州内的永平县北斗乡相邻。

从地形地貌来看，云龙境内主要有两种类型：澜沧江以东属云岭山区，海拔在2 000~2 500米，是全县主要牧区及以玉米、豆类为主的杂粮主产区；澜沧江以西属怒山山脉，河谷地带海拔一般为1 300~1 500米，山岭地带一般在3 000米以上，多雨丰水，是全县水稻主产区。[1]

云龙县境内长期以来生活着白、傈僳、彝、苗、傣等少数民族，呈现出"大杂居，小聚居"的民族分布形态。各民族在云龙县这块土地上繁衍、发展和融合。民族成分和人口结构，也在不断发生变化。

《云龙县志》曾对1953—1990年间全县人口和民族概况进行了整理与比较，这对于掌握云龙境内的人口、民族等情况有一定的帮助。

一是人口的增长。明代以前鲜有资料对云龙的人口总数进行记载，清代康熙五十年（1711）的统计显示云龙有2 386丁[2]，但这并非当地的人口数，而是纳税人数。光绪十八年（1892），当地人口总数为23 594人，这意味着在180多年的时间里，人口增长到近10倍。民国初期，云龙的人口总数达89 000余人，后因六库和老窝土司辖地划归泸水，总人口减至52 933人。此后，在不到20年的时间里，云龙的人口保持在6万人以内。直至民国二十一年（1932），人口数量开始回升，达到77 434人。至民国末期，人口数在6万~7万徘徊，时升时降。新中国成立之后，经过四次人口普查，云龙县的人口数从1953年的95 623人，增加至1990年的189 463人。[3]

二是民族的构成。据1953年的人口普查，县内有白族、汉族、彝族、

---

① 云南省云龙县志编纂委员会编纂：《云龙县志》，北京：农业出版社，1992年，第74页。

② （清）王瀚撰：《云龙州志·卷六·赋役》，康熙五十五年（1716）本。在陈希芳纂修的雍正本《云龙州志》中，依然沿用相同的数据。见（清）陈希芳纂修，周祜校点：《云龙州志（雍正本）》，1987年，第47页。

③ 云南省云龙县志编纂委员会编纂：《云龙县志》，北京：农业出版社，1992年，第100–101页。

傈僳族、苗族、回族、土家族共 7 个民族，少数民族占 76.7%，汉族占 23.3%；少数民族中，又以白族所占比例最大，占 66.9%。据 1964 年的人口普查，民族为 8 个，与 1953 年相比较，减少了土家族，增加了纳西族和傣族，白族所占比例略有增加，为 67.54%。据 1982 年的人口普查，民族增加至 18 个，白族所占比例增加至 69.5%。据 1990 年的人口普查，云龙境内的民族为 20 个。①

三是民族的分布。从历次人口普查结果来看，少数民族占总人口的七成左右。第四次人口普查以后，少数民族占总人口的比例增加至 80% 以上。几个少数民族中，又以白族所占比例最高，占六成以上。因此，白族在全县的范围分布最广，在 11 个乡镇均有分布。除了功果桥镇、团结乡和苗尾乡之外，在各个乡镇中，白族人口占到八成以上。此外，傈僳族主要分布在苗尾乡，汉族主要集中在功果桥镇，彝族主要分布在团结乡，阿昌族主要分布在漕涧镇，苗族分布在民建乡。其他民族零散分布在各个乡镇。

2011 年，云龙县境内的总人数为 20.7 万人。2019 年末，全县总人口 20.86 万人；其中，汉族有 25 110 人，占全县人口的 12.04%；少数民族一共 183 477 人，占 87.96%。在少数民族人口中，白族 151 020 人，占全县人口的 72.40%；彝族 13 620 人，占 6.53%；傈僳族 11 832 人，占 5.67%；阿昌族 2 904 人，占 1.39%；苗族 1 759 人，占 0.84%；傣族 1 271 人，占 0.61%；回族 437 人，占 0.21%。②

二、道路与交通变化

云龙的道路，在古代主要是供人马通行的羊肠小道，道路崎岖、运输困难、交通工具落后。明代以后，随着盐业的兴起，云龙通往各地的交通线路不断增加，主要干道有所改善，路面得到了拓宽，运输能力得到了提升。据地方志描述，明代云龙境内有驿道四条："东路，从石门起经关坪越丕邑山出洱源、大理。南路，从石门（县为果郎镇）经宝丰、南新，一路东行经干海子至水乎；一路继续向南，经大栗树、功果、坡脚至保山。西路从石门起至果郎，西行经天池、暑场、桥街，一路西北行越碧峰岭至六库、片马；一路北行至表村，出兰坪；一路向南经旧州；一路向西经漕涧至孙足，出保山；一路继续南行经汤涧、鲁庄至功果。北路，从石门起，

---

① 云南省云龙县志编纂委员会编纂：《云龙县志》，北京：农业出版社，1992 年，第 104 页。
② 《云龙概况》，云龙县政府网站公开信息。

一路经诺邓、丰胜至长新；另一路经果郎、杏林、永安、检槽、白石至剑川、兰坪。"① 显然，此种说法是以石门为中心向外延伸。这或许不符合实际，因为明代云龙的政治、经济、文化中心并不在石门。云龙的州治所在地，早期在旧州，明朝崇祯二年（1629）由旧州迁至宝丰（原为雒马）。清代，盐业生产持续发展，矿业也有初露头角之势，促进了云龙交通业的发展。据雍正《云龙州志》所载，云龙县通往各地的道路，依然分东西南北四条，但是到各地的里程，是以州治（雒马）为起点。东路，向北经邮亭、石门井（现云龙县党校），然后向东转，沿山井、关平，继续东行，总计行程 117 里，可到云龙和浪穹（洱源县）的交界处。南路，行 85 里，即可到达永平界。西路，翻越宝丰古镇西侧的十八寨到达者罗哨，继续西行，可至澜沧江的苏溪大渡口。在此分南路和北路：南路可达三七旧城、旧州、汤涧、汤邓、漕涧等地，共计 250 里交保山界；北路则顺澜沧江而上，经下坞、至冏、松牧村小渡口，到达鲁羌（今乔街），在此分二路，西北行 130 里可达六库，北行 85 里达表村，继续往北进入兰州（现兰坪）。北路 30 里至石门井后，也可分二路，一则登山行 15 里到诺邓，经蛤蟆哨、炼场、大波浪、大览乔、燕子窝、沙浪、水场，从石门井行 155 里到达顺荡井。此路再前行 30 里，即到兰州界，一共 215 里。②

民国二十六年（1937），因抗日战争战略的需要，云龙县接到云南省政府通令，修筑滇缅公路西段，承担修筑从黑羊箐口与水平交界地起至坡脚河口与保山交界止的任务，共计 57 公里。任务下达后，县政府立即组织四支民工大队，征集民工 3 000 余人，从 1937 年 12 月动工，次年 8 月便完工，创造了公路建设史上的奇迹。③ 这是云龙境内最早的一段公路。

新中国成立之后，云龙一方面对通往主要乡镇的驿站进行修整，另一方面也开始修筑公路。例如，1956 年修建了石门至大栗树的公路，共计 38 公里；1958 年修建了石门经上哨至白羊厂的公路；1959 年修建了石门至白石中和的公路。此后，开始不断修建联通各个乡镇的公路。④ 1989 年开始修建石门至永平黄莲河的公路，共计 98 公里。但是，这个时期修建的公路等级低，多为土路，汽车长年累月的通行导致路面坑坑洼洼，影响了车辆的

① 云南省云龙县志编纂委员会编纂：《云龙县志》，北京：农业出版社，1992 年，第 231 页。
② （清）陈希芳纂修，周祜校点：《云龙州志（雍正本）》，1987 年，第 27 - 28 页。
③ 云南省云龙县志编纂委员会编纂：《云龙县志》，北京：农业出版社，1992 年，第 231 - 232 页。
④ 云南省云龙县志编纂委员会编纂：《云龙县志》，北京：农业出版社，1992 年，第 232 页。

行驶速度。

21 世纪之后，云龙将石门通往各乡镇的道路修建为弹石路面，并逐渐改善了石门至大理（下关）、石门至兰坪等地的公路，铺为柏油路面。截至2020 年底，已将石门至南新的公路拓宽，并铺为柏油路面，下一步将继续拓宽南新至旧州的公路。大理经漾濞至云龙的高速公路正在修建。此外，永平至云龙的高速公路已开工建设。未来云龙的交通将随着两条高速公路的开通而变得更为便利。

三、八大盐井的形成

云南省的盐业资源极为丰富，地下盐矿的储藏量大。其中，滇西的盐盆主要分布在云龙、兰坪、乔后等矿区。其中，云龙境内地下储藏着丰富盐矿，经河道的切割，有些盐泉自然冒出地面，很早以前就被人类发现。云龙境内除了盐矿之外，还有铜矿、银矿、锡矿、铁矿和汞矿等矿产资源。其中，银铜矿主要分布在检槽乡的白羊山和大功山，历史上称之为白羊厂和大功厂。白羊厂，据方志所述，"坐落云龙州地方，距下关店十一站半，于乾隆三十五年（1770）开采，原系银厂，因碛内夹有铜气，将炼银冰爆复行煎炼。每年约出铜八九万斤至十万余斤不等，并未定额、通商"[1]。这些矿产资源的开发和利用，促进了地方社会政治、经济、文化等方面的发展。

（一）盐泉发现的传说

在中国的盐文化中，每处盐井的发现，或多或少都伴有一些传说。例如，早期神话人物——宿沙，被称为"煮盐之神，故又称盐宗"[2]。西南地区大多数的盐井都有各自不同的神话传说。如与四川省盐源县白盐井相关的传说，讲述了纳西族供奉的神祇中有一位盐神，是一位少女。相传元代时，她在牧羊时发现白鹿群在一池边饮水，而她所放牧的羊也喜欢饮用此池之水，于是她就尝了一下池水，惊喜地发现是咸的。这位发现盐泉的少数民族妇女，后被称为"开山姥姥""开井娘娘"，当地民众自发地在白盐井旁建了一座开井娘娘庙。[3] 云南省大姚县的白盐井、禄丰市的黑井，也有

---

① （清）戴瑞征著，梁晓强校注：《〈云南铜志〉校注》，成都：西南交通大学出版社，2017年，第 92 页。

② 李剑平主编：《中国神话人物辞典》，西安：陕西人民出版社，1998 年，第 565 页。

③ 赵启林主编：《中国盐文化史》，郑州：大象出版社，2009 年，第 298 页。

相关传说。白盐井现称石羊，因传说中开凿盐井时获石羊而得名。① 黑井据史料记载，"唐有李阿召者，牧黑牛饮于池，肥泽异常，迹之，池水皆卤，报蒙诏，开黑井"②，即盐井是因黑牛饮盐泉被发现的，故被称为"黑井"。

云龙境内的八大盐井，盐泉数多达 20 余处，每个盐井都有类似的传说，比如顺荡井，当地百姓口传是由一位牧羊人发现盐泉的。

> 那时这里本是一片原始森林，为土司家的辖地。有一年土司家的放羊老倌把羊子放到这一片上，到了晚上回去时发现少了几只羊子，第二天情况还是如此。最后找羊子找到了一块岩壁底下，发现从岩缝中流出一股涓涓流水，汇成了一个水塘，失踪的羊子都全部死在水塘边。用手沾水一尝，发现是盐水，羊子是因吃多了盐水而胀死了。土司家发现盐水后，就私煎私煮了 18 年，获得了大利。后有一个叫杨森的剑川人，为做木匠来到这里，他发现土司家在这里私自煮盐，就对上官说："你们私自煮盐，不报国课是要犯罪的。"土司害怕了，就把三姑娘嫁给他，让他在这里安家，参加煮盐。后杨森向朝廷报课，被封为"护国将军"，而杨森就是现今顺荡井杨姓的始祖。后来又陆续来了一些人，逐渐发展成这个以煮盐为业的村子。③

在云龙调查期间，笔者从一份诺邓村百姓整理的《诺邓盐厂发展简史》中了解到，处在大山深处的诺邓井，有这么一则传说：

> 传说，很古的时候，在祖国的边疆上，一条美丽沘江的东岸，矗立着一座高耸入云的崇山，崇山的山谷里常年不断地倾泻着一股溪水，名叫诺水，诺水的两旁原来是个山峦起伏、森林密布、人迹罕见的地方，大约到了唐宋时代，这里搬来了一家姓邓的人家。他们用双手开拓了这块处女地，种植庄稼，放牧着羊群，过

① 杨甫旺：《千年盐都——石羊》，昆明：云南民族出版社，2006 年，第 6 页。
② 牛鸿斌、文明元、李春龙等点校：《新纂云南通志（七）》，昆明：云南人民出版社，2007 年，第 145 页。
③ 佚名：《云龙县顺荡盐井调查报告》，见国家民委《民族问题五种丛书》编辑委员会、《中国民族问题资料·档案集成》编辑委员会编：《中国民族问题资料·档案集成（第 5 辑）·中国少数民族社会历史调查资料丛刊（第 85 卷）·〈民族问题五种丛书〉及其档案汇编》，北京：中央民族大学出版社，2005 年，第 310 页。

着勤劳勇敢的生活，从此，由于诺水旁边住着这家姓邓的人家，人们逐渐在习惯上就叫这个地方为诺邓。

一天，这邓家的一位白发苍苍的老大妈，赶着羊群出来放牧，她一面唱着山歌，一面追赶着羊群从山坡上走了下来，刚走到诺水旁边，突然羊全都聚集到一个小土丘上啃吃泥巴，这个从来没有见过的奇异现象吸引了邓老大妈的注意，她也好奇地抓起了一点小土丘上的泥巴拿到嘴里嚼嚼，结果发现泥巴的味儿是咸的。这个发现可乐坏了邓老大妈，因为当时是在封建统治的压迫下，边疆人民要吃到盐巴是很困难的，邓老大妈家有几十年都没有吃过盐巴了，从此她把这些有咸味的泥巴拿回家里去，澄出盐水来食用，诺邓盐井就是这样被发现的。

邓老大妈发现咸泥巴的消息很快传开，四面八方的劳动人民都来这里挖泥巴，澄盐水吃。日子久了这个小土丘上也挖成了一个硐，硐越挖越深，硐里就滴出了一股卤水（卤水即盐水），从此就有了井硐。①

上述是诺邓井盐泉被发现的传说，而在大井，人们相传有这样一个故事：

大约于景泰三年（1452）农历六月初，村民们在夜深人静之时，经常隐隐听到村东北面之后山中发出声响，其状如牛鸣。不久日间亦偶有所闻。人们根据民间迷信传说，认为山中声如牛鸣者，乃龙王不安，欲搬迁之先兆，故用三牲酒醴进行安龙了事，岂知大难即将来临。

是年六月二十八日，天气晴朗，烈日当空，有男女十余人在村南河外山上薅锄玉麦，突然一时乌云四布，狂风暴起，雷电轰鸣，一场罕见之瓢泼大雨从空而降。到黄昏时候，村东北面之青石岩上方传出一阵阵巨响，紧接着泥石洪水铺天盖地向盐井及村寨袭来。顷刻间盐井及房屋已埋没于泥石之下。仅有居住于村后山脚之民众大小十余人逃向山后免于遇难，其他八十余人全部丧生。房屋除了有一户住在山脚较高处得以保存部分外，其余则全

---

① 《诺邓盐厂发展简史》，云龙县档案馆档案资料，档案号：25-1-10。

部埋没。福禄井整个村寨一时间已变成比原来地面高出二丈七八的大沙坝。

过了大约20年，村民们生活基本已经安定，人口也有所增加，他们又组织起来，向盐井所在地进行挖掘，意欲重开福禄井以操旧业。但是费了很多劳力，挖了两丈多深、方圆二十多丈左右之大坑，仍未发现卤水渗出，后来由坑底涌出大量淡水，土坑中之水四季不干，人们将此潭取名"博奔潭"（白族语为很大一塘水之意）。

大约又过了50年，如今天耳井之盐井所在地，乃杂树丛生，遍地野草，无人居住。原来福禄井之村民常到此地放牧，发现牛羊骡马常在箐沟北面山脚一凹陷处舔食泥土，每至夏秋雨季，还有盐水渗出土表。后来村民们即在此地挖一水塘，取水当食盐用。逐渐运水回家煮水为盐，不断扩大生产。数年以后，由旷、白、马、羊四姓为首，合力凿井开发，从此逐渐有人到此定居，盐产量也随着盐井之扩大而不断增加。①

这些传说无非告诉世人，由于动物很容易察觉自然冒出地面的盐泉，而且喜欢到盐泉口舔舐，于是人们发现了盐泉。盐泉一旦被发现之后，当地百姓立即投入盐业生产之中，并能增加百姓的收入。

（二）云龙盐井的分布

云龙境内地下盐矿的储藏量较大，1989年11月云龙县与云南省地矿局814地质队签订钻探协议，对县内盐矿进行探查，盐层视厚197.17米，真厚181.54米，氯化钠平均含量为64%。② 全区的盐矿储藏量达15亿吨，若每年产3万吨，可开采351年。③

云龙县境内产盐的地区主要分布在诺邓镇、宝丰乡、检槽乡、白石镇4乡镇，盐泉20余处。历史上，曾以诺邓井、石门井、金泉井、顺荡井、师井、大井、天井和山井为主要盐井，合称"云龙八井"。若以县城为中心（今诺邓镇），则多数盐井分布在县城的北部、东部和南部。从地理位置来

---

① 李硕久：《云龙天耳盐井之起源》，见中国人民政治协商会议大理白族自治州委员会文史资料委员会编：《大理州文史资料（第九辑·手工业、工业专辑）》，内部资料，1997年，第113-114页。

② 云南省云龙县志编纂委员会编纂：《云龙县志》，北京：农业出版社，1992年，第216页。

③ 《云龙盐矿前期工作总结》，云龙县档案馆档案资料，档案号：8-19-1。

看，顺荡井、师井、石门井、金泉井，从北至南，几乎处在同一直线上。

诺邓井位于县城东北方向 5 公里处，这里便是著名的千年白族村——诺邓。古盐井位于海拔 1 880 米的小河谷东侧，坐标为东经 99°22′40″，北纬 25°55′3″，是云龙县境内史料记载最早的盐井。目前，随着诺邓古村旅游开发的需要，盐井上方又盖起了一间小房，对盐井起到一定的保护作用。据清代地方资料记载，诺邓井"距石门十五里，出东山下，名大井，介两溪之中，深七丈，方围二丈余"①。据当地盐工描述，诺邓井深 10 余米，和历史上比较，井深只有原来的一半。自 20 世纪末盐业生产废弛之后，盐井一度荒废。随着旅游开发和诺邓火腿扬名海内外之后，早先一些灶户的后人又开始熬制盐巴。据了解，现在人们熬制一锅五六十斤的盐，需要燃烧一百斤的柴薪。生产成本高，再加上费工费时，导致盐价较高，每市斤 7 元，比市场上购买的食盐高出 5 元左右。盐户的日销量较低，仅有一部分好奇的旅客一次购买三四筒盐作为纪念品。还有一部分是当地村民所购买，用于腌制火腿。

图 4 - 1　诺邓井

石门井位于县城东部，现属诺邓镇管辖，离县城直线距离仅有 700 多米，海拔 1 670 米，坐标为东经 99°22′55″，北纬 25°53′13″。石门井目前保留有两口井，分别坐落在县委党校办公大楼的左侧和右侧，两井间的距离不过 50 米左右，所处的位置正是流经县城的狮尾河北岸。左侧的盐井井口下斜，呈 45 度角，目前人们可以到达 6 米深的地方，井内全部用石料砌成，

① （清）陈希芳纂修，周祜校点：《云龙州志（雍正本）》，1987 年，第 49 页。

可供一人弯腰进入井中，洞内可见淡水沟。右侧的盐井四周用石头砌成，深度为三四米。地方志记载，石门井"产二井：一出北山下，去村东里许，深三丈，方二丈余，……一名中井，在村内，深广略同"①。如此看来，目前两口井难以和地方志记载中的井口一一对应。两口盐井的井内结构也因长年累月未从事盐业生产发生了很大的变化。如道光《云龙州志》的记载和雍正《云龙州志》的相比，就略有不同，其载石门井"一名上正井，在村东北，离村一里有余，……一名下正井，在村头。咸丰七年，被回匪烧后，此井填湮"②。

图 4-2　石门井井口外观

大井，和石门井同属一个方向，并和天井、山井分布在一条直线上。目前，该井属象麓村（原大井村），海拔 1 670 米，坐标为东经 99°22′55″，北纬 25°53′13″。地方志记载，雍正时期的大井"在石门正东，相距六里。产四井，俱近山。一名正井，出北山下里许，深八丈，方围二丈余。……一名牛窝井，出东山下，深三丈，方四尺，正溪水所经之处，……一名坡罗潭，在正井后山，井浅而卤微，用瓢舀……一名石吉井，在村东半里许，出东山下，深四

---

① （清）陈希芳纂修，周祜校点：《云龙州志（雍正本）》，1987 年，第 49 页。

② （清）张德霈撰：《云龙州志·卷八·盐政》，光绪十八年（1892）本。

丈，方围丈余"①。道光年间，曾记录"原井四区，嘉庆间被水淹没，县煎二
井"②。目前，盐井数可见两口，一口分布在村委会背后的小山沟中，井口上
方所建的楼房已经倒塌。另一口盐井分布在村委会东面八九百米处狮尾河北
岸一块平地北侧，石头砌成的洞口依稀可见，洞口长满了杂草，拨开草丛之
后，整个井硐方可观察。井硐上方并无楼房。

图4-3　大井之正井（外观和内部）

图4-4　大井之牛窝井（外观和内部）

天井，又称天耳井，在诺邓镇和平村内。海拔1 718米，坐标为东经
99°24′58″，北纬25°53′03″。据地方志记载："天耳井在大井正东三里，出村

---

① （清）陈希芳纂修，周祜校点：《云龙州志（雍正本）》，1987年，第50页。
② （清）张德霈撰：《云龙州志·卷八·盐政》，光绪十八年（1892）本。

内坡下，深三丈，方围三丈余。"① 道光年间则记录："井区在村内坡下，每日产卤二百余桶。"② 目前，井口已不复存在。据当地的文管部门介绍，可知其大概位置在一户人家的菜园子里，盐井的位置上种着蔬菜。盐业的废弛，导致盐井被荒废。四处都是农户的田地，牛粪、猪粪纷纷涌入井口上方的菜地。目前，文管部门正在协商如何将井口清理出来。

图4－5　天井大概位置

山井，在诺邓镇和平村内。史料记载："在天耳井正东，相距二里，出村南小溪。深二丈八尺，方围丈余。"③ 海拔1 753米，坐标为东经99°25′26″，北纬25°53′04″。目前井口如同天井，已不复存在。据村内57岁的村民谢道明的介绍，在距离狮尾河南岸30米的农田中间有一处凹下去的土坑，盐井在该土坑的南侧，如果是陌生人到这里，完全不会想到这就是早期山井所处的位置。

---

① （清）陈希芳纂修，周祜校点：《云龙州志（雍正本）》，1987年，第50页。
② （清）张德霈撰：《云龙州志·卷八·盐政》，光绪十八年（1892）本。
③ （清）陈希芳纂修，周祜校点：《云龙州志（雍正本）》，1987年，第50页。

图4-6　山井大概位置

　　金泉井，在县城南部 10 公里的宝丰镇驻地，盐井分布在沘江的北岸。此地在明清时期被称为"雒马井"，盐井所在之处的海拔为1 550米，坐标为东经99°22′08″，北纬 25°48′44″。明崇祯二年（1629），云龙州第三任知州钱以敬将州治从江外的旧州三七村移到宝丰。1929 年县治从宝丰迁至石门，才结束了宝丰作为云龙县政治、经济和文化中心的重要地位。清代的旧志记载，金泉井"距州署半里，出西山下，近沘江"①，又提及"原产五井：一名金泉，一名河边，一名石缝，一名民居，一名雒马。其三井因地震卤泄，久已湮没，课皆并于二井"②。道光年间，曾记录"原产五井，因地动卤泄，已没三井；至咸丰七年被回匪烧后，又填闭二井，现煎前日新开子井一区"③。可见，历史上盐井多有变化。目前，金泉井的整体外观和结构尚可见，它也是宝丰境内现存最完整的井口。而其他四口盐井的位置，仅部分七八十岁的老人能大概辨认。

<hr>

① （清）陈希芳纂修，周祜校点：《云龙州志（雍正本）》，1987 年，第48页。
② （清）陈希芳纂修，周祜校点：《云龙州志（雍正本）》，1987 年，第49页。
③ （清）张德霈撰：《云龙州志·卷八·盐政》，光绪十八年（1892）本。

图 4 - 7 金泉井遗址

师井，位于云龙县北部的检槽乡师井村村南，距离县城 39 公里。盐井所处之地海拔为 2 108 米，坐标为东经 99°17′21″，北纬 26°09′11″。清雍正时期，师井"产六井，俱出村下沿溪一带：一名正井，深七丈，方围二丈余，日获卤十五背；一名樽节井，距正井三十余步，日获卤十五背；一名公卤井，在正井之东，相离一里，日产卤三背；一名公费井，在正井西里许，日产卤三背；一名香火井，距正井六十步，日获卤二背；一名小井，距正井百步，日获卤二背。其香火、小井近溪，夏秋为溪水冲没"①。至道光时期，该地"盐五区，共产卤三十一背，出盐一百七十七斤"②。目前调查得知，盐泉有两处，但难以和史书上的记载一一对应。村南的盐泉被一户杨姓人家利用，在盐井东北侧搭建简易小屋，土灶上置四口铁锅，前后各一排，沿用古法熬制盐巴。

图 4 - 8 师井两处盐井

---

① （清）陈希芳纂修，周祜校点：《云龙州志（雍正本）》，1987 年，第 51 页。
② （清）张德霈撰：《云龙州志·卷八·盐政》，光绪十八年（1892）本。

顺荡井，坐落在云龙县北部的白石镇顺荡村内，此处离县城 68 公里，海拔为 2 150 米，坐标为东经 99°22′38″，北纬 26°16′50″。清代，雍正《云龙州志》记载："顺荡井，在师井东北，相距七十余里。产七井：一名正井，出村内山坡，卤从岩壁石缝中流出，脉粗一线，置银管于内，以木桶接，其井无卤，止为盛桶之用，日产卤二十四背二十四瓢，背卤者俱用女人，若以男子代，则卤不出；一名小井，在正井门外六七步，日产卤五瓢；一名洗锅井，距正井十余步，煎不成盐，止为洗锅泡缸之用；一名天生井，出溪侧，距正井半里，产卤八瓢；一名小井，在村之北，距正井里许，产卤四瓢；又小井一处，在溪侧，产卤三瓢，夏秋常冲没；一名祭天井，在正井之左，相距三十余步，日产卤四瓢。"[1] 道光年间，顺荡井有三区[2]，即三口井。2017 年 8 月和 2019 年 1 月我们进行过两次调查，均未见顺荡井的正井，当地百姓也只知道大概方位。2020 年 8 月调查期间，正井已经被清理出来。此井被埋藏在地下 2 米之深，早期用石条修筑的井口清晰可见。

图 4-9　顺荡井之正井

云龙县境内的八大盐井，各井开发的年代略有不同。据明代《景泰云南图经志》所载："五井盐课提举司，在浪穹县西北三百里，洪武十六年（1383）建置。内有吏目厅。所属盐课司五：诺邓井盐课司、大井盐课司、

---

[1]　（清）陈希芳纂修，周祜校点：《云龙州志（雍正本）》，1987 年，第 51 页。

[2]　（清）张德霂撰：《云龙州志·卷八·盐政》，光绪十八年（1892）本。

山井盐课司、师井盐课司、顺荡井盐课司。"[1] 并提到五井盐泉："一曰诺邓井，在提举司之左；二曰大井，在司西南十五里；三曰山井，在司西南二十五里；四曰师井，则去司百里；五曰顺荡井，则又去司百八十里。其泉皆卤，煮以为盐，今置司课之。"[2] 可见，洪武时期云龙境内的诺邓井、大井、山井、师井和顺荡井五井的盐业生产已成规模，朝廷直接委派盐官征收盐课。此时，雒马井、天井和石门井三井是否已被开发，未见史料记载。据史料记载，嘉靖三十五年（1556），云龙"新开石门关三井盐课"[3]，有学者认为，这是新开石门井、天井和金泉井的时间。[4] 这一判断是否准确，需进一步论证。嘉庆之后，云龙"五井"升格为"八井"。这样的格局，一直维持至 20 世纪末期。

第二节　历代王朝对云龙盐业的经营与管控

一、明代朝廷对云龙盐务的管控

（一）首设提举司，加强盐业监管

云龙地处边疆地区，明代以前朝廷未在此设专门的盐务机构，云龙的盐业生产也由地方部落的酋长来控制，一部分盐井由百姓自煎，并无赋税。明代，朱元璋加强了对西南边疆地区的管控，盐务是边疆治理的要务之一。学者指出，"明朝廷实现对盐业资源的控制与支配，是以占土设官为其标志，这不用说是随着明王朝的统一战争的胜利而逐步实现的"[5]。刘淼又进一步指出："盐务机构设置有两方面：一、各盐区盐务机构即盐课都转运盐

---

① （明）陈文修纂，李春龙、刘景毛校注：《景泰云南图经志书校注》，昆明：云南民族出版社，2002 年，第 280 页。

② （明）陈文修纂，李春龙、刘景毛校注：《景泰云南图经志书校注》，昆明：云南民族出版社，2002 年，第 281 页。

③ （清）倪蜕辑，李埏校注：《李埏文集（第 4 卷·滇云历年传）》，昆明：云南大学出版社，2018 年，第 237 页。

④ 杨儒林：《宝丰盐业史料考略》，见云龙县宝丰古镇历史文化暨董泽研究会编：《古镇宝丰历史文化研究论丛（第二辑）》，昆明：云南科技出版社，2016 年，第 38 页。

⑤ 刘淼：《明代盐业经济研究》，汕头：汕头大学出版社，1996 年，第 11 页。

使司、盐课提举司、各盐场盐课司，以及隶属于产盐府、州、县、卫所的军盐、土盐系统；二、朝廷的盐务主管部门与监察系统。"① 洪武十五年（1382）十一月，朝廷在云南设盐课提举司，据《明史·食货志》记载，云南提举司凡四："曰黑盐井、白盐井、安宁盐井、五井。"此时，云龙五井提举司下辖盐课司七，即：诺邓盐井盐课司、山井盐井盐课司、师井盐课司、大井盐井盐课司、顺荡盐井盐课司、鹤庆军民府剑川州弥沙井盐课司、丽江军民府兰州井盐课司。显然，明朝中央政府已经从形式上控制了云南西部地区的盐井。

（二）盐务改革的具体措施

云龙县境内沟壑纵深，山多地少，除了澜沧江沿岸可种植稻谷外，其他地区多种植玉米、土豆、小麦等农作物，农业生产力水平低。但是，随着原属浪穹县六里划归云龙，盐区顺理成章进入云龙的管辖范围，盐业成为云龙地区的重点产业。② 明代以后，云龙地方社会的发展和盐业生产关系密切，盐业始终是带动地方社会发展的龙头产业。为了加强盐税管理，以获得更多的盐利，推行严格的盐务制度是盐务改革的重心。明代时主要采取了以下几方面的具体措施：

1. 将盐务并于州务

明代，中央王朝在云南境内的安宁盐井、黑盐井、白盐井和五井（云龙）四处设提举司，但是州务（地方政务）和盐务均是分开的，唯有云龙地区曾将盐务并入州务。

洪武十五年在云龙州的诺邓井设五井提举司，实现中央王朝对地方盐务的直接管控。嘉靖年间，又将提举司迁至雒马井。万历年间，云龙段氏土酋进忠，本为流族，却发动内乱，诱杀段氏世袭土知州段嘉龙，试图篡位。段进忠占据漕涧，要求在此设州治，此举"震动与漕涧相邻、同在江外的州城（今功果桥镇旧州村）。为免土酋之胁迫，地方始议州治内迁江东，统筹平乱和州司合一"③。据明代《滇志》记载："万历四十二年（1614），巡抚周嘉谟、巡按毛堪题准，裁革提举吏目，其盐课归云龙州印

---

① 刘淼：《明代盐业经济研究》，汕头：汕头大学出版社，1996年，第11页。

② 据康熙《云龙州志·卷二·沿革》所载，浪穹县将产盐的师井、诺邓、上五井划归云龙，其缘由是该六里"皆山谷险远之地，与云龙错壤，赋役无多"。但是，从中央王朝在此设提举司来看，显然盐业生产已成规模，绝非毫无盐利可言。

③ 杨伟兵：《明清云龙州及其周边地区建置与辖境考述》，载华林甫、陆文宝主编：《清史地理研究（第二集）》，上海：上海古籍出版社，2016年，第218页。

官征解，缴提举司印信。诺邓井、大井、山井、师井、顺荡井、石门井、洛（雒）马井、石缝井、河边井、天耳井、金泉井，岁办课银三千九百十八两六钱六厘二毫，遇闰加征本季一个月。"① 另据康熙《云龙州志》记载："万历四十三年（1615），两台疏请得旨，改知州为流官，裁提举，并于州。"② 二者所述时间相差一年，但盐务归并于州务，已成事实。不过，将盐务放权给地方官署的案例并不多见。云南境内，明代以来的其他几处提举司③，长期是将盐务和州务严格分开的。云龙的情况比较特殊，据地方志论述，其缘由是"提举司惟司盐政，民事不得预，非便，屡请改州改学"④。充分说明了有明一代，云龙地方社会民风未开化，长期处在土官控制的社会形态，有别于其他地区。对地方政府而言，处理民族关系是要务，因此请求废除盐课提举司，以便加强地方社会的治理。

2. 迁州治于井内

崇祯二年（1629），云龙知州钱以敬移州治到江内的雒马井，其理由是"其实云龙以盐课为要务，井司遥隔，不无鞭长莫及之势"⑤。随着迁州治至雒马井，为加强对盐政的管理，明朝政府采取了三大措施："一是把流官吏目总戎署设在雒马井；二是把原在旧州的巡检司迁到雒马井；三是把原设在诺邓（此时尚属浪穹所辖）的上五井盐课提举司也迁至雒马井。"⑥ 州务和盐务合并之后，雒马井的政治、经济和文化蓬勃发展，一度成为云龙地方社会的政治、经济和文化中心，直至 1929 年将县城从雒马井迁至石门井。

从江外将州治迁至井内，这在云龙地方史上意义深远。江外的旧州物产丰富，地域平坦。但是，农业的利润终究低于盐业，赋税不多；并且受到地方土酋的干扰，并不利于云龙地区的发展。迁至雒马井之后，州治离诺邓井、师井、石门井、顺荡井的距离减少了一百五十余里。这样，有利于加强盐务，促进地方盐业的发展，也利于带动其他行业的发展。

州治迁至井内，还有一项重要意义，即将盐务和地方行政事务统筹起来。学者曾指出："明末云龙州地方官明'居重御轻'之义，反映了当时地方经济的发展已经成为官府治理的主要目的，亦是云龙州社会经济的进步。盐业兴盛无疑是促成这一变化的动因。万历年间改流、迁治和州司统理，

① （明）刘文征撰，古永继校点：《滇志》，昆明：云南教育出版社，1991 年，第 214 页。
② （清）王澍撰：《云龙州志·卷二·沿革》，康熙五十五年（1716）本。
③ 具体为：黑盐井提举司、白盐井提举司和安宁盐井提举司。
④ （清）王澍撰：《云龙州志·卷二·沿革》，康熙五十五年（1716）本。
⑤ （清）王澍撰：《云龙州志·卷二·沿革》，康熙五十五年（1716）本。
⑥ 黄正良、张浚、杨瑀编著：《古镇宝丰》，昆明：云南人民出版社，2008 年，第 71 页。

不仅仅是今云龙县政区建置史上的重要事件，而且也带动了州域的调整，牵动邻县地区。"① 通过地方官署掌握盐务，实现盐务促进当地政治和经济的发展，推动文化事业的繁荣。

3. 推行土司制度，加强盐课征收

洪武十五年，朝廷在云南境内设四处盐课提举司，充分显示出中央王朝对边疆地区盐务的重视。

明代平定云南后，为了稳定边疆，对立功的少数民族首领授予土职。云龙除授予段保土知州头衔外，还封另外 9 人为土司。具体为：漕润土千总左纳、箭杆场土巡检字忠、十二关土巡检李智、师井土巡检杨胜、十二关土巡检张成、顺荡井土副巡检李良、上五井土巡检杨惠、山井盐课司土副使杨坚、顺荡井盐课司土副使杨生。② 土官之下又设土巡检，形成一套正式的管理体系。这种管理方式改变了由当地灶户自产自卖的局面。

《土官底簿》记载："段保，本州民，洪武十六年（1383）归附，本年十月总兵官札拟本州知州，十七年（1384）实授。"③ 这和地方志康熙《云龙州志》记载一致，雍正《云龙州志》载："四川威远籍。明洪武十六年率众归附，攻佛光寨，擒贼首普颜笃等。十七年，颍川侯题授世袭掌印土知州。"④ 段氏作为云龙土官，先后有 20 位承袭。

土官之下，设土巡检和盐课司副使，这种设制在云龙比较普遍。其中，有 5 位土司的管辖范围直接涉及盐务，分别是：师井土巡检杨胜、顺荡井土副巡检李良、上五井土巡检杨惠、山井盐课司土副使杨坚和顺荡井盐课司土副使杨生。这些土巡检或盐课司副使，主要在明代洪武时期归顺。如《土官底簿》载："杨胜，大理府邓川州民，洪武十五年归顺，十六年四月总兵官札充大理府邓川州浪穹县师井巡检司巡检。十七年实授。"顺荡井土副巡检李良，据《土官底簿》记载："李良，大理府邓川州浪穹县民，由义军元帅洪武十五年归附。十七年八月，跟同鹤庆知府董锡赴京朝觐，本年十一月，除本县顺荡井副巡检。"上五井土巡检杨惠，据天启《滇志·羁縻志·土司官氏》"大理府"条载："上五井巡检司土官杨惠，剑川州江东乡民，归诚以戒，讨邓川杨奴及佛光寨之叛，授浪穹县主簿。后杨信以麓川

① 杨伟兵：《明清云龙州及其周边地区建置与辖境考述》，载华林甫、陆文宝主编：《清史地理研究（第二集）》，上海：上海古籍出版社，2016 年，第 219－220 页。
② 谢潇、谢道辛：《云龙土司考》，《大理民族文化研究论丛》2017 年第 0 期。
③ （清）张廷玉撰：《明史（卷四十六）》。
④ （清）王滧撰：《云龙州志·卷二·土司》，康熙五十五年（1716）本。

功，得世袭土巡检。"此外，山井盐课司土副使杨坚，洪武十七年实授。顺荡井盐课司土副使杨生，据《土官底簿》载："杨生，大理府浪穹县灶户。洪武十六年归附，总兵官拟充本司副使，十七年实授。"

从上述土巡检、盐课司副使在云龙地区的设立可以看出，"明朝于洪武初平定云南后，就在盐井地区设置了盐课提举司和盐课使司来管理盐政，在云龙也是如此。而在顺荡、山井两个盐井地再增置盐课土副使，其目的是明显的，就是为了借助地方势力，来保证对盐井的管理和对盐税的征收"①。这些大户人家极有可能既是官人，又是盐商。

二、清代云龙盐政及其盐务概况

（一）盐务及盐税征收

清代，经明代盐务改革之后，地方盐务归云龙州署管辖。按照地方志记载，在诺邓井、大井、师井和顺荡井分设盐课大使。② 据《道光云南通志·食货志》所载，云龙境内有大使4人，这和雍正《云龙州志》记载相同。清代，康熙元年（1662）云龙井盐课额为四千七百六十三两七钱，雍正九年（1731）征收盐课一万八千九百九十三两三钱三分三厘，是康熙元年的4倍左右。乾隆十六年（1751）所征盐课数同雍正九年一致，并无区别。道光年间所征盐课为一万四千九百一十两三钱二分一厘。③ 据康熙、雍正和光绪三个时期所纂写的《云龙州志》所载，则云龙井所征盐课，通常以月计算。康熙《云龙州志》和雍正《云龙州志》记载，康熙年间大建月征课银三百九十六两九钱七分五厘，小建月征课银三百八十三两七钱四分二厘。这个数字和道光《云南通志》的记载基本吻合。按照光绪《云龙州志》记载，道光年间云龙征收盐课，每月征收课银六百十一二两，全年所征盐课七千三百四十四两。④

（二）井场

清代，云龙境内的井场有八处，即金泉井、诺邓井、石门井、天耳井、山井、大井、师井和顺荡井。这表明，清代的八个盐场已经成为云龙境内

① 张伯川主编：《文化大理·云龙》，昆明：云南人民出版社，2016年，第27页。
② （清）陈希芳纂修，周祜校点：《云龙州志（雍正本）》，1987年，第77页。
③ 方国瑜主编：《云南史料丛刊（第十二卷）》，昆明：云南大学出版社，2001年，第587页。
④ （清）张德霈撰：《云龙州志·卷八·盐政》，光绪十八年（1892）本。

稳定的盐业生产单位。各井内部则时有变化，子井受自然灾害或人为的影响，亦有增减。如金泉井，康熙和雍正时期记载："一名金泉，一名河边，一名石缝，一名民居，一名雏马。其三井因地震卤泄，久已湮没，课皆并于二井。"① 光绪《云龙州志》记载："原产五井，因地动卤泄，已没三井；至咸丰七年被回匪烧后，又填闭二井，现煎前日新开子井一区。"② 石门井在康熙和雍正年间为二井：一为正井，二为中井；至光绪年间，则分为上正井和下正井。大井，康熙年间分为：正井、牛窝井、坡罗潭井和石吉井，光绪《云龙州志》记载："原井四区，嘉庆间被水淹没，现煎二井。"但是，史书并未记载所淹没的井口名称。师井，原产六区，分别为正井、槽节井、公卤井、公费井、香火井和小井，至光绪年间减少至五区。顺荡井原有产盐七区，分别为正井、洗锅井、天生井、祭天井和三处小井；至光绪年间，产盐为三区。

（三）生产技术

云龙境内的盐井以煎煮法为著。煎煮法，先以制作"下本土"，雍正《云龙州志》记载，金泉井"以先汲之卤熬极咸，浇灶使渗入土内，随拆毁此灶，将土掩入后汲卤内，名曰下本土"③。"下本土"用于固定炉灶，一般是"砌大灶一围"，安铜锅数口。据雍正《云龙州志》所载，大灶上，金泉井安放十三口铜锅，石门井安放十八口，诸邓井四五口，大井十七口，顺荡井八口。可见，各个盐区在大灶上放置多少口铜锅，并无规定。铜锅安置之后，锅内擦上香油，将卤水倒入锅中，烧火煎熬，历经昼夜，熬出黄白色沙卤，雇盐工将沙卤捏成一定的模样，如筒状、灯台样等。再在火炉边用小火烘干，使盐品更加坚硬，便于保存。云龙整个盐区的煎煮法大致相同。

煎煮法制盐需要消耗大量的燃料，云龙境内又无煤矿，所以燃料以木柴为主，树枝、枯草或松毛为辅。早期，各井多数砍伐盐场周边的树木，久而久之，盐场四周尽是光秃秃的山。一方面，煮盐的木柴越来越少；另一方面，生态破坏严重，影响盐民的自身安全。于是，有些村落开始保护盐场周边和盐民生活区域，禁止乱砍滥伐。以大井村为例，村后有十余棵黄连木，树龄达 500 年左右，直径超过一米，山上却很少见如此茂盛的树

---

① （清）陈希芳纂修，周祜校点：《云龙州志（雍正本）》，1987 年，第 49 页。
② （清）张德霈撰：《云龙州志·卷八·盐政》，光绪十八年（1892）本。
③ （清）陈希芳纂修，周祜校点：《云龙州志（雍正本）》，1987 年，第 48 页。

木。显然，村民对房前屋后的林木进行了保护，才会出现山上无树、屋后有苍松古木的现象。

清代，盐场燃料的来源有两种情况，一种是从很远的地方采运柴薪，另一种则是砍伐盐场周边的树木。如清代雍正时期的金泉井，木柴"自兰州、顺荡一带砍伐，前一年运入溪侧，竖木闸水，积日使多，陡放冲行，名曰水仓。一次仅行半里，如此数十次，方到江畔。至春，沘江水涸放入，沿江巡推，积月方至"①。石门井所需之木柴，"与金泉（井）无殊"。可见，金泉井和石门井所需的柴薪来自八九十公里之外的地方。其他盐井的燃料或为少数民族从远处背来卖给灶户，或从四周山上砍伐，如诺邓井，"柴系四山所产杂木，或彝倮背卖，或自雇夫采取"②；大井，"柴有倮彝背卖者，有自石门江畔运来者"③；天耳井，"柴因去山路远，俱资四山倮夷背卖，连雨路塌，间有停煎者"④；山井，"柴有灶户自采者，有买自倮夷者"⑤；师井，"柴半系自采，间有买之倮彝者"；顺荡井，"柴薪自采者多"⑥。

柴薪消耗量与成盐比例，大体以金泉井的情况为参照，一般为煎盐百斤需木柴七八十筒，这里的"筒"是"节"的含义，受长短、粗细不同的影响，估算其重量在三四百斤。按照地方志所载，煎盐100斤，木柴的费用在六七钱。

（四）产额

清代，云龙各井的产额，在康熙和雍正《云龙州志》未见记载，据光绪《云龙州志》记载，云龙八井产额大建月为127 967斤，小建月为123 702斤。⑦另据《新纂云南通志》记载，云龙井在雍正年间产额为2 601 680斤，乾隆初年为2 421 232斤，除去安丰井代煎以及秤头盐，实际煎盐数为587 920斤。嘉庆初年煎销盐2 815 100斤，道光时期为2 114 600斤。清末，云龙井"额盐六十万七千六百四十斤"，但是"溢盐四十九万一千八百十二斤，漏报溢盐七十八万八千八百斤，共一百八十八万八千三百

① （清）陈希芳纂修，周祜校点：《云龙州志（雍正本）》，1987年，第49页。
② （清）陈希芳纂修，周祜校点：《云龙州志（雍正本）》，1987年，第49页。
③ （清）陈希芳纂修，周祜校点：《云龙州志（雍正本）》，1987年，第50页。
④ （清）陈希芳纂修，周祜校点：《云龙州志（雍正本）》，1987年，第50页。
⑤ （清）陈希芳纂修，周祜校点：《云龙州志（雍正本）》，1987年，第50-51页。
⑥ （清）陈希芳纂修，周祜校点：《云龙州志（雍正本）》，1987年，第51页。
⑦ （清）张德霖撰：《云龙州志·卷八·盐政》，光绪十八年（1892）本。

二十二斤"①。显然，按照《新纂云南通志》的记载，则云龙井年产额清末以前均在 200 万斤以上，清末也应该在 180 万斤左右，这和地方志的记载悬殊达 10~20 倍之多。学者曾提到，云南境内的盐务受官员和盐利之间的复杂关系的影响，如元、明时期，云南黑盐井、白盐井等处的官员侵报课额数倍矣。② 云龙井是否存在相同的情况，目前尚缺乏证据。

三、民国时期云龙盐业生产的变迁

（一）盐务管理机构的变化

进入民国之后，1912 年先是革除清朝制度，在云南省设立实业司兼管盐政，在黑盐井、白盐井和磨黑井设督煎督销总局，其余各井设督煎和督销局。③ 此时，云龙井归白盐井督煎督销总局管辖。民国二年（1913），云南省盐务从实业司中划出，成立云南盐政处。次年，云南省改盐政处为盐运使公署，黑、白、磨黑三区的督煎督销总局改为场务总局④，云龙井依旧归白井管辖。1915 年 9 月 1 日起，盐运使署在包含云龙井在内的 10 个盐井设场务公署。1937 年，云南省将盐务稽核分所和云南盐运使公署合并，成立盐务管理局，云龙设场务公署，归白井区盐产公署管辖。⑤

据《续云南通志长编》记载，云龙井场"在云龙县城东北之石门井，距县城约半里许。东西一里许，南北半里许。距喇鸡井场约二百四十里、乔后场二百余里。距省一千二百余里。所属分石、诺、大、天、山、金、顺、师八井区。光复后改设督煎督销局，继改设场署。……二十七年后改为场务所"⑥。按照此说，此时的云龙井盐场管理处在石门井，即"石门井即云龙场"⑦。按照井场的等级，"云龙井三等场，设场知事一员，一、二、三等雇员八员，丁役八名。九年添设二、三等雇员各一员，丁役三名。十

① 牛鸿斌、文明元、李春龙等点校：《新纂云南通志（七）》，昆明：云南人民出版社，2007年，第 213 页。
② 朱霞：《〈滇南盐法图·安宁井〉的图形与技术文献研究》，《西北民族研究》2010 年第 4 期。
③ 《云南省志·盐业志》编纂委员会编撰：《云南省志·卷十九·盐业志》，昆明：云南人民出版社，1993 年，第 6 页。
④ 《云南省志·盐业志》编纂委员会编撰：《云南省志·卷十九·盐业志》，昆明：云南人民出版社，1993 年，第 6 页。
⑤ 《云南省志·盐业志》编纂委员会编撰：《云南省志·卷十九·盐业志》，昆明：云南人民出版社，1993 年，第 26 页。
⑥ 云南省志编纂委员会办公室编：《续云南通志长编（中册）》，1986 年，第 1079 页。
⑦ 云南省志编纂委员会办公室编：《续云南通志长编（中册）》，1986 年，第 1090 页。

九年改场知事为场长，设佐理员二员，事务员三员，雇员七员，丁役十一名"①。

（二）井场

民国时期，云龙井场共计石、诺、大、天、山、金、顺、师八个井区。各井的位置为"石门井即云龙场。诺邓井居场之北，离场十五里。大井居场之东，离场五里。天耳井居场之东，离场九里。山井居场之东，离场十里。金泉井居场之西南，离场三十里。顺荡井居场之西北，离场一百五十里。师井居场之西北，离场一百里"②。各井的部分井硐，具体为：

> 石门区有井二，旧井开于明代，迨清初因卤水淡缩封闭，于嘉庆间另开新硐，专产卤；永济公井开于民国初年，产卤，但量不丰。诺邓区有井一，即诺邓井，开于清咸丰年间，产卤。大井区有井三，东井开于明洪武年间，产卤；牛皮井、牛窝井均开于洪武年间，民国十二年曾被水淹停废，二十二年修复，产卤。天耳区有井一，即天耳井，开于明万历四年，历受水淹，均经提修，产卤。山井区有井一，即各山井，开于明永历间，民国八年被水淹没，十四年修复，由商包办，因妨碍正销，二十五年收归官办。其石门区香火井，开于清咸丰年间，旋因卤淡产微，已予封闭。③

（三）生产

民国时期，盐业生产者的身份是灶户（卤丁），整个云龙井共计 445 个灶户，具体为：石门井 68 灶，金泉井 55 灶，诺邓井 75 灶，顺荡井 36 灶，大井 72 灶，师井 40 灶，天耳井 84 灶，山井 15 灶。④ 这些灶户承担着各个盐场的生产重任。

云南省境内的井盐长期采用煎煮法制盐；所需燃料，除一平浪盐场使用煤炭之外，其他盐场均使用柴薪。云龙境内各井所需柴薪，类似于清代，

---

① 云南省志编纂委员会办公室编：《续云南通志长编（中册）》，1986 年，第 1230 页。
② 云南省志编纂委员会办公室编：《续云南通志长编（中册）》，1986 年，第 1090 页。
③ 云南省志编纂委员会办公室编：《续云南通志长编（中册）》，1986 年，第 1082 页。
④ 云南省志编纂委员会办公室编：《续云南通志长编（中册）》，1986 年，第 1086 页。此处原文为 425 灶，有误，特此更正。

一般为就场砍伐木柴；随着盐场周边的树木被砍伐殆尽，只得向更远的地方去驮运柴薪。

云南境内的卤水来源有两种：一种为自然盐泉；一种为先采盐矿，然后再泡制卤水。前者需要修筑盐井，后者需修建井硐。盐井，又分直井和斜井，据《云南盐务纪要》的描述，云南各井的汲卤方式分为以下几种：一是辘轳拉汲式，主要应用于直井，依井的大小，在井口安置辘轳，配备4~8人，用手转动辘轳，使盛有卤水的牛皮袋不断带出卤水。因牛皮袋质地坚厚，不易为碱性侵蚀，是制作卤水袋较好的原料。二是竹筒抽汲式，此法应用于倾斜的陡推式盐井，依盐井的深浅安置竹筒，俗称"竜"。其竹筒的节数，俗称"几条竜"。每筒配备竜夫一人，运用唧筒原理，将卤水逐节抽上，以至于硐外之卤池，或与地面相平之洼地，开沟注于卤池。三是背运，即一些井硐内修有石梯，背夫直接进入井中，汲卤水至竹制背篓，再背出盐井。有时候，一些盐场可将竹筒汲卤和人工背运结合起来。四是挑运，由盐工以木桶为工具用肩挑运。[①]

云龙各井中，诺邓井、金泉井为直井，石门井、雒马井和大井等为斜井。民国以前，云龙的直井主要靠人工进入井硐中背运卤水，民国之后逐渐使用辘轳拉汲式取卤。上述几口斜井则主要采用拉竜的方式汲卤，一部分斜井保留了"扯卤"的方式。

盐井中的卤水运至井外后，先进行卤水的分配，再由盐工背运至灶房[②]熬制盐巴。制盐过程，据《续云南通志长编》记载："云龙井：本场制盐，先由灶户取卤，用锅煎熬成砂，捞入盐孔之内，水分滤干，倒入臼内舂细，筑成圆筒，用炭火烧干。"[③] 显然，这只是对盐业生产流程的简单描述。据《云南盐务纪要》描述，滇省境内的制盐过程具体为：

> 灶式亦为数百年来陈陈相因之形式，灶壁用石块与泥叠筑，其锅与锅间，全用泥质敷筑，于煎成盐斤后，随时拆除，锅以下另用铁条横置，以资支持。铁锅计分两种，一为筒锅（俗称"小锅"），口径约一尺，高约一尺六寸，每灶规模大小，按（安）置八口至二十口不等。一为平锅（俗称"大锅"），口径约二尺二寸，高约一尺二寸，每灶按（安）置二口至八口不等，一般称灶之大

---

① 杨勋民编：《云南盐务纪要》，1940年，第10页。
② 熬制盐巴的场所。
③ 云南省志编纂委员会办公室编：《续云南通志长编（中册）》，1986年，第1103页。

小，即以此项平锅之口数为准。当煎制进行时，筒锅仅为煮卤使浓之用，故卤池卤水，先以木勺倾倒筒锅，使浓度增加，复以木勺倾倒平锅，平锅于未行开煎之先，施用香油（菜油）涂抹，俾盐粒不致粘着。卤水经以火力煎煮后，逐渐结晶，先自下部，逐向上部，□（终）全部结晶，而与锅口相平为度，大致自起煎至成盐平，须费时二十小时。熄火以后，将锅起出，于热度稍减时，将盐自锅内起出，即用灶泥先抹盐面，藉期凝固，而免疏散，并为摒除余留水分、促进固结起见，将以移至灶房，用火烘烤相当时间，是为锅盐，亦称盐平，每平重量，自二百四十斤至三百斤。[①]

盐平经烘烤成型之后，交仓之时，锯为 2～4 块，以便搬运。[②] 除上述平锅煎盐法之外，在滇西的乔后、弥沙、云龙、白井等场，均煎制筒（子）盐。上述几处盐场仅设置直径约 70 厘米的铁锅 3～8 口，用于煎制筒盐。产盐的过程称为"捞沙筑筒"，即注卤水入锅蒸发，析出盐沙后，捞入箩筐中，滤去大部分水分，移入筒状木模中用人工筑紧成型，取出用炭火在周围烘烤至干、坚为止。此种方式煎制的筒盐，重量约 5 千克。[③] 在云龙调查期间，笔者曾在原灶户家中发现保存着早期用于煎盐的一口铁锅，其尺寸为锅口外径 40.5 厘米，内径 39 厘米，深 37 厘米，底部直径 26 厘米。经过比较，应为煎煮筒盐的铁锅，它的直径比《云南盐务纪要》所述的筒锅仅仅小 7 厘米左右。

云龙井盐生产的过程中，除了需要上述煎盐所需的铁锅之外，还需要其他工具，如："铁叉，牛角形，用以叉火；铁火夹，叉子形，用以夹火；柴刀，长刀形秃头，用以剖柴、破明子；水瓢，用以盛水至锅内；摄箕，用以摄盐砂；水缸，用以储卤水；盐孔，背箩形，底尖，盐熬成砂时，用以滤盐；盐盆，园（圆）形，用以装盐；面盐脱，用以脱盐；盐板，方形，用以制盐；榨板，条形，制盐时用以榨盐；盐臼，园（圆）形，用以舂盐砂。"[④] 通过盐业生产工具的种类可以看出井盐生产工序的复杂程度。

① 杨勋民编：《云南盐务纪要》，1940 年，第 21 页。

② 《云南省志·盐业志》编纂委员会编撰：《云南省志·卷十九·盐业志》，昆明：云南人民出版社，1993 年，第 115 页。

③ 《云南省志·盐业志》编纂委员会编撰：《云南省志·卷十九·盐业志》，昆明：云南人民出版社，1993 年，第 117 页。

④ 云南省志编纂委员会办公室编：《续云南通志长编（中册）》，1986 年，第 1103 页。

（四）产销

民国时期云龙各井的产额，在云龙地方志中未作统计。据《续云南通志长编》所述"黑、白、磨三区各井盐斤，向仅销数可查，产数多不能考。民国改革后，虽经整理，仍无详确记载"①，云龙各井情况，仅在民国初期的一些刊物上略见有关产量的记载。如民国四年（1915）《政府公报》刊登了《云南运司调查云龙金泉井场场产表》一文，记录金泉井年产盐约40万斤。② 同年，《政府公报》发表了相关文章，记载诺邓井年产额为140余万斤③，顺荡井年产额为16.2万斤④。这些刊物的记载并不详尽，于是自民国九年（1920）起，《续云南通志长编》根据册籍，罗列了各个盐场的产额，从中可略知云龙井场各年的产额情况。

表 4 - 1　民国时期云龙井场各年产额统计表⑤

单位：担

年份	产额	年份	产额	年份	产额	年份	产额	年份	产额
1920 年	28 103.5	1926 年	14 183	1932 年	18 036⑥	1938 年	26 904	1944 年	13 365
1921 年	25 937.5	1927 年	13 852.5	1933 年	26 812⑦	1939 年	24 758	1945 年	7 343
1922 年	23 570.5	1928 年	18 401	1934 年	23 978	1940 年	28 305	1946 年	—
1923 年	20 971	1929 年	16 719.5	1935 年	25 041	1941 年	25 051	1947 年	—
1924 年	16 920	1930 年	16 553.5	1936 年	26 752	1942 年	23 717	1948 年	—
1925 年	12 000	1931 年	18 012.5	1937 年	26 587	1943 年	12 747	1949 年	—

此外，《续云南通志长编》统计了民国元年至民国二十年（1912—1931）云龙井场的销盐数。对产额和销量进行比较，从1920—1922 年来看，前者是后者的 1 ~ 2.9 倍。但是，自 1925 年开始，出现产额低于销量的现

---

① 云南省志编纂委员会办公室编：《续云南通志长编（中册）》，1986 年，第 1114 页。

② 《云南运司调查云龙金泉井场场产表》，《政府公报》1915 年第 1030 期。

③ 《云南运司调查云龙诺邓井场场产表》，《政府公报》1915 年第 1029 期。

④ 《云南运司调查云龙顺荡井场场产表》，《政府公报》1915 年第 1031 期。

⑤ 云南省志编纂委员会办公室编：《续云南通志长编（中册）》，1986 年，第 1115 - 1118 页。原表中1920—1933 年的产量明显和其他时间段的产量相差较大，疑似这几年的单位应为斤，文中笔者作了处理，特此说明。

⑥ 1921 年的产额在《续云南通志长编》中并未记录，根据《云南盐务纪要》补录，见杨勋民编：《云南盐务纪要》，1940 年，第 29 页。

⑦ 在《云南盐务纪要》中，此数为23 160 担，见杨勋民编：《云南盐务纪要》，1940 年，第 29 页。

象。通过分析，上述情况的发生可能和食盐销售的统计方式有关。例如，有些年份的销量包括了包课小井，有些年份则并不将其包括在内。云龙井中，对顺荡井、金泉井、师井和山井等井的销盐数的统计，均有类似情况的发生。①

表4-2　民国时期云龙井场实销盐数统计表②

单位：担

年份	盐销量	年份	盐销量	年份	盐销量
1912 年	14 243.5	1921 年	9 034.5	1930 年	16 093
1913 年	16 458.02	1922 年	10 433.5	1931 年	13 479.5
1914 年	18 634.5	1923 年	13 084.5	1932 年	17 634
1915 年	20 346.2	1924 年	13 161	1933 年	23 531.3
1916 年	19 458	1925 年	16 297.5	1934 年	23 977.5
1917 年	19 638.5	1926 年	13 269	1935 年	24 685.95
1918 年	10 904.5	1927 年	13 855.5	1936 年	27 106.75
1919 年	10 984.5	1928 年	18 123.5	1937 年	26 856.8
1920 年	12 113	1929 年	16 634.5		

民国时期，云龙井场多属商运，境内共有"永济公司及永聚公司两盐商，系属包销性质。此外散商仍得自由运销"③。据统计，民国十八年（1929）云龙境内有盐商143号；1945—1950年，甚至有云龙本地商人在保山板桥先后合股开盐号4处。④

云龙井场大都采用人背马驮的运盐方式。1940年，杨勋民指出"马脚驮运，此乃截至现在为止，滇盐运销之最普遍者。骡马运者，多以锅盐捆绳，或以筒盐盛箩骑搭者背部以行；脚夫运者，置盐于架，放于背后，复捆绳以头额承载以行；前者每匹骡马可载市秤一百以至百三四十斤，后者每人五六十斤以至百二十斤，日行不过六七十华里而已"⑤。民国后期一些盐商拥有一定的资本，开始使用汽车贩运。盐斤多运至云龙周边或保山、

---

① 云南省志编纂委员会办公室编：《续云南通志长编（中册）》，1986年，第1120、1159页。
② 云南省志编纂委员会办公室编：《续云南通志长编（中册）》，1986年，第1155、1164页。
③ 云南省志编纂委员会办公室编：《续云南通志长编（中册）》，1986年，第1135页。
④ 云南省云龙县志编纂委员会编纂：《云龙县志》，北京：农业出版社，1992年，第215页。
⑤ 杨勋民编：《云南盐务纪要》，1940年，第36页。

腾冲一带，里程数为"云龙之旧州约一百二十里，至云龙漕涧约一百九十里，至永平县约二百二十里，至保山县三百五十六里，至腾冲之西练约六百七十里，至腾冲南甸约七百里，至腾冲陇川约九百里，至腾冲县城约六百二十里"①。

第三节　奔走云龙：豪门望族与盐井的开发

明代以前，云龙长期处在由土酋管辖的状态，朝廷对其采用间接统治的方式。明代以后，一方面盐业生产的规模扩大，另一方面中央王朝不断推进对西南边疆地区的直接统治。这个时期，各类人群纷纷进入云龙。其中，诺邓村、宝丰村和大井村的发展历程，和当地的名门望族直接参与盐业的生产、分配和交换密切相关。今天，进入这些村落，依然可以听到这些家族的后人侃侃而谈，并以家族史为荣。

云龙地处偏远的山区，早期生活在这里的少数民族生产力水平滞后，长期处在封闭的状态。但是，"唐以后，由于盐的生产、运销获利颇丰，当局对盐未及严加控制，因此生产规模逐渐扩大，外来围井居民日益增多。至元代，这里已是商贾云集，成为以盐业为主的一方商贸中心。现尚存的、地处盐井附近的万寿宫，就曾是当时客商驻地，既是会馆又是货栈"②。明代之后，地方盐利吸引了各地的商贾名流慕名进入云龙，促进了云龙地方的发展。最为明显的是明代之后进入云龙的人口已不局限于来自大理境内，而是扩大至福建、江西、江苏等地。

一、黄氏与诺邓古村

诺邓古村是云龙境内文献记载最早产盐的村落。明代，中央在此设提举司，促进了村落的发展。先后有江苏、福建、江西、河南、四川及省内的大理、洱源、邓川等地的人口进入诺邓村，最终形成了超过20个姓氏的村落，这些姓氏中又以杨、李、张、黄等所占人数居多。不同的姓氏先后以不同的目的和缘由进入诺邓村，不断和当地民族融合。

① 云南省志编纂委员会办公室编：《续云南通志长编（中册）》，1986年，第1151页。
② 李文笔、黄金鼎编著：《千年白族村——诺邓》，昆明：云南民族出版社，2004年，第51页。

（一）为官进滇

黄姓是诺邓村的大姓。黄氏始祖，进入云龙境内的第一世为黄孟通，为敕授奉直大夫。明成化二年（1466），黄孟通从原籍福建宁化县至诺邓担任五井提举司提举。现存于诺邓古村大青树上方的牌坊（见图4－10），正面第一行写有"奉直大夫五井提举司黄孟通"，第二行写有"世大夫第"四个大字，第三行写有"奉直大夫广东提举，黄文魁"，第四行写有"天启恩选贡，黄翔龙"，第五、六两行写有"乾隆壬申恩科举人，中庚辰科进士，任宁河县知县，敕授文林郎隆刑部广西司主政，黄绍魁"。此牌坊将黄氏几代名人均刻在其上，可以想象黄氏当年飞黄腾达的程度。

图4－10　诺邓提举司衙门旧址

黄孟通赴云龙任提举司历时九年，成为掌管云龙盐务的首位朝廷官员。此时，云龙境内还未完全开化，隶属浪穹县管辖。据史料记载，五井提举司设置于1386年①，这意味着从1386年到1466年的80年间，五井提举司一职一度空缺，缘由自然难以揣测。但是，从洪武时期云龙五井的产额为

---

① 其言"十九年（1386年）增设五井提举司"，见李洵校注：《明史食货志校注》，北京：中华书局，1982年，第144页。

"盐二十七万二千一百三十七斤零"① 来看,黄孟通到云龙任职之前,当地的盐业已有一定的规模。

黄孟通携家眷来到五六千里之外的云龙为官上任,自然是不得已而为之。九年任期结束,原本可以荣归故里,不料,辖内顺荡井的盐课未完成,无奈之下,他只得将黄俸、黄禄、黄贵三个子孙留在云龙,继续完成征税任务。离别之时,一首"荣仕滇南近十秋,梦对青山作酒愁。君恩放归思故土,诸阳风脉却难丢。留下孙儿居此地,崇山当作铁镆头。他日帝都若相会,只说邵武是故州"把黄孟通的内心世界描述得淋漓尽致。

史料和地方志对黄孟通的记载并不多,其生平仅在黄氏的家谱和墓志铭中有一部分记录。笔者曾搜索了邵武市的地方志,也未见黄孟通本人的记载。按理说,黄孟通赴任云南境内的盐课提举,属乡贤名人,应有记录,不知何故未见踪迹。

除了黄姓之外,还有一部分外族人因受朝廷委派进入云龙。仅李姓中,就先后有两支落籍诸邓。其中一支的始祖为李琼,原籍为江西抚州府南昌县,于明嘉靖年间至诸邓任五井提举司后落籍诸邓,"游宦滇南,隶提举,始任莅乎邓浪,继任莅乎云龙",后世不知何代起,迁至杏林村(今诺邓镇下辖的自然村)。另一支始祖为李山峰,原籍江南江宁府上元县,先在明成化年间任河南开封府同知,后到诸邓任五井提举,卸任后落籍诺邓村,现在已传至17代。此外,还有杨姓、钱姓等姓氏,同在云龙盐务机构任职,落籍诺邓。也有部分姓氏则因游宦至诺邓落籍。②

(二)孙承祖业,安居诺邓

若以黄氏落籍诺邓为第一代,则目前已传有22代人(见表4-3)。黄氏族人从较早的3户不断发展,最终繁衍至100多户人,其中第十五、第十六代人丁兴旺,有190户以上,成为诺邓村的大户人家,并不断融入白族群体之中。现有的几户黄氏人家全部为白族家庭,能讲白语。③

---

① (清)倪蜕辑:《滇云历年传》,昆明:云南大学出版社,1992年,第383页。
② 黄金鼎编著:《千年白族村——诺邓姓氏谱略》,内部资料,2016年,第9-15页。
③ 黄金鼎编著:《千年白族村——诺邓姓氏谱略》,内部资料,2016年,第26-27页。

表 4-3　诺邓黄氏历代支数统计表①

代次	三	四	五	六	七	八	九	十
支数	3	5	8	13	11	11	13	22
代次	十一	十二	十三	十四	十五	十六	十七	十八
支数	52	75	107	152	192	199	119	144

　　黄氏家族是明代来到云龙地区的盐官后裔，并不断发展为地方望族，这样强大的一个家族，见证着云龙地方社会历史的变迁。如黄氏后人黄金鼎所言，"从始祖莅诺之成化二年至今历550年间，以功名事业为主线，我诺邓黄姓大体经历了开基立业、初露头角、中叶鼎盛、变革发展几个时期"。其中，"第三至第十六代，人数不断增加，而第十七代人数锐减者，时当民国初年，军阀混战，再经抗日战争到民国发动内战，在瘟疫流行、兵荒马乱中，病殁、饿死、出走或抓当兵不归而无后无考者不计其数"②。

图 4-11　诺邓黄氏宗祠大门

---

　　① 黄金鼎编著：《千年白族村——诺邓姓氏谱略》，内部资料，2016 年，第 27 页。第十九至第二十二代的家庭人数还未统计。

　　② 黄金鼎编著：《千年白族村——诺邓姓氏谱略》，内部资料，2016 年，第 27 页。

　　云龙白族地区的族姓，很少有系统纂写家谱的传统。但是，黄氏从注重宗族文化的福建进入云龙，将这种文化现象带入云龙。黄氏历代族人都重视教育，传承家教，服务国家和地方社会。黄氏先祖要求后人刻苦努力，求取功名。据当地老人讲，诺邓村的两位进士均出在黄氏家族。一位是黄绍魁，于乾隆庚辰中进士，另一位是黄云书，于道光癸未中进士。同时，黄氏家族也较为重视搜集和整理本族、本村的历史文化。如黄金鼎先后撰写了《千年白族村——诺邓》①《千年白族村诺邓传统对联拾遗》②《千年白族村——诺邓姓氏谱略》③ 等作品。

　　从家谱、墓志铭、碑记中，可清晰看到黄氏家族在诺邓历史上留下了浓墨重彩的一笔。黄氏与诺邓的发展息息相关，黄姓家族重视教育的精神影响了后人，使得诺邓村人才辈出。④

　　黄氏家族从第四代人开始，不断有人考取功名，可谓人才济济。第四世祖黄本清（1500—1576），幼小始读诗书，学习礼仪，在省考试中获得省相后，担任五井提举司吏曹，办理公务文书。叔伯弟兄五人中，同胞兄弟黄本澄任浪穹县增广生员。

　　五世祖系四世祖黄本清之子，共三人：黄诏、黄诰、黄诵。其中，黄诰在云南任后卫知事，又有在四川宣慰司和陕西行都司任职的经历。黄诏则在省试中取得成绩，成为后（候）选官。

　　六世祖黄文魁，为黄诏之子，据雍正《云龙州志》记载，黄文魁"天启二年（1622）选贡，历任广东提学"⑤。黄文魁为诺邓第一首贡，也是黄氏落籍诺邓后的第一个贡生。但是，黄文魁甚有骨气，其"未抵任七月乞归，优游泉石，恬退可风"⑥。

　　七世祖黄廷彦，为明朝诺邓黄氏四贡生之一，其生平及事迹无考。此外，七世祖黄翔龙系黄文魁之子，据康熙《云龙州志》"忠烈"记载："黄翔龙，字际云，泰昌元年选贡，累官达州知州。崇祯间，流寇张献忠入蜀，翔龙坚守，城陷死之。"⑦ 雍正《云龙州志》进一步记载："雍正三年，奉

①　李文笔、黄金鼎编著：《千年白族村——诺邓》，昆明：云南民族出版社，2004 年。
②　黄金鼎编著：《千年白族村诺邓传统对联拾遗》，昆明：云南民族出版社，2007 年。
③　黄金鼎编著：《千年白族村——诺邓姓氏谱略》，内部资料，2016 年。
④　此部分的内容，除了引注之外，主要参考黄金鼎编著：《千年白族村——诺邓姓氏谱略》，内部资料，2016 年，第 32－52 页。
⑤　（清）陈希芳纂修，周祜校点：《云龙州志（雍正本）》，1987 年，第 86 页。
⑥　（清）陈希芳纂修，周祜校点：《云龙州志（雍正本）》，1987 年，第 86 页。
⑦　（清）王淯撰：《云龙州志·卷十·人物》，康熙五十五年（1716）本。

旨崇祀忠孝祠。"① 可见，康熙年间已经将其列为忠烈，因此，黄金鼎进一步补充道"康熙三十七年（1698），云龙知州丁亮功将其举为忠烈，入忠义祠崇祀"。按照康熙《云龙州志》成书于康熙五十八年（1719），此说可信。至于为何在雍正《云龙州志》中提到雍正三年奉旨崇祀忠孝祠，不知何故。

黄氏八世祖，即黄翔龙之子，早年中府学廪生，荫礼部司务，却辞不赴任。

十一世祖黄桂，据光绪《云龙州志》记载，为"乾隆丁卯科第五名举人"②。云龙州儒学学正艾馨为其撰写墓志："讳桂字月轩号清华，滇提举孟通公之十代孙。自幼清姿挺拔，器宇豁达，安贫嗜学萧疏，有鹤立鸡群之致。其有真德性，乃有真学识。所博经书子史，确能心得。挥毫发论，往往别具手眼。以是宗匠持衡，造就多士，穷经术，辟文风，持士气，倡义举沐其教者坎凛。持至馨同榜。老于乡科，岂其本量，然挟持有具，幽光何可没也？迄乎征书选截取知县，念年近古稀，改授教时嗣君绍乔已中庚寅乡不欲为腰。尤是雄心稽古，矢志著述。含饴弄孙，颐养天年。"黄桂学识渊博，成为云龙历史上第一位诗人，一生留下不少著作。

十二世祖，亦有黄绍魁，生于雍正五年（1727）。光绪《云龙州志》记载，黄绍魁为乾隆壬申科举人、庚辰科进士，乾隆二十五年（1760）取得殿试三甲第九十名③。

此后，黄家依然不断有几位族人考取功名，如十四世黄云书中乾隆乙卯恩科第二十一名举人，黄云书三弟黄云叶中进士。第十五、十六世，亦有人考取进士。

黄氏家族的兴旺发达，同黄氏历来重视教育，有一套严格的家训不无关系。黄家的家训，似如三字经，内容为"崇孝悌，睦宗亲，和乡里，明礼让，务本业。端士品，隆师道，敬宗祖，戒非为，戒异端。尚节俭，戒赌博，戒轻谱，专老人，爱幼小"④，充分体现了黄氏族人希望子孙后代尊师重教、务实本分、勤俭节约。

在家训的严格要求之下，黄氏的子孙往往年幼就开始读书、学礼仪。如第四世祖黄本清，"他还在幼年就开始读诗书、习礼仪，经长年苦学磨

---

① （清）陈希芳纂修，周祜校点：《云龙州志（雍正本）》，1987年，第87页。
② （清）张德霈撰：《云龙州志·卷六·举人》，光绪十八年（1892）本。
③ 朱保炯、谢沛霖：《近代中国史料丛刊续辑（785—790）·明清进士题名录索引（1—6）》，台北：文海出版社，1981年，第2730页。
④ 黄金鼎编著：《千年白族村——诺邓姓氏谱略》，内部资料，2016年，第32-52页。

炼，长大为省相后，在五井提举司任职（从事吏曹），办理公务文书（案牍）。在任时，常常做些济困扶危、于地方有益的事。从政期内，参加了三次考试，都取得优异成绩"①。黄家重视教育，促使黄氏成为诺邓村高中进士和举人人数最多的大户。在明清时期，诺邓一共出了两名进士，全部出自黄家。举人 3 人之中，黄姓占两名。贡生 20 人之中，黄姓占 7 名。②

显然，盐业生产的扩大，中央对地方产业的重视，使得诺邓在政治、经济、文化等方面蓬勃发展。为官从政的家族，历来重视子孙的文化教育和熏陶。因此，教育水平超越其他非盐业生产区，族人子孙接受教育的机会自然比较多。

二、董氏与宝丰古镇

宝丰，明代称为"雒马井"。明代开始，该地成为云龙县境内较大的盐产区，明代在此设州治，促进了地方的发展。因此，宝丰同诺邓有相似之处，因盐而兴，又因盐而衰。明代宝丰诸多盐井的开发，和地方的名门望族进入该村不无关系。据了解，这些大户人家，主要以董、尹、赵三大姓氏为主。其中，通过碑刻以及家谱，可对董姓一族开发盐井的历史有初步的认识。据现存宝丰古镇董泽故居的《太和寺功德碑》记载：

> 董氏东吴缙绅望族，世家金陵。自唐贞观间筮仕南诏，以咸通元年，奉遣入觐，八年归国，擢布燮官者鼻祖讳成公也。历代承袭，宗支蔓延，在元末制科，或授鹤庆路知，或除邓川司马，远难赘述。
>
> 近值前明定鼎，以武功授太和县令，因而寄籍喜洲者，布燮庆公孙，路知旻公子，云祖讳惠公也。即如前明翰林院敕授文林郎杨公士云，犹系宗人别继，至探得卤脉灵源，纠合三五大户，首事开井，有功卤（醝）政者，岁贡士万卷公也。③

《太和寺功德碑》写于乾隆三十八年（1773），对董氏的族源有基本的

---

① 黄金鼎编著：《千年白族村——诺邓姓氏谱略》，内部资料，2016 年，第 32 页。
② 李文笔、黄金鼎编著：《千年白族村——诺邓》，昆明：云南民族出版社，2004 年，第 132 – 133 页。
③ 张树芳、赵润琴、田怀清主编：《大理丛书·金石篇（卷三）》，昆明：云南民族出版社，2010 年，第 1235 页。

介绍，上述提及"至探得卤脉灵源，纠合三五大户，首事开井，有功蹉政者，岁贡士万卷公也"，即宝丰首开盐井，当至董氏万卷公。但是，具体开井时间不详。不过，笔者在宝丰古镇调研期间，在宝丰文化站站长杨兴源的带领下，在古镇秀峰塔后方的山坡上，探寻得董氏先祖的一座古墓，墓志铭清晰明了，刻有"岁进士三仕外翰曾祖文林郎榆苓董公墓志"，其中有"家祖诏公于嘉靖年间开创石缝、河边二井"的碑文。此墓立于康熙二十八年（1689）。可见，此碑刻比《太和寺功德碑》还要早84年，二者相印证，表明宝丰的石缝、河边二井，的确为董家先祖所开。

根据《大理史城董氏族谱》记载，董氏迁居外县的一支，即董氏十九代人进入云龙境内，包括董诗、董诏、董浩和董万卷。① 《太和寺功德碑》又记载，"万卷公为惠公六世仍孙"。董氏族源，据《大理史城董氏族谱》谱序所言："董氏始祖讳成，唐时由金陵入滇，为南诏清平官。"② 董成为大理地区董氏的先祖第一世，第十二世传至董庆，再传两代至董惠，董惠之后传五代，至董万卷。因此，"纠合三五大户，首事开井"，此三五大户，目前并无知晓是否有其他姓氏大户参与，或以董氏的董诗、董诏、董浩和董万卷为主。

董氏家族的发展和盐利不无关系。据谱系图，其第十七世之董南泉、董龙泉进入石门井从事盐业生产和管理。第十七世之董彦清，则成为董氏迁入楚雄黑井的一支。③ 第十九世董氏至诗、诏、浩、万卷，开创宝丰各井。董氏随着参与滇西各个盐区的开发，逐渐成为地方的豪门望族。但是，董氏的族源究竟起于何时，学界的论述和家谱的记载却各执一词。除了上述《太和寺功德碑》记载董氏始祖唐代从江南入滇之外，其他的家谱也有相同记载。如光绪十年（1884）石门《重修董氏族谱序》载："忆我董氏，自江南金陵县于唐时入滇始祖董成居大理国，蒙氏举之入朝赐以清平之官，其后袭职守籍。"咸丰十年（1860）《宝丰董氏族谱》进一步提到，"董氏原籍南京应天府金陵县五里桥人氏"，唐时期在南诏担任清平官。④ 按照董氏各类族谱的记载，董氏应为汉族，唐代才迁至大理地区，后来不断融入白族群体之中。

––––––––––––––––––––

① 《大理史城董氏族谱（卷2）》，民国十一年（1922），第31页。
② 《大理史城董氏族谱（卷首1）》，民国十一年（1922），第31页。
③ 《大理史城董氏族谱（卷2）》，民国十一年（1922），第39页。
④ 陈云华：《董泽家谱初考》，见中共云龙县委员会、云龙县人民政府编：《董泽》，昆明：云南民族出版社，2006年，第172页。

谢道辛则认为，董氏的先祖应该为云南境内的古代民族，其提及："据梁建方《西洱河风土记》的记载，在南诏国建立之前，洱海地区的西洱河蛮中就有豪族大姓董姓。西洱河蛮是今白族的先民，南诏国建立以后，西洱河蛮中的豪族大姓大多都成为南诏国的贵族，并担任了清平官、大将军等重要职务。董姓在明朝才从大理喜洲等地迁入云龙。而喜洲地区明代墓碑的记载，则董氏的族系为'九隆之族'。"① 其理由是景泰元年（1450）的《处士董公墓志铭》和成化七年（1471）的《太和五长同室杨氏墓志铭》均记载董氏为九隆族后裔。包括明代白族学者李元阳在嘉庆年间为董雄写的墓志铭，也提到"君讳雄，字西羽，号凤伯山人。其先系出九隆，世居太和"。九隆族，即唐代早期哀牢山一带的古老民族。方国瑜先生认为，"由于蒙舍诏酋长是哀牢九隆的后裔，后来为南诏王族，所以哀牢九隆的故事在洱海区域流行，这不会是偶然的"②。

那么，为何董氏先祖本为云南境内的土著，家谱却执意要将其描述为来自江南地区？少数民族将其族源描述为汉族最有可能的原因除了受民族压迫的影响之外，还可能受中心和边缘思想的影响。汉族进入少数民族地区，带入先进的思想和技术，少数民族不甘落后，以此表达本民族的正统性。

三、马氏与大井记忆

云龙县大井村（现为象麓村）是云龙境内较早设立盐课司的盐井。当地可谓人杰地灵，人才辈出。百姓口中津津乐道、引以为荣的马锦文便出生于大井村。据地方资料记录："马锦文，字梅阿，白族，云龙大井人，生于清雍正三年（1725），卒于乾隆二十八年（1763），原籍江西抚州府临川县，远祖来云龙作吏，因爱慕山川之美，落籍金泉（今宝丰），后定居大井。马锦文'生有异质，聪明绝伦，登乾隆丁卯科（1747）举人、壬申科（1752）进士，授翰林院检讨、山东道监察院掌管、广西道监察御史、署户科掌印给事中、兼巡视东城、敕授奉直大夫（从五品封阶）'。"③

马锦文是云龙境内少有的进士。云龙境内的盐村因盐业而兴，一些家

① 谢道辛编撰：《云龙县民族志》，昆明：云南教育出版社，1994 年，第 32 页。
② 方国瑜：《唐代前期洱海区域的部族》，见赵寅松主编：《白族研究百年（一）》，北京：民族出版社，2008 年，第 306 页。
③ 大理白族自治州地方志编纂委员会编纂：《大理白族自治州志（卷九）》，昆明：云南人民出版社，2000 年，第 234 页。

族因从事盐业的生产或交换，不断兴旺发达，马家便是其中之一。在象麓村调查期间，村委会主任杨铁康在介绍象麓村的基本情况时，首先介绍的便是马锦文，并能讲述几段有关马锦文的故事。

象麓村中可见一家马锦文后人住宅的大门，甚是宏伟，楼阁雕龙画凤，尽显尊贵。大门上方几行显眼的大字，便是马锦文亲自立下的匾额，"乾隆丁卯科举人，壬申科进士，授翰林院检讨、山东道监察院掌管、广西道监察御史、署户科掌印给事中、兼巡视东城"，这块匾额将马锦文生前所有的官职都刻于其上。

图 4 - 12　马锦文留下的匾额

马锦文虽然功成名就，但是从边远的民族地区走向仕途的过程，并非一帆风顺。参加省试和殿试，自然需要行走上千里的路程，除了凑足盘缠，还需要克服路途的种种困难。因此，马锦文求学过程中留下一段段佳话，后人一遍又一遍地讲述他的故事。例如：

> 马锦文，是清朝乾隆年间的翰林，家住云龙大井。他父亲原是盐井的拉水工人，生活贫苦，但看到马锦文从小聪明，决意供儿子读书。大井村子里没有学堂，就跑到离家五里的石门街就读。
> 马锦文才气过人，非常好学。不几年，就博览子史，四书五

经背得滚瓜烂熟，诗词歌赋无所不通。十六岁那年，大理举行府考，马锦文家里穷困，连应考的路费也筹不起，他只好帮别的童生背东西，由他们供他途中伙食。

一天傍晚，他们投宿在洱源西山的一个白族人家里，接待他们的是一个五十来岁的老人。这老人见马锦文诚实勤快，穷而有志，很有才学，比有钱人家的童生强得多，便慷慨拿出五十两银子，赠送给马锦文做路费。晚上，他把马锦文请到正厅，同一家老小相见，并把小女儿许配给马锦文。马锦文十分感动，愈加奋发苦读。

后来，马锦文在大理府中了秀才，在省里中了举人。老丈人把牛马卖掉，给马锦文筹足路费，送他上京赶考。一天深夜，他还在诵读，住在隔壁的一位客人过来劝他休息，说这样日夜苦读，会伤了身子，临场前保养一下身体很要紧。马锦文谢了客人，又诉说了自己这样苦读的苦衷："我从万里之外的云南来京赶考，要走三个月，实在不容易呀！万一不中，岂不辜负了亲友，辜负了我报国为民之志，辜负了我那位热心肠的老丈人！"客人听了，称赞他有志气，并说："你这样日夜用功，学问一定很深，我这里有把扇子，请你给我题上一首诗，作个纪念。"马锦文接过扇子一看，是一柄陈旧的苏扇，边上已经缺了一角。扇面上画着一条小河，河边有无数垂柳，还有一座小桥；背面画有山，山上有几棵苍劲的古松，松树上头有一轮明月。这幅画不知出自哪个名家之手，画得多好啊！马锦文在赞赏之余，文思顿涌，诗兴大发，顿时就在上面题道：

绿柳荫中一小桥，半轮明月挂树梢。

纵然边破乾坤在，万里江山不动摇。

那位客人看了，连连赞美不迭，说："好个'万里江山不动摇'！好诗，好诗！当世奇才，包中，包中！"

三场过后，马锦文果然中了翰林。入宫陛见的时候，皇上叫马锦文抬头看看，马锦文大吃一惊，原来请他题诗的那个客人，就是当今皇上——乾隆皇帝呀！从此，马锦文得到皇帝的重用，叫他当山东都察御史。他上任后，刚直不阿，弹劾贪官污吏，惩办土豪劣绅。后来，皇帝因为喜欢他的才学，叫他回翰林院供职。

从此，人们就叫他马翰林。①

在象麓村调查期间得知，熟悉马锦文故事的村民不在少数。笔者先后去象麓村调研两次，每次村委会杨主任都要提及马锦文的故事。后来得知，此故事经周祜先生调查后整理出版。

据杨主任讲述，上述故事还有一段插曲："那位五十多岁的老者，在马锦文住在家中的当晚，便梦见凤凰绕着自家的房子飞，认为这是个好兆头，马锦文必定能考取功名。于是，第二天早上就把自己的女儿许配给马锦文，马锦文也欣然许诺。不过，老人的女儿，却是一位聋哑人。后来，马锦文高中进士，并未忘记当初的诺言，便娶这位女子为妻。意想不到的是，女子听说马锦文高中进士，要迎娶她为妻之后，便开口讲话了。"②

第四节　新中国成立以来的盐业兴衰与村落变迁

一、新中国成立初期云龙盐务的恢复与整顿

（一）盐务的整顿期

1949 年 5 月云龙境内的师井解放，7 月顺荡井相继解放。1949 年 10 月 1 日，新中国成立。地处西南的云龙地区，在新中国成立之后进入中央人民政府的直接统治下。此时，政府对各个行业进行重新整顿，地方盐务备受关注。据档案资料记载，1950 年 1 月 11 日，滇西北人民行政专员公署发出指令："本署所辖本区各盐场税款及盐斤，应由署统一收支，以便稽核。"③ 1950 年 1 月 14 日，滇西北人民行政专员公署向云龙县人民政府发出指令："（1）查滇西北区各盐场，在中央尚未明令划分前，应由本署统一指挥，以便管理；（2）兹派本署盐政科长李克光及和昆山、陈冠中三同志前往云龙成立盐务管理处，恢复场政；并委派和昆山为云龙盐务管理处主任，陈冠

---

① 周祜：《马锦文的故事》，见中国民间文艺家协会编著：《中国民间故事全书（云南·云龙卷）》，北京：知识产权出版社，2005 年，第 117 页。

② 云龙县访谈资料。访谈对象：杨铁康，访谈时间、地点：2020 年 8 月，于象麓村村委会。

③ 《关于盐业税捐方面的训令》，云龙县档案馆档案资料，档案号：25 – 2 – 1。

中为副主任。"① 为防止地方盐务陷入混乱，首要的任务是成立盐务管理机构，加强盐务管理。1950 年 1 月 17 日，财政部下发通知："查过去各种制度未曾建立，各机关部门中，有的未经一定手续直接动用盐税款，致使收支混淆，特将今后盐税款和盐变价款解交办法规定如下：（1）盐税款和盐变价款，由盐务系统直接上解，任何机关部队不准擅自动支分文；（2）各机关部队开支，各按系统报领；（3）过去军队借支者，一律限本月月底转本部，以便扣拨野工经费；（4）地方机关借支者由各该省府财政厅扣还。"②显然，新中国刚刚成立不久，在经历敌我斗争之后，地方盐务正处在恢复期。此时，盐税作为地方财政收入的主要来源，各机关部门试图从中得到一定的利益，也是时局所致。

新中国成立初期的地方情况，可依托云龙县档案馆的资料进行考察，部分档案资料记录了师井、顺荡井的盐税征收情况：

> 师、顺两井盐税，在解放后分两个阶段征收，第一阶段：一九四九年六月二十日至一九四九年十二月底，即人民政府尚未正式成立时期，系根据前滇西北人民自卫军第二支队照时规定征收，依法征收。（甲）师井盐税，月征一十六担，计自一九四九年六月二十日起，至同年十二月止，共六个月，应收盐税九十六担；（乙）顺荡井盐税，月征二十担，计自一九四九年八月一日起，至同年十二月止，应收盐税一百一十担（十二月份增收十担），以上师顺两井，总计征收盐税二百零六担；（丁）各项收入，系供给当时第二支队、政工队及党政费……第二阶段：自一九五零年一月至同年五月底止。即，人民政府正式成立以后时期，重新整理，定师里（井）盐税月征二十担，顺井月征三十担。（甲）收师井盐税一、二、三月份，盐税六十担；（乙）收顺井盐税一、二、三、四月份，盐税一百二十担。③

云龙的盐税征收在新中国成立前后经历了两个阶段：第一个阶段是由地方武装力量来征收，即滇西北人民自卫军第二支队负责征税；第二阶段是政府正式成立之后，由地方政府征收。由于地方盐务曾实行包课制度，

---

① 《关于盐业税捐方面的训令》，云龙县档案馆档案资料，档案号：25 - 2 - 1。
② 《关于盐业税捐方面的训令》，云龙县档案馆档案资料，档案号：25 - 2 - 1。
③ 《关于盐业税捐方面的训令》，云龙县档案馆档案资料，档案号：25 - 2 - 1。

所以，承包人能否按时上缴税收是个问题。1950 年 1 月 12 日，师里区师井盐务管理处主任赵连茂曾提出盐税征收困难之原因："窃，职奉办师井课盐，已历半载之奇，不敢自谓上不误公，下不劳民，谨慎厥职责无旁贷，关于名义方面，虽遴选有监视理事之名，实无兼筹并顾之互助。其次，所属灶户，按月交盐者十无一二；出月交盐者十无四五；过月交盐者，亦复不少，更有交来之盐，水头放重，皮壳稍硬，而里面水分，烘注一经冷气，便成腐烂。于是，复用盐筒制备另烘；而原收之腐烂三筒，竟另制一番，即变成二筒之余。斯亦举其小者，喻之尤有出纳之不周，收捡之不慎，而当时破烂者，已往往有之，似此困难情形，势难尽述。"[1] 灶户未按时上缴食盐、质量不过关，成为征税困难的主要原因。不过，在诺邓井，灶户则遇到另外的情形：

> 为薪本不公，民不聊生，恳恩府察下情，主持公道，以救民生事。窃查云龙场薪本，自盐运使时代各井一致，并无参差；自民国三十五、六年，略与各井有轩轾。至民国三十七年三月份起，则与各井锐减，推其致此之理由，因田场长益民串同属员、寓商，于官薄灶薪，以厚商息，百般蒙蔽诺邓井人民；素性耿直，欠于应酬，始形成偏枯不平。此次新场署成立仍封为场署之作恶属员，不加考验，仍旧任用从中作弊，且沿用旧案。诺井灶户代表，于会议席上屡经申请，诺井井情困难，民生凋敝，请改良以救民生，无如场署，不从民意，不改苛政，反而特加重税，每担至一十三元余。又不照实际成本，给薪（只给薪本六元八角）待遇，诺井与各井有天壤之别。[2]

为了加强云龙地方盐务的管理，1950 年 2 月 2 日，和昆山、陈冠中正式到云龙盐务管理处任职。

（二）加强盐务管理

新中国成立初期，云龙盐务管理机构的设立意味着相关制度即将制定，

---

① 《关于盐业税捐方面的训令》，云龙县档案馆档案资料，档案号：25 - 2 - 1。标点符号为笔者所加。

② 《关于盐业税捐方面的训令》，云龙县档案馆档案资料，档案号：25 - 2 - 1。标点符号为笔者所加。

在这方面新政府主要做了以下工作。

1. 核定税课

目前找到的档案资料主要涉及师井和顺荡井，其他盐井暂时未见详细记载。

> （1）自一九四九年六月二十日，至同年十二月二十日止，该（师）井盐税经前滇西北人民自卫军核实，为每月缴盐十六市担，六个月计，共应缴盐额九十六担。
>
> （2）自一九四九年十月二十日起至一九五零年四月二十日止，经本府重新整理，定该井每月缴盐税额为二十市担，四个月内计，共应缴八十市担。
>
> （3）一九四九年六月二十日起至一九五零年四月二十日止，该井应缴盐税征额为一百七十六担。
>
> （4）除①先后解缴二支队三十一担；②十一月十日解缴本府十一担；③十二月二十五日，解缴盐税七十元；④一月二十八日，解缴盐税二百元零五角；⑤三月十二日，解缴一百零六元。①

1950 年 4 月 30 日，顺荡井"制定销盐准当一种，印即于奉到后，凡有商人抄购盐斤，应照抄购数填发，杜欺朦等因，附发顺盐字准单一百份，自一号起至一百号止，奉此遵"②。盐税征收，此乃地方大事。1950年 10 月 27 日，云龙场务所给中共云龙县委会的函中，再次将欠课问题提出来：

> （1）除已转报并将解师井一、二、三月份课款半开，共计900元的金库收据、款书及顺井一、二、三、四月份课款人民币861万元，提现解库，于十月下旬征课旬报，内列报外请察照；（2）关于赵连茂、杨盛周所欠税盐70 担，仍请分别转知，限期清缴，而资衔接，以重税收；（3）至于顺荡井去年起包日期与师井互有出入，系何情形，敬请赐复，以便转报。③

---

① 《关于盐业税捐方面的训令》，云龙县档案馆档案资料，档案号：25-2-1。
② 《关于盐业税捐方面的训令》，云龙县档案馆档案资料，档案号：25-2-1。
③ 《关于盐业税捐方面的训令》，云龙县档案馆档案资料，档案号：25-2-1。

1950 年 12 月 9 日，云龙盐务所再次给云龙县委呈函，提到师井赵连茂欠课之原因：

> 我（赵连茂）累欠垫支课盐，前后共四十担，当时早经复呈，请县府追赔，并注销：（1）因杨世璠与杨法程等互殴发生之命案，面奉科、区两长之口谕，暂时由盐款项下垫支，即出售盐十六担零四十斤，以作伙食与死者衣裳、棺木之需；（2）各部赴县开会，伙食费垫支五担二十斤；（3）修村政府垫支五担；（4）灶户尾欠七担；（5）副区长杨育辉办理查产情节，垫支伙食费出售二担半；（6）湿、烂耋耗三担九十斤。①

云龙场务所认为："查此文内所说各节，殊多疑窦：（1）前准你会函示，该井自一九四九年六月二十日起，包课盐解至本年三月底止，上蒂欠四、五月份盐课 40 担，所（申）累欠，当属无稽；（2）设如所说，该项课盐即为迭月累欠，何以又有盐斤支付其他费用。不但以盐作支付其他费用有违税政，且所支付各项是否实情，尚有疑义。"② 1950 年 12 月 16 日，县委会督促第二区人民政府查明此事，但是，效果并不明显。

2. 移交盐税清单和文案

据档案资料的记录，主要移交了以下文件："（1）临时经征师顺两井盐款收支四柱清册；（2）师顺两井盐款征收拨售卷两案宗，计二十七件；（3）师顺两井盐款交接卷一宗，计七件；（4）段位中同志经手支用经费登记簿一本；（5）那子安同志购置费用清单一份；（6）原经费开支原始凭证三十八张；（7）云龙支金库收款书［59］［68］号两张；（7）缴款书第［1］［2］［3］号存根联三张。"③ 从移交的资料中可以看出，师井、顺荡井两地计开两项，一为旧管"收拉鸡井辅助款半开二百七十元"，二为各井新开项目。

二、社会主义制度下云龙盐政制度的变化

（一）盐业生产体制的变化

1950 年末，云南省盐务管理局成立滇西盐场管理处，设在乔后，辖啦

---

① 云龙县档案馆档案资料，档案号：25 – 2 – 1。
② 《关于盐业税捐方面的训令》，云龙县档案馆档案资料，档案号：25 – 2 – 1。
③ 《关于临时经征师井、顺荡井盐款案移交清单》，云龙县档案馆档案资料，档案号：25 – 2 – 1。

（喇）鸡、弥沙、云龙 3 个场务所。1953 年之后，云龙成为乔后盐厂的分厂。

1955 年，云龙分厂总计有职工 194 人，其中，工业生产人员合计 188 人，含工人 167 人、工程技术人员 1 人、职员 14 人、勤杂人员 6 人；房屋建筑物大修理人员 2 人；非工业生产人员 4 人，含厂外运输人员 2 人和医务人员 2 人①。工人的年龄构成如表 4 - 4 所示：

表 4 - 4　按年龄分的工人数②

年龄分组	全部工作人员	其中所包含的工业生产人员				
		工人	学徒	工程技术人员	职员	合计
18 岁以下	1	0	0	0	0	0
18 ~ 25 岁	19	13	0	0	5	18
26 ~ 35 岁	42	32	0	0	6	38
36 ~ 45 岁	81	73	0	0	3	76
46 ~ 50 岁	30	29	0	1	0	30
51 ~ 55 岁	15	15	0	0	0	15
56 ~ 60 岁	3	3	0	0	0	3
60 岁以上	3	2	0	0	0	2
总计	194 （男性：139 人；女性：55 人）	167	0	1	14	182

从年龄结构来看，职工的年龄集中在 26 ~ 50 岁，占总人数的 78.87%；26 岁以下的职工数占 10.31%；50 岁以上者占 10.82%。由此可见，盐厂的职工主要以年富力强的青壮年为主。

工人若以工种来分类，主要以制盐工、地面运输工和拉卤工为主，这三类工种的工人占总数的 86.08%。工人的工资等级分为九级（含未定级），工资以计时核算（见表 4 - 5）。

---

① 医师 1 人，中专毕业；护士 1 人，未写明学历情况。
② 《全国职工调查基本报表》，云龙县档案馆档案资料，档案号：25 - 1 - 10。工业生产人员未包括勤杂人员 6 人。

表4-5　按工种、工资等级分的工人数①

工种名称	按工资等级分										按工资制度分	
	八级	七级	六级	五级	四级	三级	二级	一级	未定级	合计	计时	计件
制盐工	4	5	11	15	13	18	15	9	0	90	90	0
地面运输工	0	3	3	5	4	5	0	0	0	20	20	0
拉卤工	1	6	4	7	24	15	0	0	0	57	57	0
总计	5	14	18	27	41	38	15	9	0	167	167	0

新中国成立初期，全县的盐井都由国家开办。② 新中国成立之后，当地的盐业生产有短暂的发展，主要是新的社会制度刺激了生产力的发展，促进了企业盐工的积极性。1956年，云南省对制盐企业进行了调整，包括云龙在内的几处井场交由地方县办。1957年，由于"柴薪工本高，卤水淡的盐矿亏本，宝丰、天耳、石门等井停办，盐年产量降为636吨"③。3月，云龙县财经委制订了《云龙县诺邓盐厂企业管理方案》（简称《管理方案》），这标志着县管制盐企业改制的启动。

按照《管理方案》的意见，盐业管理机构的设置为：厂主任1人、秘书人事1人（厂主任兼）、生产股长1人（缺）、生产股员1人、供应（燃材料采购供应）1人（生产股兼）、技安劳保（技术安全劳动保护）1人（生产股兼）、财会1人、统计1人（财会兼）、勤作2人。④ 管理机构一共6人（除去兼职情况）。此外，生产车间分为2个：混合卤车间——进行卤水生产，所需拉卤组10人（含组长2人）、运卤组7人（含组长1人），共计17人；制盐车间共配14人，含组长2人和领班3人。其他人员，含炊事员1人。

企业性质的盐厂实行"企业管理，分工负责制"，因此，对于从厂长到职工，都设计了一套完整的管理体系来明确责任，总共涉及管理制度、生产制度、会计制度和人事制度四大方面。其中，对厂主任职责、生产股职责和人事制度进行了介绍，具体为⑤：

---

①　《全国职工调查基本报表》，云龙县档案馆档案资料，档案号：25-1-10。

②　云南省云龙县志编纂委员会编纂：《云龙县志》，北京：农业出版社，1992年，第215页。

③　云南省云龙县志编纂委员会编纂：《云龙县志》，北京：农业出版社，1992年，第215页。

④　《云龙县诺邓盐厂企业管理方案》，云龙县档案馆档案资料，档案号：25-1-10。

⑤　参见《云龙县诺邓盐厂企业管理方案》，云龙县档案馆档案资料，档案号：25-1-10。

1. 厂主任的职责

（1）总的领导厂内生产行政业务，根据生产财务计划分工，组织职工，保证（各项业务）的全面完成；（2）总体检查和督促各种计划的执行情况，并及时解决执行中的关键问题；（3）对全厂职工进行思想领导，随时给予关心和帮助，并向上级反映其思想和工作情况，提供上级意见；（4）领导制定和批准作业计划，并组织奖惩□；（5）根据生产上的要求，掌握全厂的生产调度和全厂的人事工作；（6）负责组织职能部门定期向上级报告工作；（7）经常深入生产，了解（和）检查生产过程中的问题，采取有效措施，及时领导和督促解决；（8）负责旬终、月终，召集全厂生产调度会议，听取有关方面的汇报，及时布置和解决有关的生产问题。

2. 生产股的职责

（1）负责组织职工根据厂发布的作业计划，领导班、组有出班组计划，并随时检查和督促，以保证生产计划的完成和超额完成；（2）负责与盐水批发站办理出厂食盐的交收手续，并按期上报有关报表；（3）负责做好原始记录，随时检查生产任务及各项定额的完成，并做出结论来，进一步推动生产、改进生产；（4）负责技安劳保，并经常对职工进行思想教育，如发现对职工安全卫生有危害时，提出意见，并想法改进；（5）负责领导和制定技安劳保制度（如安全责任制，操作规程，交接班制和劳动纪律、厂规等）；（6）负责燃料的采购、供应，须保持合理的储备量，库存及在用物资要随时清点，必须严格引进管理，并须建立收发领用制度；（7）其他有关生产、劳保、供应的各项工作。

3. 人事方面（职工管理方面）

（1）本厂现有的工人均雇用①云龙盐场已转业工人，今后需订立临时雇用合同（或由行政与工会订立集体合同），一季或半年要进行一次合同的修订或检查；（2）盐场为适应生产需要，除定员工人 33 人外，如因生产改变工人分配不够或劳动力过剩时，可自行雇用或解雇，解雇者报请上级安排其职业，但我厂不给解雇费；（3）生产工人在厂内严重违反劳动纪律或因过失造成生产上生产设备严重破坏者，本厂即可提出辞退或开除，报请上级处理；

---

① 原文如此，特此说明。

（4）职工每日工作7～10小时；（5）依照前云龙盐厂规定每个星期，生产工人给以轮休一天，并按国家规定假日准予休假；（6）本厂工人参加社会活动或调学习时，经厂同意后工资照发；（7）本厂工人，因病不能工作，经厂准假后，病假期间给予本人应得10%～30%，本厂可自行掌握；（8）工人本人结婚或直系亲属死亡，准假三天，工资照发；（9）工人平时生活困难时，本厂可酌予补助，工人因病死亡或因工残废及死亡时，有关抚恤问题，报请上级处理；（10）本厂工人疾病时，免费治疗；（11）先进生产者和先进工作者，可给予政治表扬或物质奖励；（12）创造发明和合理化建设，可按规定给予奖励；（13）法定假日炊事员需照常工作，得加发200%的加班工资；（14）生产工人加班工资，加发100%；（15）工人因工负伤，休假期间工资全部照发；（16）如遇自然灾害或因燃料供应脱节，造成停产时，停产期间工资照发，但应适当分配其他工作；（17）调整现行工资制度。

在盐工的管理方面，企业重点制定了工人的来源、人数、雇用、解雇、请假、工作时间、医疗卫生、奖励以及工资调整等内容。[①] 按照人事管理的要求，对企业职工的工资待遇进行了详细的说明，并对工资制度进行调整。

现行工资登记表

级数	1	2	3	4	5	6	7	8
工资标准	18.32	19.40	20.47	21.77	23.06	24.57	26.08	27.58

（1）我厂现行工资制度，经人委会财政科同意，仍旧依以前云龙盐厂的工资等级标准，支付给生产工人工资。

（2）关于云龙盐厂的工资制度，虽经数次调整，但在各工种工人中，技术劳动和简单劳动、繁重劳动和轻□劳动、主要劳动和辅助劳动之间的不同，在待遇上没有合理的工资比率。另外是职工的工资等级与职工的工作表现及技术高低、劳动强弱，不完全结合。在各个工种的工资制度有不合理表现，为了要有合理的级产和工资等级来引导和鼓励职工积极学习，以及专（钻）研技

---

① 参见《云龙县诺邓盐厂企业管理方案》，云龙县档案馆档案资料，档案号：25－1－10。

术，不断提高技术熟练程度，从而推动生产，不断增加产量，提高质量，降低成本，特拟出如下工资等级表，待上级同意后，本厂即着手进行调整。

级数	1	2	3	4	5	6
日工资率	0.9	0.95	1	1.05	1.1	1.15
月工资率	22.95	24.23	25.50	26.98	28.05	29.33

说明：①依照原有工资等级改变而成；②月工资是以每月平均工作25.5天计算，全年除去52天和7天法定假日求得，因本厂是以计时支付工资，故月工资率为计算单位，月工资只作参考。

（3）不脱产的车间组长、领班，除应按其实际技术和工作能力评给工资等级外，并拟照其所负职务加给其本人职务津贴；本厂车间组长、领班，混合卤车间组长，加本人工资6%。

（4）工资每3月支付一次。

诺邓盐厂改为企业生产机制后，1957年10月又开办了顺荡井，隶属诺邓盐厂管理。地方盐厂以企业的形式进行管理，无疑提升了盐业生产的效率，也提高了生产的积极性，盐工在回顾这段时期的盐厂时，描述道：

现在人们只要一到诺邓，很远就可看到盐厂一座屹立着的大烟囱，吐着青烟，使诺邓的天空，显得分外绚丽和壮阔。过去落后分散的小灶生产，再也看不见了，你所看到的是新型的大灶在进行生产了，工人们手推着推车，运送着燃料，木制脚踩输水机输送着盐巴的原料——卤水，一桶桶晶莹洁白的盐巴，由制盐车间生产出来，支援着其他化工上和人民使用的需要，全场40个职工时时刻刻都在快乐地、愉快地、忘我地劳动着。①

1957年之后，诺邓和顺荡成为云龙境内仅存的两处盐业生产基地，其他盐井相继停产。此时，诺邓生产出来的食盐全部由云龙盐业批发站收购经营，顺荡井则实行自产自销。1958年第一季度开始，顺荡井因食盐囤积，

① 《诺邓盐厂发展简史》，云龙县档案馆档案资料，档案号：25-1-10。

面临销售困难。其原因是顺荡井长期没有解决好销售的问题，以致 1958 年 3 月的仓存食盐达 651.27 担。5 月份的时候，依然存在产大于销的情况，积压盐 913.03 担。① 在一份《我厂顺荡请仍由云龙供销合作社收购经销的报告》的资料中提到："顺荡井自去年十月开始生产后，所生产的顺荡盐直到现在都仍由该井自产自销，由于该井只有干部一人，生产销售都要兼顾起来，因此也就不可避免地形成了抓了生产，而放松了销售等顾此失彼的现象。因此，过去一阶段对顺盐的推销工作，或多或少是受到一些影响。"②

1958 年 8 月 21 日，诺邓盐厂提到，"1958 年计划生产原盐 1 000 吨，截至七月底只生产了 411 吨，只完成年计划的 40%，完成情况很差……为了保证今后原盐的充分供应及我厂目前准备生产酸碱的原料需要，特请准予将石门、大井的原盐生产恢复起来，以适应新的发展要求"③。按照此份报告，"请给工人 50 人（石门、大井各 25 人，连生产后准备燃料的砍柴工在内），管理干部 2 人（每井一人）"④。

从 1958—1996 年，云龙盐业生产以企业或集体的方式运作，具体为：1963 年体制调整，诺邓、大井改由生产大队集体经营；1964 年，大井盐厂停办。1969—1979 年，又以集体办厂为主，如 1969 年大井、顺荡重新由生产大队办厂。1971 年成立县办盐厂，1974 年因亏本停办。1975 年，师井大队办盐厂。1970—1989 年，主要以诺邓盐厂为主。⑤

（二）产量

新中国成立之后，地方盐业生产为国营，但实质上是由地方政府承办。1952—1956 年，盐产量由 242 吨上升到 1954 年的 1 573 吨，这是新中国成立以来产量最高的时期。1957 年，因柴薪工本高、盐矿亏本，导致宝丰、天耳、石门等井停办，年产量降为 636 吨。1960—1970 年，云龙盐产量开始下滑，其中 1966 年仅产 31 吨，其他年份也不过数百吨。1970—1989 年的 20 年间，共计生产盐 7 597 吨，即年均产量不过 300 吨左右。⑥

---

① 云龙县档案馆档案资料，档案号：25-1-58。

② 《我厂顺荡请仍由云龙供销合作社收购经销的报告》，云龙县档案馆档案资料，档案号：25-2-13。

③ 《为了完成我厂 58 年生产计划拟请回复石门、大井原盐生产并编造基建用款预算的报告》，云龙县档案馆档案资料，档案号：25-2-13。

④ 《为了完成我厂 58 年生产计划拟请回复石门、大井原盐生产并编造基建用款预算的报告》，云龙县档案馆档案资料，档案号：25-2-13。

⑤ 云南省云龙县志编纂委员会编纂：《云龙县志》，北京：农业出版社，1992 年，第 215—216 页。

⑥ 云南省云龙县志编纂委员会编纂：《云龙县志》，北京：农业出版社，1992 年，第 215—216 页。

1989 年 11 月，云龙县与云南省地矿局 814 地质队签订钻探协议，对云龙境内的食盐储藏量进行勘探。1994 年 12 月 21 日，云龙县计划委员会在前期勘测和论证的基础上，向大理州计划委员会上报《云龙盐化工第一期工程项目建议书》，就原料能力 3 万吨/年和精制盐 1 万吨/年的建设条件，拟提出盐化工第一期工程建设。整个一期工程计划投资 1 464 万元，其中群众集资 200 万元；扶贫资金每年投入 200 万元，3 年共计 600 万元；请求州政府补助 100 万元，申请贷款 600 万元。① 后经大理州计划委员会向云南省轻纺工业厅上报该项工程的建设意见书，省轻纺工业厅指出，"目前我国、全省制盐的胜利过剩，产过于求的矛盾十分突出。包括我省 11 家盐矿（厂）在内的所有制盐企业都处于半停产状态。产品严重积压，全行业都在亏损"，又"现全省已经具备 60 万吨盐的生产能力，只有 40 万吨的原盐市场，生产能力过剩 20 万吨"，"云龙县 19.1 万人口，食用盐最多 1 500 吨，已有稳定供应，化工盐不得进入食盐市场，该县目前尚无较大用盐工业；通过民间贸易形式销往国外，该县无接壤国家，需通过外地州片马、腾冲等口岸过境，诺内汽车运程分别为 300km、400km，加上井矿盐成本高，在长期使用海盐的境外市场，缺乏竞争能力"。② 最终，云龙县盐化工建设未能实现。

（三）运销及运输形式

新中国成立以后，云龙生产的食盐，主要有两种分销方式：一是靠供销合作社销售；二是用盐单位直接到盐厂购买。第一种形式自 1952 年 11 月云龙县第三区（今检槽、白石）建立第一个农村基层供销合作社开始，逐步推行。至 1953 年 1 月 1 日，云龙县供销合作社联合社建立，一区（今宝丰、石门、团结）、二区（今长新）、四区（今旧州、表村、老窝）、五区（今漕涧、民建）的基层供销合作社建立。合作社建立后，帮助社员推销工特产品，组织手工业、副业生产，供应社员生产、生活必需品。③ 第二种形式主要存在于诺邓厂之外的食盐生产单位，如 1956 年的资料显示："顺荡盐，过去一向都是由购盐单位负责运力到顺荡井购盐。"④

食盐的运销受云龙交通业发展缓慢、地形复杂、地势陡峭等因素的影

---

① 云龙县档案馆档案资料，档案号：25 – 4 – 168。
② 《〈关于云龙县盐化工第一期工程项目建议书的批复〉的意见》，云龙县档案馆档案资料，档案号：25 – 4 – 168。
③ 云南省云龙县志编纂委员会编纂：《云龙县志》，北京：农业出版社，1992 年，第 251 页。
④ 《顺荡运盐马帮应按你站运价及运线历程计算运费我厂不再包干的函》，云龙县档案馆档案资料，档案号：25 – 1 – 15。

响，长期以人背马驮为主。1956 年，云龙境内的公路里程不过 38 公里。1956 年之后，修通了石门（原云龙县城）至大栗树、白羊厂、白石等地的公路。1989 年修通至永平的公路。因此，在 20 世纪 90 年代以前，马帮是云龙食盐运输的重要载体。

从早期马帮运输的里程数和天数中可以窥视云龙解放后食盐运输的基本情况。

表 4 – 6　云龙县马帮调运补贴日数表①

起讫地点	里程②	调运补贴天数	备注
下关至石门	165	5	
漾濞至石门	128	4	
永平至石门	97.5	3	
漕涧至石门	97.5	3	
漕涧至旧州	37.5	1	
石门至泸水	148	5	
石门至瓦马	127.5	4	
石门至蛮宽	165	6	
石门至汶上	147.5	5	
石门至大新	60	2	因修石大公路，绕旧州走为 4 天
石门至旧州	60	2	
石门至桥街	45	2	
石门至检槽	35	1	
石门至师井	50	2	
石门至团结	45	2	
石门至河东	60	2	
石门至自新	35	1	
石门至永安	40	1	
石门至民胜	22.5	1	
表村至营盘街	72.5	3	表村至营盘段路变难走，小河、溪水多，绕路时多
师练至营盘街	87.5	3	
老窝至漕涧	45	2	

---

① 《云龙县马帮调运补贴日数表》，云龙县档案馆档案资料，档案号：25 – 1 – 14 – 027。

② 原表中的里程以华里计算，现换算为公里。

（续上表）

起讫地点	里程	调运补贴天数	备注
老窝至石门	97.5	3	
南新至石门	32.5	1	
宝丰至石门	15	1	
长新至石门	45	2	
铁厂至石门	112.5	4	
铁厂至大新	55	2	
漕涧至功果	55	2	
石门至荣禄	75	3	
漕涧至瓦窑	45	2	

表4-6所列的是云龙运输的主要驮运路线，可以看到从石门出发，县内连接了各个乡镇，县外则可达大理（下关）、泸水、漾濞、永平、瓦窑、老窝等地。乡与乡之间也有道路联通，形成了马帮运输的道路网。

如前所述，云龙境内的马帮运输成本较高，因此，实行马帮调运补贴。具体为："30~60华里以及60~80华里之间，补贴一日，85~140华里之间，补贴2日，以每马每日空驮在60~70华里之间计算补贴日数。"[①] 1956年9月11日，《关于我县自十月一日起实行马帮调运补贴及调整短途运价的通知》[②] 发布，具体内容为：

（1）调整补贴。马帮驮运物资返回放空时，论运单位给予调运补贴费，每马每日补贴二角五分（人的伙食包括在内），每日行程原则上以60华里计算。60至80华里之间，以及60华里以下至30华里者，仍以一日计算补贴，85华里至140华里之间，给2日补贴，20华里以下不给调运补贴。我县各运输线路补贴日数如附表，返程如有货驮运时，停止拨调运补贴费。

（2）10华里至20华里，100华里100市斤运价增加为2.16元；20华里至40华里100市斤运价增加为2.07元；40华里以上者，仍照原运价100华里100市斤1.80元计算。

---

① 《云龙县马帮调运补贴日数表》，云龙县档案馆档案资料，档案号：25-1-14-027。
② 《关于我县自十月一日起实行马帮调运补贴及调整短途运价的通知》，云龙县档案馆档案资料，档案号：25-1-14-100。

（3）各物资单位，在每日下午二时以前，接到群运站的调运通知单后，当天必须（接）完收完所运物资，下午三时以后，接到调运通知单、运输单，次日上午十二时以前必须（接）完收完。如因物资单位包装不好，收货不及时，因而影响延长马帮的装卸时间，必须按日给予调运补贴。

马帮调运补贴的形式，在其他盐区未见执行。显然，在云龙县解放之后，马帮在运输行业中发挥了重要的作用，但是受到运输道路崎岖、狭窄的影响，马帮货运能力被限制。实行发放补贴，为的是使这个行业能持续下去，不至于影响到各地生活必需品的补充。

第五节　诺邓传统制盐村落生存策略的变迁①

20世纪末期，云龙的盐业生产画上休止符号，原本以盐业生产维持生计的村落发生了变化。从事盐业生产的百姓，又回归到农业生产，仅有一部分年轻人外出务工。盐业生产时期欣欣向荣的景象，又回归平静。不过，2012年央视纪录片《舌尖上的中国》播出之后，一时之间让诺邓古村名声大噪，从此诺邓古村步入旅游业发展的时代。继诺邓古村名扬海内外后，宝丰古镇旅游业发展也初见成效。诺邓古村旅游业兴起之后，村民通过开客栈、熬制盐巴、腌制火腿、赶马等经济活动，增加了收入。这些生计方式将诺邓古村的文化资本发掘出来，实现了生计方式的多元化。

一、传统制盐村落文化资本的形成及其内涵

云龙盐业生产起于汉代，兴于明清。从历史的进程来看，盐业生产成为推动地方社会发展的强大动力，生产盐的村落逐渐成为地方政治、经济和文化的中心。以诺邓古村为例，村落的规模不断壮大，在盐的生产、运销、流通和分配过程中，那些获得盐利的家族或个人不断修建豪华的庭院。白族典型的建筑形式，如"四合五天井""三方一照壁""一颗印"等民居建筑在诺邓井后方的山坡上逐级拔地而起。提举司衙门、盐局等盐税征收

---

① 本节内容由熊卜杰完成初稿，李何春作进一步的修改、润色而成。

机构，成为地方最具代表性的建筑。随着人口剧增，商人纷纷进入诺邓。经济繁荣又刺激了教育、文化的发展，儒学开始兴办，庙宇随处可见。从物质文化到精神文化，这些内容一旦被转化为经济效益，便成为诺邓古村发展的文化资本。

文化资本的概念是法国著名社会学家布迪厄最早提出来的，他将文化资本分为三种形态：身体化形态的文化资本、客观化形态的文化资本和制度化形态的文化资本①。后来，澳大利亚经济学家戴维·思罗斯比（David Throsby）在其著作《经济学与文化》中对文化资本的概念和内涵进行解读，认为文化资本分为"有形"和"无形"两种形式："有形的文化资本通常指积累和存在于被赋予了文化意义的建筑、遗址、艺术品等文化遗产上；无形的文化资本存在于系列与既定人群相符的思想、实践、信念、传统和价值中。"②

由此可见，文化资本的利用可以实现文化向经济效益转化。本节以依托井盐文化发展而来的白族村落诺邓古村为调查对象。文化资本的利用不仅是民族文化保护的有效手段，更为乡村振兴提供助力。如今，诺邓古村通过开盐坊、盐业博物馆、家庭博物馆、客栈、餐馆，赶马运货以及腌制火腿等方式，获得经济效益。这些经济行为又同诺邓古村文化资本的形成密切相关。例如，诺邓古村 2007 年 5 月 31 日被授予"中国历史文化名村"称号，2013 年 5 月被列入"第七批全国重点文物保护单位"。这些荣誉称号成为诺邓古村的无形文化资本。同时，大量的媒体、影视机构对诺邓古村进行跟踪报道，特别是在 2012 年央视《舌尖上的中国》之"诺邓火腿"播出后，诺邓古村名声大噪，影响力提升。诺邓村民不断利用当地的文化资本，实现收入的增加，成为文化推动乡村振兴的典型案例。

本节采用戴维·思罗斯比对文化资本的定义，将诺邓古村盐井文化所包含的文化资本分为以下两个方面：

（一）诺邓古村有形的文化资本

1. 诺邓古盐井

诺邓当地的百姓一直认为诺邓盐井已经有两千多年的历史了。方国瑜

---

① BOURDIEU P. The forms of capital//RICHARDSON J G（ed.）. Handbook of theory and research for the sociology of education. New York：Greenwood Press，1986：244.

② THROSBY D. Cultural capital. Journal of cultural economics，1999（23）：3 – 12.

先生曾指出汉时期的比苏县，即为今天的云龙、兰坪等地。① 汉代，云龙、兰坪等地的盐井究竟在何处，目前并无定论。不过，唐代《蛮书》中提及"剑川有细诺邓井"②。因此，诺邓井至少存在了 1 400 多年。

诺邓井的开采，使大量外来人口迁往此地定居谋生，世世代代的诺邓盐民靠着这口盐井繁衍生息。自古以来，国家为加强中央对地方集权的统治，大多将盐业纳入国家的管控之下，偏远的诺邓古村也不例外。明朝政府在诺邓设五井盐课提举司管理盐税，诺邓井的生产逐渐达到空前繁荣的状态，盐民富庶、文化鼎盛。

2. 提举司衙门旧址

提举司衙门旧址是诺邓古村盐业生产时代保留下来的文化遗址，是国家对诺邓盐业管控的见证，也是诺邓盐业辉煌历史的象征。1386 年，明政府在云南设四提举司，其中"五井盐课提举司"治所即在诺邓。1466 年，福建人黄孟通任五井盐课提举司，管理云龙五井地区的盐税，任职九年后因未能完成所辖的顺荡井盐课的任务，遂留其子孙在诺邓补征盐课，自己告老还乡回福建。他的子孙最后在诺邓古村安家落户，后来提举司衙门外迁，这里就演变成黄氏家族的私家宅子。提举司衙门旧址成为中央管理地方盐务的重要历史遗迹，透过提举司衙门旧址，可以了解到在偏远的大山深处，诺邓因为盛产食盐，而与外界一直保持着畅通的联系。朝廷官员的委派，加速了诺邓盐业的发展，诺邓古村因此成为滇西地区最有影响力的盐井村落。

3. 白族民居

诺邓古村现存包括元代所建的"万寿宫"在内的各类民居百余座，这些民居建筑多为"三方一照壁""五滴水四合院""一颗印"等样式。其中，"五滴水四合院"是诺邓古村极具特色的民居建筑，门头的雕刻十分精巧。三层的碉楼，每一层都有不同的意义，正房、面房、厢房不在同一水平面上。正房在最上面，左右两边顺梯而下的是左右厢房，最下面是面房，这样的构造格局适应了诺邓古村因山就势的地形特点。由于诺邓古村的地势高低不平，一旦下雨，雨水从上到下，流经五层檐面才能落到地上，"五滴水四合院"由此得名。这种独特的民居建筑是诺邓古村集体智慧的结晶，再现了诺邓古村盐业时代的兴旺，昭示着诺邓盐民生活的富足，是一种具有观赏价值的文化资本。

---

① 方国瑜：《云南民族史讲义》，昆明：云南人民出版社，2013 年，第 304 页。
② （唐）樊绰撰，向达校注：《蛮书校注》，北京：中华书局，1962 年，第 189 - 190 页。

4. 玉皇阁道教建筑群

玉皇阁道教建筑群是诺邓古村古建筑最高成就的代表，看起来雄伟壮观、气势磅礴、直插云天，是诺邓盐业生产时代最辉煌的宗教文物遗产。整个建筑群包括文庙、武庙、静室、棂星门等建筑。其中，玉皇阁最为壮观，它是一座三层阁楼式建筑。据地方志记录，玉皇阁修建于明朝嘉靖年间（1522—1566），后经多次修复，民国期间重建了关圣庙。玉皇阁是以道教为主，并融合了儒、释文化的古建筑群，是云龙境内现存最早、保存最完整、最典型的宗教建筑群。玉皇阁周围古木参天，荫翳蔽日，大殿建在2.15米左右的石台上，殿高16.4米，阁面宽13.8米，进深13.3米。[①] 这座古建筑从下往上看，高耸入云，气势恢宏，给人一种高大气派的感觉，殿前院内植修竹奇花，有数百年树龄的古木如紫薇、金桂、扁柏、古梅。古树与建筑交相辉映，和谐共生，道家文化的理念在玉皇阁建筑群中可以得到完美的展现。

（二）诺邓古村无形的文化资本

1. 传统的制盐技艺

诺邓井盐的制作工艺包含一系列的程序，不是一蹴而就的，一般经过汲卤、熬卤到制卤几个阶段。

首先，需要用一个水泵从诺邓盐井里抽出卤水，将它盛放在一口大缸里，使其沉淀。其次，将沉淀过后的卤水倾倒在一口硕大的铁锅里，在锅底架起熊熊燃烧的木材，用铁勺不断地在铁锅里搅拌并打捞杂质，使其水分逐渐蒸发，结晶成盐。然后将盐放进模子里，用木槌将其打成上窄下宽的圆柱体。最后，将盐放在铁板上面烘成筒盐。总结起来就是烧锅、散水、归锅、捞盐、托锅、舂盐、捏盐、烧盐、包装九道工序。然而制作质量上乘的盐巴，需要更加精细的步骤，每一步都不能马虎，在熬盐的过程中去除杂质显得特别重要，怎么样打捞杂质，多长时间打捞一次杂质，用多少木材，煮多长时间等，这些环节都决定着盐的质量，因此，熬盐技艺自身就是一种无形的文化资本，并可以世代相传。

2. 诺邓火腿的制作技艺

诺邓火腿因腌制的时候使用了当地诺邓井盐，其味道独特、香醇，闻名遐迩。

---

① 中共云龙县委、云龙县人民政府编：《云龙风物志》，德宏：德宏民族出版社，2008年，第72页。

诺邓火腿的腌制是一门传统的手工技艺，需要一系列的步骤才能完成。诺邓村民从立冬开始腌制火腿。首先，需要宰杀诺邓本地饲养的猪，在屠杀时不能让猪的后腿摔着或砸伤，否则有淤血残留在火腿里，容易导致整只火腿坏掉。若是市场购买的后腿，当天需要去除多余的皮肉，把腿毛刮掉，把淤血挤压出去，然后晾上一天。第二天开始制作时，再挤一次淤血，然后喷洒本地产的苞谷酒抹匀，接着撒上诺邓盐，用双手反复揉搓、推压，使盐分渐渐渗透到火腿里，揉压之后，把火腿一只压着一只地堆在房里，让其水分逐渐挤压流干，腌制 15 天之后把火腿底儿朝天地翻一次，再腌制15 天就可以晾挂出去。晾挂火腿的房间也很讲究，需通风，地面需铺一层从沘江河里打捞上来并晒干的沙子来吸潮。最后让其自然风干、发酵，这样诺邓火腿才算制作完成。

在云龙境内，其他产盐的几个村落也腌制火腿。但是，价格和诺邓火腿相差较大。一般来说，诺邓火腿价格在 160 ~ 200 元/公斤，其他地方的火腿则价格在 60 ~ 100 元/公斤。

3. 马帮与盐运古道

在盐业生产时代，马帮自古以来就是诺邓古村最重要的运输途径，盐业的生产、运输、销售和交换都离不开马帮。灶户熬盐，需要大量的木材，盐民就赶着马帮去山上砍柴，来来往往的马帮成为诺邓古村最具特色的文化形式。在诺邓井盐向外运输、销售的过程中，马帮的作用更加凸显。由于云南山高路陡，马帮往往需要翻山越岭、长途跋涉才能到达，路途的艰险可想而知。下面是一首白族语翻译成汉文的白族山歌：

> 小哥出门去哪里？
> 带我阿妹跟随你。
> 金齿城上贴青砖，
> 忍车城门钉铁皮；
> 三塔顶上金鸡立，
> 压大理风水。①

从这首山歌中可知马帮的几处行程，"金齿"指保山，"忍车"指省城昆明。历史上，诺邓古村的盐马古道往西通保山、腾冲，继续往西可至缅

---

① 2019 年 1 月田野调查资料，杨希元口述，熊卜杰整理。

甸，往北通向丽江、西藏，东路可以通向大理、昆明等地。古代盐业经济繁盛时期，西藏、丽江运来的皮毛山货，缅甸的象牙、珠宝、玉器，保山的水果、茶叶，还有中原运来的布匹都在这儿交易，盐马古道就是诺邓古村向外联通的一条贸易通道，是诺邓古村传统文化与外来文化交汇的重要载体，这条贸易古道也是各民族相互交流与融合的文明古道。马帮长年累月、长途跋涉地走在盐马古道上，不断和外界交流。诺邓古村通过盐马古道向外输出自己的盐业文化，同时也吸收外来的文化，这使诺邓古村在盐业时代具有更大的开放性和包容性。

4. 享誉全国的历史名村

在诺邓古村无形的文化资本当中，有一种特殊形式的文化资本，即来自外界的口碑、认可及其获得的各类荣誉称号。如诺邓古村于 2007 年 5 月 31 日被授予"中国历史文化名村"称号，2013 年 5 月被列入"第七批全国重点文物保护单位"等。因为受到外界的认可，诺邓古村的影响力突破了地域的限制。同时，大量的艺术、影视机构对诺邓古村进行报道，特别是 2012 年央视《舌尖上的中国》之"诺邓火腿"的播出，使诺邓古村为更多人所熟知，因此吸引了大量的游客前来旅游参观，诺邓古村也相应地保持着较高的旅游热度。

二、文化资本的利用与多元生计策略的形成

在诺邓古村旅游业发展的过程中，当地盐民利用各种形式的文化资本开发旅游，使文化资本从搁置状态转化为利用状态，诺邓盐民开始利用文化资本进行旅游产品的开发，通过开客栈、经营特色餐饮、制作诺邓火腿等方式增加收入。

（一）开客栈：宿白族民居

诺邓以典型的白族风格民居而吸引游客来此留宿。以本村大青树客栈为例，这是诺邓古村开的第一家客栈，最早开于 2002 年，至今已有 20 个年头。大青树客栈系康熙年间举人黄桂（父子双中举）的故居，现居住者为黄桂第二十一代玄孙，系客栈的女老板。此处家宅距今已有三百多年历史，它坐落在一棵有着三百多年历史的大青树旁边，所以取名"大青树客栈"。客栈在诺邓古村地理位置最优越的地方，它的上方是提举司衙门旧址，是游客游览参观的必经之地。夏天，大青树高而宽广的树枝为过路的游客洒下一片阴凉，成为众多游客停息歇脚的好地方。此户人家曾经出过两名进

士、五名举人，文化底蕴深厚。黄桂的爷爷曾是当地有名的中医，技艺精湛，曾造福一方百姓。

据客栈主人黄老板介绍，她大学的时候学中医专业，毕业之后回到诺邓古村从事旅游业，并传承了她爷爷的传统中医技艺。在访谈过程中，我们发现很多游客前来拜访中医爷爷，请老人把脉问诊，八十多岁的爷爷依然矍铄健硕，思维清晰。老爷爷的中医传统技艺深受游客信任，游客纷纷前来拜访，并体验传统中药泡脚服务。黄老板还介绍说，浙江卫视的节目组曾来诺邓古村拍摄过节目，在她家取过景，她和一些嘉宾的合照一直挂在客栈门前的墙壁上，泛黄的照片诉说着一段宁静美好的过往。

当地除了白族人开的客栈之外，也有外来人开的客栈。如荒野际客栈是外地人在诺邓古村开办的一家房价较高、卫生环境较好的客栈，于2018年投入运营。该客栈的老板是一对年轻夫妇，有大学文凭，客栈的整体设计清新、自然、古朴，内部装饰奢华，院落里的山水花草筑构成一座美丽宁静的花园。据客栈老板描述：

> 我们2016年来这里旅游，发现这里环境很安静，人情淳朴，村落古道也修得不错，政府对基础设施建设得很好，还有就是诺邓火腿很有名，所以就决定在这里做旅游生意了。我们客栈装修用了一年左右的时间，投资了一百多万元，与当地盐民签了20年的租赁合同，每年付给盐民两万元左右的租金。我们的客栈住宿价格比较高，价位在480～880元，给每一个房间都取了一个名字，如伴山、知山、依山、远山、留山等，院落里面花园式的设计都是我们自己设计的，因为平时我们经常去大理出差，所以请了一个年轻的服务员帮忙管理，她会电脑操作，为游客提供的服务也比较周到。客栈卫生就请当地的盐民帮忙打扫，付给他们一定的工钱。因为刚来不久，所以和当地的盐民还不熟，不知道哪一家的火腿最好吃，以后要去尝试尝试。

据实地调查，荒野际客栈住宿环境舒适、干净，空间布局和谐，游客就餐环境温馨，花园式的休息亭台显示出一种高端的品位。聘用会操作电脑的年轻服务员帮忙管理，有利于提高客栈的管理和服务水平。由于住宿条件安静、舒适、卫生，有经济实力的游客喜欢在这里住宿，因此，其收入比一般的客栈要高。

（二）开餐馆：品尝诺邓火腿

盐泉农家客栈是 2012 年央视《舌尖上的中国》的拍摄地，它坐落在古村的山脚下，地势平坦，环境清幽，风格古朴，周围的小桥、流水、人家构成一幅美丽和谐的画卷。《舌尖上的中国》对诺邓火腿的宣传，使客栈的影响力和知名度大大提升，吸引了一大批国内外的游客。诺邓古村也因此成为旅游热门目的地，慕名而来的游客越来越多，各大旅行杂志纷纷将诺邓古村盐泉农家客栈、复甲流芳客栈等收录为旅游食宿热门客栈，客栈在媒体等的强势宣传下，成为游客的首选之地。媒体的宣传扩大了客栈的知名度，通过声望、名誉等形式的文化资本引起商品和服务的不断流动，实现了文化资本向经济资本的转化。

（三）开盐坊：观赏传统制盐工艺

诺邓制盐坊是诺邓古村仅有的几家熬盐作坊之一，它是展示传统熬盐技艺的窗口，是诺邓井盐文化在当代的再现和延续。它位于一条狭长的古道旁边，离古戏台约 100 米，2002 年被云龙县人民政府授予"云龙县文物保护单位"称号。经营制盐坊的杨姓店主是诺邓井盐制作的传承人，他通过现场熬盐的方式向游客展示熬盐的一系列过程，让游客在体验中感受诺邓的井盐文化，古老的熬盐技艺再现了诺邓过去世代以盐为生的生活场景。

笔者在实地调研中，经常看到这样的场景：杨姓人家门口放着一口硕大的铁锅，锅里面盛满了从诺邓盐井里抽上来的卤水，锅底下的柴火正噼里啪啦地响着。不一会儿整个锅面水汽腾腾，云雾缭绕，弥漫着整个作坊。这时杨店主便每隔两三分钟就拿起一把长长的铁勺在锅里面搅拌，并打捞起锅面上的杂质，锅里面另一把铁勺用来沉淀卤水里的污垢，再时不时把沉淀的污垢倾倒出去。在这样反复打捞沉淀的过程中，卤水渐渐变得清亮。再过一会儿锅面上逐渐露出一层白色的晶粒，最后又沉到锅底，经过数十个小时的熬制，白花花的诺邓盐就出锅了。然而这并没有结束，杨店主把雪白的盐堆在左侧两个用木头支起的竹盆里，堆成了下圆上尖的圆柱，竹盆的下边因过滤作用凝结成了一根根白色的盐柱，晶莹剔透，雪白动人。

从现场熬盐的场景可以看出，诺邓古村旅游业的发展为传统制盐技艺创建了新的社会交换场域。由于精细的制盐工艺得到了当地的民众、政府、媒体的认可和信任，很多网络媒体或杂志社记者前来拍摄和报道，形成了一定的口碑效应，这种口碑有利于拓展其社会关系网络，改变之前以村落和家族成员为主的单一社会网络，拓展了个人的社会资本。

（四）运货物：古道上的马帮

诺邓古村处在滇西北大山深处，由于山高谷深，群山环抱，当地民居都建造在海拔 1 900～2 020 米的山坡上，往往是前后人家之间楼院重接、台梯相连，前家楼上的后门即通后家的大院。诺邓古村很少有地势平坦的地方，古道陡峭，台阶相连，所以当地盐民世代过着人背马驮的生活。马帮一直是诺邓古村重要的运输工具。过去国营盐场的工人黄爷爷这样介绍马帮的情况：

> 诺邓很早的时候就开始产盐，那时候交通不发达，盐业的生产、运输、销售和交换都需要靠马帮，古代诺邓的盐民几乎每一户人家都养了两三匹马或骡子。因为生产盐需要大量的柴火，所以很多盐民去大山里砍柴，然后用马帮把木柴驮运下山，送到熬盐的地方。那时诺邓有上百匹马上上下下，穿梭不断，有马蹄声、铃铛声、吆喝声、谈笑声，整个诺邓的熬盐场景热闹非凡。盐的运输就更需要马帮了，没有马帮是不行的。过去诺邓的盐要卖到保山、腾冲、缅甸、丽江、西藏等地，路途非常遥远，有时需要走几个月，山路崎岖，都是靠马帮驮盐的，盐卖出去之后换回来的粮食、布匹等生活物资也都是靠马帮驮回来的，所以马帮的作用很大，以前盐民种的苞谷也都是用马帮从大山里驮下来的，因为山高路陡，所以马帮很重要。

在实地调研中发现，当地盐民在修建或翻修房屋时，因为住宅大都建在山坡上，道路比较陡峭，所以建筑材料都靠马帮驮运上山（实际上是用骡子驮运，因为骡子比马更灵活），一匹骡子驮一趟需要 20 元的运费。由于建筑材料比较多，需要很多趟才能驮运完，最后建造房子的运费比材料费还多。在交通方便的地区，人们可以直接把沉重的货物运至院内，住在诺邓大山里的盐民则需要分次运输，第一次是用现代交通工具把货物运到诺邓山脚下，第二次是用马帮把货物驮运上山，所以马帮一直是诺邓不可替代的重要运输工具。

诺邓古村旅游业开发的过程中，马帮起到了很大的作用。首先，游客对马帮驮运东西感到比较新奇，能带来异文化的刺激；其次，马帮把游客的行李驮送上山这一路的体验是平原地区的人们不曾有过的，有时游客会饶有兴致地牵着马上山，一路拍照留念，马帮就是游客旅途当中的一道亮丽风景线。

据以马帮运输为生的尹师傅介绍，随着来诺邓古村旅游的游客越来越多，很多需要住宿的游客要搬运行李上山，以及村落的垃圾要驮运，马帮便成了新的运输工具。从原来运盐、运木柴、运苞谷到运游客的行李、运村落的垃圾，马帮始终在诺邓古村的发展中扮演重要的角色。

（五）建家庭博物馆：参观白族民间工艺

小青树客栈因门外有两棵比大青树小的青树得名。其于 2005 年开业，是诺邓古村第一家以家庭生态博物馆为特色的客栈，里面收藏有陶艺、拓片、古书、画作等文物，具有收藏和观赏价值。该客栈于 2005 年被大理州博物馆列为文物保护单位，客栈的门口有一块宣传栏，上面醒目地雕刻着"陶艺体验""拓片体验"，并在一块木质的展示板上展示着其家族的历史和文化：

> 我家是白族民间工艺美术世家，擅长纸扎、木雕和泥塑艺术，诺邓寺庙的佛像、盐井斋会的纸扎、乡土教材、道教经文的雕版、民居装饰绘画，皆出自我家祖辈之手。到我祖父黄遐昌时，将祖传技艺发扬光大，成为享誉云龙五井的民间艺术家。在大理州博物馆的指导和帮助下，我家以祖辈遗作为基础，结合民居环境建立家庭生态博物馆，并为纪念祖父黄遐昌，特以他的名字来命名博物馆。①

历经多年的发展，"黄遐昌家庭生态博物馆"已成为诺邓旅游的一张名片，接待着世界各地数以万计的游客。游客在参观完家庭生态博物馆后，可支付一定的讲解费。从小青树客栈旅游开发的过程中可以看到，传统文化的展示，包含着一个买卖关系的开放市场，更是一个个体获得更多机会的竞争领域。

三、文化资本的利用及其对乡村振兴的意义

2018 年 1 月 2 日，《中共中央国务院关于实施乡村振兴战略的意见》（简称《意见》）指出："实施乡村振兴战略，是解决人民日益增长的美好生活需要和不平衡不充分的发展之间矛盾的必然要求，是实现'两个一百年'奋斗

---

① 2019 年 1 月 9 日田野调查资料。

目标的必然要求，是实现全体人民共同富裕的必然要求。"① 此外，《意见》还指出"乡村发展整体水平亟待提升"的问题。2018 年 9 月，中共中央、国务院印发了《乡村振兴战略规划（2018—2022 年）》，提出"乡村兴则国家兴，乡村衰则国家衰"。可见，中国未来的发展实施中，乡村振兴是关键。

在乡村振兴过程中，如何挖掘乡村自身的资源，为乡村自身的发展提供内生动力，值得探讨。譬如，一些历史悠久、文化底蕴深厚的传统村落，其文化特色凸显，旅游业发展初见成效，是乡村社会经济增长的一条路子，也是坚持乡村全面振兴，统筹谋划农村经济建设、政治建设、文化建设的重要内容。事实上，一些古镇、名村在这条道路上取得了较好的成绩，正是显现出"乡村振兴，文化先行"。因此，认真挖掘乡村文化，通过文化建设来推动经济建设，是乡村振兴的有效路径。这有利于挖掘和保护乡村文化，有效整合资源，合理规划乡村布局，使村民的经济收入得到保障。

学者王云、龙志和、陈青青曾提出："文化资本的积累与经济增长存在着内生的相互促进作用，文化资本的积累将促进经济的增长，反过来，持续的经济增长将拉动对文化产业的投资。"② 由此可见，文化资本的利用可以实现文化向经济效益转化。作为依托井盐文化发展而来的白族村落，诺邓古村对文化资本的利用不仅是民族文化保护的有效手段，更为乡村振兴提供了助力。

文化是乡村振兴战略的关键。诺邓作为千年白族古村，承载着历史悠久的中国传统文化，饱含鲜明的乡村文化。随着时代的发展变迁，新旧文化交叠更替，形成具有地方特色的丰富旅游文化资源，而将这些文化资源创造性转化为文化资本的过程，就是助推乡村振兴战略创新型发展的动力。应通过对文化资本的利用，实现区域经济文化的繁荣发展，谱写新时代乡村全面振兴的新篇章。

（一）文化资本的利用促进乡村经济发展

改革开放以来，随着现代化进程的加快和中国特色社会主义市场经济体制的确立，城市化进程也随之加快，但是在未来很长的时间里，不能忽略乡村在实现"两个一百年目标"中占据的重要地位，要实现中华民族的

---

① 本书编委会编：《中共中央国务院关于实施乡村振兴战略的意见》，北京：人民出版社，2018 年，第 1 页。

② 王云、龙志和、陈青青：《文化资本对我国经济增长的影响——基于扩展 MRW 模型》，《软科学》2013 年第 4 期，第 13 页。

伟大复兴，乡村必须振兴。正如《乡村振兴战略规划（2018—2022 年）》所提到的，"我国人民日益增长的美好生活需要和不平衡不充分的发展之间的矛盾在乡村最为突出，我国仍处于并将长期处于社会主义初级阶段的特征很大程度上表现在乡村。全面建成小康社会和全面建设社会主义现代化强国，最艰巨最繁重的任务在农村，最广泛最深厚的基础在农村，最大的潜力和后劲也在农村"①。在现如今推进脱贫攻坚与乡村振兴有效衔接的关键节点上，我们通过诺邓的发展经验可以看到，文化资源是诺邓当地的固有资源，诺邓的发展全面调动了文化要素的各方面属性，将其转化为文化资本，成为助推乡村振兴的动力机器。

在诺邓村实施乡村振兴的过程中，除了经营民宿、客栈、餐馆、家庭博物馆等外，产业化道路成为当地经济发展的助推器。诺邓利用早期沉淀下来的井盐文化，极力打造诺邓饮食文化。其中，诺邓火腿成为云南境内和宣威火腿、鹤庆火腿并列的驰名商标，并被冠以国家地理标志。随着诺邓火腿名扬国内，火腿加工产业应运而生。2003 年，云龙县诺邓火腿食品厂成立，此后火腿产业不断发展。诺邓火腿经"中国品牌建设促进会"评定，其品牌价值已达 48.97 亿元，成功入围"中国品牌价值百强榜"。根据《云龙县加快推进以诺邓火腿为支撑的生猪产业"一县一业"发展的实施意见》，到 2023 年末，全县生猪产业发展的目标是实现年出栏生猪 115 万头以上（新增出栏 90 万头）。这为地方经济发展指明了方向，企业带动了农业、养殖业、餐饮业等行业的发展。于是，以文化资本为核心动力的乡村旅游业实现了经济效益与文化效益的双重回馈，达到经济、文化、生态三者的协调统一。

（二）文化资本的利用实现了乡村"留住乡愁"

习近平总书记在考察云南大理洱海边的大理白族自治州大理市湾桥镇古生村时，曾强调："新农村建设一定要走符合农村实际的路子，遵循乡村自身发展规律，充分体现农村特点，注意乡土味道，保留乡村风貌，留得住青山绿水，记得住乡愁。"② 在世界范围内，随着全球化进程的加快，乡村衰退的问题在中国仍然突出，油然而生的"乡愁"就是人们在物质生活

---

① 中共中央国务院：《乡村振兴战略规划（2018—2022 年）》，《人民日报》，2018 年 9 月 27 日第 1 版。
② 中共河北省委宣传部编：《2015"三农"政策专题解读》，石家庄：河北科学技术出版社，2015 年，第 90 页。

基本富足后产生的对故土家园以及往日生活的一种心理依恋与精神寄托。"乡村是凝聚亲缘和血缘的家，是家族宗族、民间信仰和乡规民约的联系纽带，是中华民族的精神家园与文化根脉。"① 其中，中华传统文化就是乡愁的血脉，是中华儿女身上无法抹去的文化烙印，它蕴含在村民对家乡的心理认同中，唤醒城市对乡村的历史记忆，为新时期乡村的发展提供新的方向。由"乡愁"延伸出的"乡愁经济"就是将乡情民俗等文化资源进行价值转化的经济形式。与传统乡村经济模式不同的是，它以生活在乡村的村民为主体，通过将其内部环境资源、历史资源等要素物化为经济价值，以商品的形式重新出现在市场中，带动当地的经济发展。传统文化在这种发掘利用的过程中得到最大限度的传承与保护，这一过程并没有以牺牲环境为代价，反而利用其内部文化资源优势转化为文化资本，让乡村村民与城市居民重新寻找到精神依归。诺邓古村正是鲜活的例子，其顺应时代发展趋势，借助互联网新媒体宣传，发展当地旅游业，保留着古村原貌，重现制盐工艺，将这份乡愁锁在其中。

（三）文化资本的利用降低了乡村建设的成本

乡村的基础设施建设和公共服务是农业现代化的薄弱环节，相较于城市来说，由于市场经济的作用，优质资源和技术人才会自发地流向城市，农村在竞争中处于劣势。实施乡村振兴战略，正是基于这样的考量。通过利用文化资本，促进当地产业结构升级，深化乡村的综合治理与改革。云龙县政府与文化旅游局结合诺邓制盐古村的特色，制订特色产业发展规划，对古院落的修复保证最低限度的破坏，实现"修旧如旧"，在建立统一的标准的同时，避免同类产业的恶性竞争，最大限度地保护传统文化和古建筑。当地客栈的外部与古村的形象融为一体，但内部又符合现代化民宿的标准。文化资本推动文旅产业结构升级，带动了乡村建设的进程，使得公共交通更加便利，公共服务更加全面，相关责任负责监督机制更加高效。完善的乡村基础设施和公共服务体系反过来也带给游客更好的体验，在这双向互动中，不仅降低了乡村建设的成本，也带来新时代乡村发展的新契机。

---

① 渠岩：《艺术乡建：许村重塑启示录》，南京：东南大学出版社，2015 年，第 137 页。

第五章
藏盐入滇：滇藏交界区的权力博弈与民族互动

盐井乡距离云南省德钦县仅 110 公里，既是滇藏之门户、贸易之咽喉，也是川滇藏交界区重要的盐产区。在澜沧江谷底两岸的石缝之间冒出天然的盐泉，人们"架木为田，汲卤晒盐"，从事着以家庭为单位的传统盐业生产。在现行的行政建制下，盐井属于西藏自治区昌都市芒康县盐井纳西民族乡。不过，人们多称其"盐井"。清末，赵尔丰在川边改土归流时期，曾设盐井县，但最终未筹建成功。1999 年 9 月 21 日，经国务院同意，撤销盐井县。历史上的盐井因盐而兴，成为兵家必争之地。从清末至民国这段时期里，当地的盐税始终是各方势力争夺的对象。曾经因滇盐无法到达滇藏交界地区，滇西北的大部分地区成为藏盐的销区，当时，云南为了控制藏盐冲击本省的食盐销售，以增加税收的方式来阻止藏盐入滇，从而引发了盐税博弈事件。

第一节　清末盐井改土归流与川滇藏边的社会治理

一、清代中央对川边盐井的控制与治理

澜沧江流域分布着丰富的盐业资源，江水不断切割山体，致使地下的岩盐不断被溶解，并裸露于地表，从而容易被人类发现。盐井地处滇藏交界处，藏语称"察卡洛"，意为一个产盐的地方。该地的澜沧江底部两岸的石缝中有大大小小几十处泉眼，卤水自然冒出地表。于是，藏族和纳西族的百姓在两岸搭建木楼，修建盐畦，汲卤晒盐，使盐井成为西藏东部的重要盐产区。

长期以来，当地人将盐井的盐巴在川滇藏交界区进行交换，通过"以物易物"的方式获得生活的必需品。这种盐的贸易，以盐井为中心，辐射川边的巴塘、理塘、得荣、乡城、稻城，滇西北的德钦、中甸、维西、贡山等地以及西藏东南部的芒康、察雅、八宿、左贡、察隅等地区，形成了盐的贸易圈。①

自古以来，盐区的争夺不胜枚举。明代，木氏土司北扩曾占领盐井，从 1508 年到 1526 年，木氏军队沿着澜沧江流域的茶马古道北进，沿途占领

---

① 李何春：《动力与桎梏：澜沧江峡谷的盐与税》，广州：中山大学出版社，2016 年，第 258 页。

了德钦县澜沧江流域的村寨，并直取盐井镇①，统治了盐井地区长达110年。②

清代，盐井受巴塘土司和盐井腊翁寺共同管控。在政教联盟制度之下，盐税长期被僧权和俗权所占有。清末，川边危机之时，凤全作为新任驻藏帮办大臣治理川边，不料被巴塘丁林寺的僧人戕杀，发生了震惊朝野的"凤全事件"。③ 事件发生之后，赵尔丰临危受命，赴川边处理凤全一事。赵尔丰在平息"凤全事件"之后，得到时任四川总督锡良的赏识。光绪三十二年（1906）六月，川边设川滇边务大臣一职，即由赵尔丰担任。此后，赵尔丰先后对川边各县进行改土归流，盐井也在其列。不过，当他委派王会同、吴锡珍等人到盐井查明情况，准备招抚盐井之时，引发了当地腊翁寺的不满。腊翁寺不仅长期占有盐利，在新军进入盐井之后，更是教唆他人贩卖私盐，以致双方矛盾不断升级，光绪三十二年十二月二十五日，新军出动二百五十余人的兵力，才攻克腊翁寺。④

民国初期，盐井地方社会依然多次发生盐利争夺的冲突。文献记载，民国元年（1912）至民国六年（1917），常发生争夺盐井的军事斗争。⑤1917年至1918年，盐井朔和寺活佛贡噶喇嘛收缴边军的枪支，后出尔反尔，未按照事先的约定将枪支交给藏军，藏军为了笼络贡噶喇嘛，于1920年委任他为宗本，并将盐税的一半收入补偿给了他。⑥

二、清末改土归流时期盐井设县之经过

清代，中央王朝对西南的控制加强，盐井因为处在重要的战略位置，受到朝廷官员的重视。清末，川边发生"凤全事件"之后，朝廷加紧了川边改土归流的进程。自光绪三十一年（1905）起，先后对巴安府（今巴塘）、盐井、定乡、贡嘎、三坝厅、理化厅、河口县、康定府等地区实行改土归流，并对地方建制进行了一系列的改革。其中，光绪三十四年

---

① 潘发生：《揭开滇川藏三角区历史文化之谜》，昆明：云南民族出版社，2008年，第131页。

② 李何春：《动力与桎梏：澜沧江峡谷的盐与税》，广州：中山大学出版社，2016年，第126页。

③ 刘läve永：《1904年霍西笔下的巴塘、丁林寺与"乙巳凤全死亡事件"》，《四川师范大学学报》2007年第2期。

④ 四川省民族研究所、《清末川滇边务档案史料》编辑组编：《清末川滇边务档案史料（上册）》，北京：中华书局，1989年，第106页。

⑤ 佚名：《盐井县纪要》，《边政》1932年第6期。

⑥ 参见李何春：《动力与桎梏：澜沧江峡谷的盐与税》，广州：中山大学出版社，2016年，第193－194页。

（1908），始设盐井县，当时隶巴安府，即归四川管辖。设治之初，将原澜沧江东岸宽阔的盐局大楼改为县署办公所用，并兼管理盐务。[①] 直至民国二十一年（1932），康藏签订《岗拖协议》之后，盐井划归西藏地方政府。后于民国二十八年（1939）一月，曾划归西康省管辖。1950 年 10 月 12 日，盐井县解放，设盐井宗。1959 年 9 月成立盐井县人民政府，隶昌都地区专员公署。1960 年 4 月 9 日，经国务院批准撤销盐井县，并与宁静合并为宁静县，5 年之后，又将宁静县改为芒康县。1983 年 10 月，经国务院批准恢复成立盐井县，但因故未能建县。1999 年 9 月 21 日，经国务院批准撤销盐井县，并入芒康县。[②]

有关盐井设县的过程，学界讨论不多。1908 年设盐井县，正值清末政府加强川边地区治理的关键时期。赵尔丰在此设盐井县，其意图是加强对川藏交界地带的管控。改土归流之前，盐井长期处在政教制度的控制之下，地方精英和宗教头人阻碍了改土归流的推进，若不加强行政控制，难免受到地方权力的牵制。此后，西藏地方政府和西康各种权力在盐井争夺盐利，各方势力均对盐井虎视眈眈。赵尔丰在盐井设县之后，突破了金沙江的天然屏障，实现向西推进。盐井是其推进西部的毕土、察隅等地的治理的一个重要据点。

三、清末盐井西部地区的边疆治理进程

盐井因其特殊的地理位置以及盛产食盐，同周边的巴塘、德钦、察隅、贡山等地关系密切。"凤全事件"发生之后，直接导致改土归流的进程推进至盐井。盐井改土归流之后，有效维护了盐井西部察隅地区的国家统一，增强了民族认同和维护了边疆稳定。

察隅，又称"杂瑜"或"杂隅"，地处盐井西部，和印度接壤，元代以来已在中国的版图内。清康熙五十八年（1719），岳钟琪为配合平定西藏，从川边进入西藏。西进途中招抚各地头人，据成都同知马世炜、提标后营游击黄喜林报告，"招乍丫、察娃、作贡（现左贡县）、奔达、桑阿却宗（即桑昂曲宗，现察隅县）、察木多（现昌都）等处"[③]。此时，察隅归昌都的呼图克图管辖。雍正三年（1725），清政府将盐井西部的桑昂曲宗作为封

---

① 刘赞廷：《盐井县志》，见《中国地方志集成：西藏府县志辑》，成都：巴蜀书社，1995年，第 365 页。

② 芒康县地方志编纂委员会编：《芒康县志》，成都：巴蜀书社，2008 年，第 389 页。

③ 黄沛翘：《西藏图考》，台北：文海出版社，1965 年，第 327 页。

地赠送给达赖喇嘛，此时察隅属桑昂曲宗的宗本和协廒管辖。

察隅地处中印边界。在20世纪初期，英国殖民主义入侵中国的西南地区。1907年12月至1910年冬季，英属印度在萨地亚设立的政治助理官员先后两次深入下察隅日马。① 此时期正值程凤翔追捕腊翁寺事件的逃匿者，率兵进入盐井西部的毕土、闷空、扎宜一带。宣统元年（1909），西藏势力为了抵制赵尔丰西进，在察隅聚集大量的兵力，准备在此集结力量，起兵攻打盐井。宣统二年（1910），赵尔丰令程凤翔驱逐西藏势力，收回该地区。当程凤翔到达桑昂曲宗后，得知英国人已经进入桑昂曲宗所辖的边境地区。宣统二年正月十九日，程凤翔禀报察隅所属的压必曲龚有外国人在插界旗。② 此时，新军西进察隅的目的已经不再是简单的处理和西藏势力之间的关系，而是开始承担起维护国家主权和边疆稳定的重任。

宣统二年二月初九，程凤翔又率队前往察隅查看情况，整个行程达620里，掌握了从桑昂曲宗到察隅沿线各村庄的基本情况。程凤翔试图摸清察隅各地的耕地面积、物产和交换情况。查看的结果是，有平坦的土地可开垦，但目前开挖的不多，以后可发展农业；物产较为丰富，有黄连、虫草、贝母、知母和麝香等药材，以及有熊、豹、狐狸等兽皮。其中，土产以黄连为大宗。尽管当地重视交易，但是商品经济不发达，多以物易物。

宣统二年三月初三，程凤翔禀报察隅情况，其目的有两个方面：一是了解当地民族概况和熟悉地方情况，指出"查杂瑜（察隅）之外，俅罗地，有人谓即是珞瑜，珞瑜之外，阿渣有人谓即是竹巴，应一并查明"③。二是招抚中印边境的民族，查看"俅罗究竟已投英国否"，要求士兵先是保护当地百姓，决不骚扰；其次搞清楚当地的民族是否已经投靠英属印度，"如未投英，可投中国，倘已投英，则不必劝令投中国"④；再次要"开明届址，树立旗帜"，"倘俅罗未投英国，而投中国，则俅罗地面与外人交界之处，务令开明界址，究山系河为界，总宜确指地处，给该处头人以龙旗定界。如俅罗早已投英，则龙旗即交杂瑜头人，凡与俅罗交界之处，亦必开明界址"⑤。据程凤翔禀报，已收到两面龙旗，学者认为插旗时间和地址为1910

---

① 吕昭义、杨晓慧：《英属印度的战略边界计划与赵尔丰、程凤翔对察隅边防的巩固》，《南亚研究》2006年第1期，第58页。

② 四川省民族研究所、《清末川滇边务档案史料》编辑组编：《清末川滇边务档案史料（中册）》，北京：中华书局，1989年，第559页。

③ 吴丰培编：《赵尔丰川边奏牍》，成都：四川民族出版社，1984年，第491页。

④ 吴丰培编：《赵尔丰川边奏牍》，成都：四川民族出版社，1984年，第491页。

⑤ 吴丰培编：《赵尔丰川边奏牍》，成都：四川民族出版社，1984年，第491页。

年4月12日至5月8日插在压必曲龚，即叶普克河与洛希特河汇合处。① 此后中国方面有两次在压必曲龚竖旗。②

清末，继程凤翔之后，盐井盐局委员段鹏瑞，阿墩子弹压委员、桑昂曲宗善后委员夏瑚先后到察隅边境勘察。可以看到，清末川边改土归流时期的清廷代表在川边推进改土归流的同时，通过插旗有效遏制了英国人进一步北犯西南边疆，为维护边疆统一做出了贡献。对民族问题的把握上，清政府采取招抚的方式，让当地民族认识到朝廷对其的重视，让其感受到归属感。

盐井西部既是中印和中缅边境地区，也是西藏和云南的接壤地带。地处察瓦龙南的独龙江流域，生活着藏、独龙、怒、傈僳等民族，该区域地形复杂，沟壑纵横，在元代之前并无文献记载。明代属木氏土司管辖，直接由维西土司管理，但是历来无土司驻守，土司委派侎人（独龙族）一年征收一次税收。清末，夏瑚受命查办"白汉洛教案"，进入怒江。此时，夏瑚了解到俅江（独龙江）流域的民族受到察瓦龙土司和喇嘛寺的压迫。"长期以来，察瓦龙的土司们把独龙江中上游的独龙、怒、傈僳等各族人民看作是自己的农奴，每年定期向他们征收实物贡税、征用劳役，并作专断性的不等价交易等。"③ 夏瑚进入怒江后，试图让怒江和独龙江流域的民族摆脱察瓦龙土司与喇嘛寺的压迫，但是计划因自己受诬告而终止。清廷统治时期，上述区域的民族饱受压迫，形成了严重的民族等级制度。当地的独龙族和怒族在无奈之下，曾奋起反抗，但是由于力量悬殊，均以失败告终。

程凤翔、段鹏瑞和夏瑚因处理"腊翁寺事件"，深入盐井西部的察隅等地，通过插旗、勘察边境，有效维护了国家的统一，不但利于处理盐井周边的民族关系，而且为边疆稳定和边疆治理做出了贡献。

---

① 吕昭义、杨晓慧：《英属印度的战略边界计划与赵尔丰、程凤翔对察隅边防的巩固》，《南亚研究》2006年第1期，第59页。

② 吕昭义、杨晓慧：《英属印度的战略边界计划与赵尔丰、程凤翔对察隅边防的巩固》，《南亚研究》2006年第1期，第59页。

③ 蔡家麒：《藏彝走廊中的独龙族社会历史考察》，北京：民族出版社，2008年，第99页。

第二节　土酋、军队与国家：清末至民国地方权力的博弈

一、清末民初德钦地方社会的权力网络

雍正五年（1727），川、滇、藏重新划界之后，清廷将宁静山以南的阿墩子、中甸、维西三处划归云南。鄂尔泰曾上书朝廷，请求在上述三处增设官兵。清末，德钦当地的一些旧有土司获得世袭职位，掌握了地方权力，如"禾家是德钦世袭的土司，在地方上拥有相当大的实权，禾尚忠成年后继承了土司职位，成为地方一霸"[①]。禾尚忠被称为"土千总"或"土酋"。据史料和档案资料记载，清末至民国时期，德钦地方社会陷入土司之间长期械斗的局面，"各乡土司头目之间，特别是禾千总（家名藏语称绕仁）、吉外委（家名藏语称羊古贡巴）、桑把总（家名藏语称康共）、赵伙头（家名藏语称贡水娃）为中心的民族械斗，自清末民初始，直到建国时止，历时40余年"[②]。械斗的过程，又同地方资源的争夺、盐税的纷争有密切关系。

清末民国时期，德钦形成了由土酋、国家、寺庙、盐务机构等构成的权力结构。因此，本节以期通过杜赞奇的"权力的文化网络"这一概论，来理解地方社会的结构和权力之间的博弈。

"权力的文化网络"是杜赞奇在《文化、权力与国家——1900—1942年的华北农村》一书中提出来的，其目的是理解一个社会中国家和"政权、绅士以及其他社会基层的相互关系，并以将这种对文化及合法性的分析置于权力赖以生存的组织为基础，来达到这一目的"[③]。美国学者何溯源（William M. Coleman）曾在分析康区巴塘事变的时候指出："'权力的文化网络'是理解康区历史的一个关键要素。"何氏对巴塘的"权力的文化网络"进行了论述，指出巴塘"有四类基本的主体角色：地方精英、寺院及

[①] 刘琪：《命以载史——20世纪前期德钦政治的历史民族志》，北京：世界图书出版公司北京公司，2011年，第54页。

[②] 云南省德钦县志编纂委员会编：《德钦县志》，昆明：云南民族出版社，1997年，第251页。

[③] ［美］杜赞奇著，王福明译：《文化、权力与国家——1900—1942年的华北农村》，南京：江苏人民出版社，2010年，第1页。

其代表、清王朝的代表以及商人"①。何氏的分析路径为研究清末民国时期的德钦地方社会的变迁提供了一个视角。从德钦地方社会各个权力要素进行分析，同样可以分为四类主体：一是地方精英，以土酋（即三大土司）为代表；二是宗教势力，以德钦三大寺庙为代表；三是政府的代表，这类群体在清末和民国时期有所不同，以弹压委员、设治局局长、县长以及驻军为代表；四是盐务机构。

1. 德钦三大土司（土酋）

清末以来，德钦境内的地方权力实际操控者以三大土司（土酋）为基础，通常被称为"千总"或"把总"。在藏区，土司和寺庙往往形成一定的联盟关系，一同掌握着地方社会的宗教和世俗权力。

据《德钦县志》所述："清代以前，德钦县无军事机构设置。雍正五年四月，移云南鹤庆府通判分驻维西。同月，云贵总督鄂尔泰疏请添设维西营，设参将1员、守备1员、千总2员、把总4员。其中奔子栏渡口应设把总1员，阿墩子应设千总1员，澜沧江（今溜筒江）应设把总1员。"② 又据《清实录·世宗实录》所载："阿墩子应设千总一员、兵一百五十名，浪沧江应设把总一员、兵五十名"。③ 上述所设"守备、千、把，兵丁，统属于维西营之参将，仍听鹤丽镇统辖"④。显然，在德钦未划归云南管辖之前，或属藏方或属四川，朝廷对该地区的重要性认识不足。但是，清末川边划界之后，德钦成为川滇藏三省区商旅往来的重要关口和人员流动的通道，因此，朝廷希望加强对德钦的管控。

清末，德钦先后有三大姓氏的家族被册封为土司，即禾氏、桑氏和吉氏。禾氏何以获得土千总？据史料《新纂云南通志·土司考四·丽江府》记载："阿墩子……禾良斗，清嘉庆七年，奉调带夷练随征康普栗匪，以功赏戴蓝翎，世袭阿墩子土千总。传于思那翁学。思那死，传工布翁学。工布死，传子定邦。同治四年由军功赏五品蓝翎。"⑤ 即世居阿墩子的禾氏因在嘉庆年间滇西爆发的傈僳族反清起义中，参加维西、德钦等地的镇压有功，被清廷册封土司之职。桑氏获得土司之职的经历和禾氏相同，因参与

---

① ［美］何溯源著，汤芸译：《巴塘事变：康区及其在近代汉藏史上的重要性》，《西南民族大学学报》2014年第3期，第1页。

② 云南省德钦县志编纂委员会编：《德钦县志》，昆明：云南民族出版社，1997年，第243页。

③ 李汝春主编：《唐至清代有关维西史料辑录》，1992年，第202页。

④ 李汝春主编：《唐至清代有关维西史料辑录》，1992年，第202页。

⑤ 牛鸿斌、文明元、李春龙等点校：《新纂云南通志（七）》，昆明：云南人民出版社，2007年，第726页。

镇压有功，获世袭土把总职位。史料记载，"阿墩子土把总桑春华。其先桑上达，清嘉庆七年，从征康普栗匪，以功赏戴蓝翎，授阿墩子土把总，世袭"①。此外，德钦的第三大土司是吉氏，据地方志载："阿墩子外委吉福：其祖父吉天锡，清咸丰十一年（1861），由云南总督府授予五品顶戴。光绪二十一年（1895），其子吉祥云由维西府发执照，袭阿墩子头目。民国十九年（1930）5月29日云南省政府主席委命吉福袭阿墩子外委。"② 至此，德钦地方社会形成了土司"三足鼎立"之势。

2. 德钦三大寺庙

藏传佛教对德钦地方社会的影响不容忽视，其境内主要是宁玛巴、噶举巴和格鲁巴三大藏传佛教派系。不同时期内各个派系在地方社会的影响力有所不同。以德钦的红坡寺、德钦寺和东竹林寺三大寺庙为例，这三大寺原属噶举派，清代之后陆续改为格鲁派寺庙。

红坡寺，全称为"红坡噶丹羊八景林"，位于云岭乡红坡行政村东北部山腰。地方志认为红坡寺建于明正德九年（1514），系噶玛噶举巴教派木瓜高僧迪吉和农布合并各派静室小寺新建。③ 也有人指出红坡寺所建年代为木增时代（1587—1646）的1634年。④ 清康熙十五年（1676），承五世达赖喇嘛赐名"噶丹羊八景林"，正式成为格鲁巴寺院。此后，德钦境内的格鲁派不断发展壮大，其中，红坡寺相传是德钦县格鲁派三大寺中的"母寺"，有大殿一幢、静室和僧侣私房40余所，占地约3 000平方米，僧侣最多时达500人。⑤

德钦寺，坐落在德钦县升平镇南部，原属噶举派，清康熙十五年，承五世达赖喇嘛赐名"噶丹德钦林"。可见，德钦寺和红坡寺同是在康熙十五年由噶举巴转为格鲁巴。在德钦三大寺中，德钦寺为"父寺"。

东竹林寺，坐落在德钦县奔子栏镇书松行政村西南方向的山坡上，即国道214线的下方仅三四十米处。这里正是奔子栏至德钦的必经之地——白芒雪山的东面。有人认为，东竹林寺建寺时间在康熙时期，由7个宁玛派的

---

① 牛鸿斌、文明元、李春龙等点校：《新纂云南通志（七）》，昆明：云南人民出版社，2007年，第727页。

② 云南省德钦县志编纂委员会编：《德钦县志》，昆明：云南民族出版社，1997年，第191页。

③ 云南省德钦县志编纂委员会编：《德钦县志》，昆明：云南民族出版社，1997年，第323页。

④ 潘发生：《揭开滇川藏三角区历史文化之谜》，昆明：云南民族出版社，2008年，第369页。

⑤ 杨学政：《藏族 纳西族 普米族的藏传佛教》，昆明：云南人民出版社，2016年，第66页。

小寺合并而成①，另有学者认为东竹林寺始建于清康熙六年（1667），原名"冲冲措岗寺"②。康熙十五年，其同样受五世达赖赐名"噶丹东竹林寺"，定员 700 僧侣，但至新中国成立前，总人数已达 900 人之多。③

3. 政府代表

中央王朝对德钦的控制，主要通过设置行政机构和部署一定的军事力量来实现。

明代德钦属丽江府管辖，清代由丽江府维西厅管辖。清光绪三十二年（1906）设弹压委员。1907—1908 年间，夏瑚曾以阿墩子弹压委员会兼管怒俅两江事宜的官员身份巡视怒江地区。"他亲自到达了独龙江流域，当众宣布废除过去的许多苛重剥削，还散发盐、布、针线等物品给处于贫困中的独龙族人民"④，并提出治理边疆的"十条建议"，但是后来清末政府以"浮职溢报，欺上蒙下"之罪，撤去夏瑚的官职。⑤

中华民国时期，于民国四年（1915）设阿墩子行政委员会，兼理地方盐务，钱粮由维西县代为征收和解送。⑥ 民国二十一年（1932），改为阿墩子设治局。民国二十四年（1935），改为德钦设治局。新中国成立之后，1950—1952 年，设德钦县设治局，1952 年 5 月改设治局为德钦藏族自治区，1955 年 12 月将德钦藏族自治区改为德钦县。⑦ 以上是德钦在行政建制方面的变迁过程。

除了政权建设，军事力量的进入对德钦地方格局也有影响。乾隆十二年（1747）十一月，云南提督藩绍周认为，"鹤丽镇属维西营，密迩中甸，控扼炉藏，制驭蒙番，洵为极边要地，原设参将营制，末足以资弹压"⑧，于是奏请将维西营改设为协。次年，裁营设协，仍隶鹤丽镇总兵节制。此时，维西设七汛，分别为：浪沧江汛、其宗汛、喇普汛、阿墩子汛、中甸汛、格咱汛和奔子栏汛。⑨

宣统三年（1911），德钦设团务分区。次年，蔡锷出任云南都督，在德

---

① 云南省社会科学院宗教研究所编撰：《云南省志·卷六十六·宗教志》，昆明：云南人民出版社，1995 年，第 111 页。

② 张俊：《香格里拉》，北京：中国旅游出版社，2015 年，第 81 页。

③ 云南省德钦县志编纂委员会编：《德钦县志》，昆明：云南民族出版社，1997 年，第 324 页。

④ 赵伯乐主编：《新编怒江风物志》，昆明：云南人民出版社，2000 年，第 272 页。

⑤ 赵伯乐主编：《新编怒江风物志》，昆明：云南人民出版社，2000 年，第 272 页。

⑥ 王恒杰：《迪庆藏族社会史》，北京：中国藏学出版社，1995 年，第 277 页。

⑦ 云南省德钦县志编纂委员会编：《德钦县志》，昆明：云南民族出版社，1997 年，第 21 – 22 页。

⑧ 顾祖成编：《清实录藏族史料》，拉萨：西藏人民出版社，1982 年，第 656 – 657 页。

⑨ （清）余庆远撰，李汝春校注：《维西见闻纪》，1994 年，第 110 页。

钦设兵站，兵站长由弹压委员兼任，并由阿墩子弹压委员兼兵站长蒋秀和委任吉祥云为阿墩子输送粮秣员。后设团防、地方团保局、保卫团等机构。民国三十二年（1943），国民党委任海正涛（又名恭布次里）为德钦独立自卫支队司令。后撤自卫支队司令部，改为民团自卫队。总体来说，德钦地方在民国时，"机构多变，均系因时局而移，所委职员，多以本地土司千总、把总及伙头、土目任职，仍无固定的机构和职员抓军事工作"①。

4. 盐务机构

民国初期，阿墩行政委员兼理盐务，此设阿墩子盐务局，隶属云南盐运使署，具体"设委员一员，会计一员，司事四名，秤手一名，丁役三名"②。1932年设了一个行政性的盐务公司，但是具体情况不明。③

民国伊始，从西藏盐井进入滇西北的沙盐屡禁不止，云南方面只得进一步加强管控。产自德钦西部藏属的沙盐，据1922年盐务局的档案记载，"每年由碧用宫过界入滇让约经过大小三千余驮，除运往盐丁百余驮外，余皆经过阿墩运往中维两属等……"④。于是，德钦的盐务局机关在盐井通往德钦以及德钦至中甸、维西的通道上设置关卡，征收盐税，具体为："碧用宫驻二名，专司查捻由盐井运往羊拉之盐驮；巴美驻二名，专司查捻运往孟丁之盐驮；溜筒江驻二名，专司查捻运往阿墩子经过该处之盐驮，因该处有一溜绳，恐盐贩由该溜绳偷运过江，不经阿墩故也；上阿东驻二名，专司查捻人口盐驮；家别驻三名，专司查捻由阿墩出口往维西属之盐驮；一家棚驻二名，专司查捻由阿墩出口往中甸属之盐驮；孟丁驻四名，专司称放盐角力及缉私查捻等事；新打驻二名，专司查捻由孟丁出口往中甸属之盐驮；其余九名驻阿墩总局，专司查捻进口盐驮及缉私等事。"⑤ 这是藏盐入滇之后，滇省采用征收盐税的方式，遏制藏盐大量涌入滇西北地区。

---

① 云南省德钦县志编纂委员会编：《德钦县志》，昆明：云南民族出版社，1997年，第244页。

② 云南省志编纂委员会办公室编：《续云南通志长编（中册）》，1986年，第1230页。

③ 云南省迪庆藏族自治州工商行政管理局编：《迪庆藏族自治州工商行政管理志》，昆明：云南民族出版社，1997年，第55、85页。

④ 云南省档案馆档案资料，档案号：15-17-31，引自刘琪：《命以载史——20世纪前期德钦政治的历史民族志》，北京：世界图书出版公司北京公司，2011年，第115页。笔者在云南省档案馆查阅期间，并未找到相关档案资料。

⑤ 云南省档案馆档案资料，档案号：15-17-31，引自刘琪：《命以载史——20世纪前期德钦政治的历史民族志》，北京：世界图书出版公司北京公司，2011年，第115页。笔者在云南省档案馆查阅期间，并未找到相关档案资料。

二、民国时期德钦地方社会频繁的械斗

德钦各方势力形成了"权力的文化网络"关系，各方权力主体之间起到了相互制约的作用。例如，德钦的三大土司之间相互制约，三大寺庙中以德钦寺为"父寺"，红坡寺为"母寺"，东竹林寺为"子寺"，形成一定的等级关系。三大土司和三大寺庙之间，又有微妙的关系：德钦寺是禾家的本寺，承担着禾家的一切法事活动；而禾氏土司与红坡寺之间，又是供养关系。[①] 正是这样的复杂关系，导致土司和寺庙之间既相互依存、相互影响、相互联合，又相互制约，寺庙和土司在权力的斗争中均发挥着各自的作用。但是，民国时期的德钦并没有因为各大土司和寺庙之间相互制约而趋于稳定，反而发生频繁的械斗。[②]

吉氏土司的后人（吉如松）叙述："解放前，我县的几户土司头人即禾家、吉家、王家、赵家等，为了各自的利益，曾在很长一段时间内，互相倾轧残杀，致使社会治安动荡不堪，人民的生命财产蒙受了巨大的损失。"[③]与此同时，赵氏土司的后人（赵正雄）对这段历史也有回忆："解放前，在德钦这个边远的小城里，由于几家土司头人为了各自的利益，结冤结仇，相互残杀，使整个德钦动荡不堪。特别是我们赵、吉两家，争斗长达三十多年之久。直到解放后，有了共产党的领导，械斗才平息下来。"[④]

德钦地方社会的械斗，是由于权力的争夺引起的。民国十三年（1924），被委任为德钦民团大队长的赵吉忠打破了地方格局的平衡。吉如松认为，德钦发生械斗"究其原因，始于一九二四年，因为当时的贡水伙头即赵阿楚（赵吉忠）被委任为民团大队长，凌驾于其他土司头人之上，从而引起了其他土司头人的不满，更加之后来他又伙同升平镇团总海因农和驼老爷（马绍武），密谋组织县城附近的人马，由赵阿楚自己任大队长，开古伙头农布定主为副队长准备攻打阿东禾家"[⑤]。赵家后人（赵正雄）则

① 刘琪：《命以载史——20世纪前期德钦政治的历史民族志》，北京：世界图书出版公司北京公司，2011年，第115页。

② 德钦的械斗事件，刘琪在其《命以载史——20世纪前期德钦政治的历史民族志》一书中已有论述，因文章的结构所需，在此再作一定的论述。

③ 吉如松：《我的历史回顾》，见中国人民政治协商会议迪庆藏族自治州委员会文史资料研究委员会编：《迪庆州文史资料选辑（第5辑）》，内部资料，1994年，第102－103页。

④ 赵正雄：《回忆往事 信感党恩》，见中国人民政治协商会议迪庆藏族自治州委员会文史资料研究委员会编：《迪庆州文史资料选辑（第5辑）》，内部资料，1994年，第45页。

⑤ 吉如松：《我的历史回顾》，见中国人民政治协商会议迪庆藏族自治州委员会文史资料研究委员会编：《迪庆州文史资料选辑（第5辑）》，内部资料，1994年，第103页。

提到："一九二四年，德钦的三个千把总及县衙门的县长委任我父亲为自卫队队长，要父亲承担保护地方的责任。我父亲曾多次要求免任，但一直无法推辞，只好答应下来。有一天，父亲向三个千把总及县长要求：'既然要我承担维护地方的重任，能否有下属的武装？'他们答应父亲从德钦喇嘛寺及千把总应征租税的八个地方抽调兵丁作为父亲的下属，并下发了文件。"[1]显然，考察是哪一方的对错已无意义，总之，赵家的崛起引发了德钦地方社会的第一轮械斗。

赵氏原属吉氏土司的手下，禾氏和吉氏两大土司之间又有亲缘关系，在桑氏土司沉默的前提下，最终禾氏为维护德钦传统秩序的平衡而首先站了出来。以唐继尧为后台的禾尚忠发动了对赵家的武力进攻，最终迫使赵吉忠远逃，民团大队长之职落入禾尚忠之手。在 1928 年新一轮械斗中，以赵吉忠的回归为起点，吉家的吉祥云、吉福等联合禾尚忠将赵吉忠及其随从 20 余人打死。从此，赵家和吉、禾两家仇恨加深。此后，赵吉忠的弟弟赵吉英试图向盐井贡噶喇嘛搬救兵，为其兄长报仇。但在双方对各自的利益进行考虑后，禾、吉、赵三家决定谈判，德钦进入暂时的和平。

1938 年 1 月，禾尚忠家属贩卖私盐，公然拒绝缴纳盐税，攻打盐局，引发了地方权力的博弈。禾家自然脱不了干系，禾尚忠却对抢劫盐局置之不理。3 月 18 日，土千总禾尚忠调集阿东村村民 30 余人，荷枪实弹，气势汹汹地进入德钦城。3 月 20 日，德钦设治局局长王正发在驻军詹京山连长的配合下，击毙了禾尚忠。禾尚忠死后，管家亦有组织力量攻打设治局之举，幸好在维西派兵的支援下，招抚了民众，维护了社会的稳定。[2]

---

① 赵正雄：《回忆往事　倍感党恩》，见中国人民政治协商会议迪庆藏族自治州委员会文史资料研究委员会编：《迪庆州文史资料选辑（第 5 辑）》，内部资料，1994 年，第 47 - 48 页。

② 刘琪：《命以载史——20 世纪前期德钦政治的历史民族志》，北京：世界图书出版公司北京公司，2011 年，第 122 页。

第三节　民国时期藏盐入滇与地方盐税纷争

一、藏盐入滇的历史考察

云南是全国井盐的重要生产基地，按理说，其境内各大盐场生产的食盐总量，可供全省消费，但事实上并非如此。历史上多次出现"借销临盐"之举，如清雍正七年（1729），昭通、镇雄改食川盐；乾隆四年（1739），滇省督议购买粤盐协济广南、弥勒、师宗、罗平等州府，购入粤盐达 200 万斤之多[①]；嘉庆之后，滇西北的德钦、维西、中甸、丽江等地长期食用来自西藏芒康县的井盐。

（一）藏盐入滇产生的历史背景

清代末期，西藏盐井的食盐产量最高时有 100 万斤以上，如此之多的食盐产量，在供本地区消费之后，还有大量的结余。此时，盐井需要同外界进行物物交换，换回当地盐民生活所需的物资。清嘉庆年间，便有大量盐井所产的沙盐进入滇西北地区，这样的情况一直延续至新中国成立之后。

对于藏盐长期销往滇西北地区的原因，笔者认为可能受四个方面的影响，包括地缘性因素、政治因素、经济因素和文化因素。

1. 地缘性因素

历来滇藏之间唇齿相依，早在唐代，从青藏高原下来至中甸、丽江交换的羊群就达两三千只。[②]此外，藏传佛教也由西藏渐渐向云南藏区传播。经济和文化上的关联，使得二者之间联系紧密，长期保持贸易往来。而中甸、维西、德钦等地境内的通道又是"茶马古道"的组成部分，特别是德钦，一度是滇藏贸易上的一个重镇。因此，地缘关系是促使西藏的沙盐不断进入滇西北地区的一个重要原因。

2. 政治因素

政治制度往往对一个地方的经济活动产生直接影响，甚至可以决定交

---

① 牛鸿斌、文明元、李春龙等点校：《新纂云南通志（七）》，昆明：云南人民出版社，2007年，第 219 页。

② （唐）樊绰撰，向达校注：《蛮书校注》，北京：中华书局，1962 年，第 204 页。

换的形式、交换的范围以及交换的频率。滇藏之间的盐粮交换，受政治控制的影响较为明显。

其一，德钦、中甸、维西等地有行政隶属关系。德钦，明代称之为"阿得酉"，当时受丽江木氏土司所统治。清代称之为"阿墩子"，康熙四年（1665）至五十六年（1717）受蒙古和硕特部和西藏达赖喇嘛管理。康熙五十九年（1720）至雍正四年（1726）受四川省巴塘土司所管辖。[①] 雍正五年（1727）川藏划界，始将德钦及中甸等处划归云南。可见，德钦在西藏或四川管辖期间，和盐井同属一个辖区，二者之间不存在跨界行盐之说。从盐井运入德钦的沙盐，贸易通畅，并无阻力。但是，两地被划归不同的行政管辖区域之后，德钦设卡征收盐税的现象更为明显，据《德钦县志》记载，嘉庆、咸丰、同治、光绪、宣统等时期德钦征收的盐税，除了报解丽江之外，还用于拨付中甸、维西、丽江等地的学堂费用。[②]

其二，怒江傈僳族自治州北部地区的贡山一带，也曾受西藏地方寺庙的控制。贡山北部的独龙江，在历史上曾被称为"俅江"。明代开始，木氏土司在北扩的过程中，占领了滇西北的大部分地区，此时，木氏土司的家族分支禾娘一族开拓了维西和独龙江流域。不过，乾隆年间禾娘后人将独龙江和怒江上半部分的统治权给了西藏察瓦龙一带的寺庙。直至清末，时任阿墩子弹压委员的夏瑚进入怒俅两江之后，才加强对这一地区的管控。[③]在此之前，西藏地方寺庙长期控制怒江北部地区，并将盐作为他们统治独龙江等地的工具。例如，察瓦龙头人给当地百姓放贷盐巴，实行"春放四盅（约二两多）盐，秋收六种物：一张兽皮、一斤黄连、一斤黄蜡、一个簸箕、一个竹筒、一个篾盒等"[④]。这些信息表明，清代以来川滇藏交界区的民族互动较为明显。

民国时期，云南政府继续对贩卖至德钦的盐进行征税。民国初期，云南成立盐务稽核分所，在白井支所下辖阿墩子盐税局，负责征收从德钦入滇的盐税。[⑤]另据地方志描述，"民国五年（1916），由稽核分所派员到阿墩

---

① 云南省德钦县志编纂委员会编：《德钦县志》，昆明：云南民族出版社，1997年，第2页。

② 云南省德钦县志编纂委员会编：《德钦县志》，昆明：云南民族出版社，1997年，第141－142页。

③ 张劲夫、罗波：《独龙江文化史纲：俅人及其邻族的社会变迁研究》，广州：中山大学出版社，2013年，第4－8页。

④ 杨毓骧：《伯舒拉岭雪线下的民族》，昆明：云南大学出版社，2000年，第61页。

⑤ 云南省志编纂委员会办公室编：《续云南通志长编（中册）》，1986年，第1267页。

子设盐厘局"①，此处的"盐厘局"和"盐税局"，应为同一个盐务机关的不同名称。

民国三年（1914），云南为了加强德钦盐税的征收和盐务的管理，在德钦设盐务局，共有缉私队员40名。②整个民国时期，德钦盐务的管理方式时有变化，但是盐税一直是中甸、维西、丽江等地学堂经费的来源。

3. 经济因素

滇藏之间的贸易，是通过一些重要的中转站来完成的，西藏自治区境内的盐井和云南西北部的德钦，均起到了这样的作用。民国期间的资料显示，二者之间的商贸往来依然频繁。如李式金提到，阿墩子是云南和西藏间的交通要冲，阿墩子北行，经盐井宁静，以达昌都，这条路本是云南商人入康藏的大道。③他还对汉藏贸易关系的形成原因作了论述："原来阿墩子商业能够发达，则完全以地位关系，阿墩子适在汉藏两个民族接触的地带。大凡两个民族接触的地方，大概是商业发达的地区，两个民族因风俗习惯有异，所需要的自然不同，若两地物产悬殊则贸易当更繁盛。"④

德钦和盐井之间交换的除了茶、粮食、布匹等生活必需品之外，大宗商品是盐。《新纂云南通志》记载："维西厅地方，夷、民杂处，沿江居民向食四川巴塘（今西藏盐井）所产沙盐。其盐入滇，必由阿墩子经过。"⑤民国初期的档案资料记载，西藏的沙盐进入德钦，引发云南省白盐井盐务管理机构的关注，唯恐影响滇省境内喇井盐的销量。最终决定中甸暂时食用来自西藏的盐巴，但是通过增加盐税的方式控制藏盐入滇。⑥

4. 文化因素

民族交往的重要基础是语言上能实现正常的沟通，从上述地缘性关系来说，滇藏接合部以藏族为主，次为纳西族、独龙族、怒族、傈僳族和白族，以上多个民族在长期的交往过程中，实现了语言的基本交流，促进了滇藏之间的商贸往来。此外，文化上也有同化现象的发生。例如，这一地区的大部分民族形成了喝酥油茶的习惯，共同信仰藏传佛教等。此外，德

① 云南省德钦县志编纂委员会编：《德钦县志》，昆明：云南民族出版社，1997年，第142页。
② 黄举安：《云南德钦设治局社会调查报告》，见赵心愚、秦和平编：《康区藏族社会历史调查资料辑要》，成都：四川民族出版社，2004年，第491页。
③ 李式金：《云南阿墩子：一个汉藏贸易要地》，《东方杂志》1944年第16号，第112页。
④ 李式金：《云南阿墩子：一个汉藏贸易要地》，《东方杂志》1944年第16号，第115页。
⑤ 牛鸿斌、文明元、李春龙等点校：《新纂云南通志（七）》，昆明：云南人民出版社，2007年，第220页。
⑥ 《中甸、维西沙盐井盐销场之争》，见吴强、李培林、和丽琨编著：《民国云南盐业档案史料》，昆明：云南民族出版社，1999年，第426页。

钦境内著名的卡瓦格博神山每年吸引较多信仰藏传佛教的百姓来朝圣，资料记载："因藏俗男女老幼皆以朝本地有名之白约雪山，或云南大理之鸡足山为莫大之因缘。苟能朝山三次以上，则罪愆全赎。阿敦为朝山必经之道，远如拉萨、察木多，近如江卡、乍丫一带人民，邀群结伴，不惮千里之劳长途跋涉。"①李式金也曾提到"阿墩子为朝山所经之道，故贸易因以与盛"②。因此，每年转卡瓦格博神山的人不在少数也是促进滇藏之间民族互动的一个因素。

（二）藏盐在滇省境内的销区

从文献资料来看，藏盐在云南境内的销区主要集中在滇西北地区，包括迪庆藏族自治州境内的德钦、维西、中甸、丽江等地，以及怒江傈僳族自治州境内的贡山县和泸水市。清代的地方志记录："滇民食盐，各有界限。黑井供云南、楚雄、曲靖三厅，……安宁州安井供澄江、临安、开化三府，……云龙井供顺宁府、兼供永昌，丽江井、五井、弥沙井供丽府、剑川州二处，维西、中甸食口外沙盐。"③ 这里的"口外沙盐"，即从西藏盐井运入的藏盐。又如，"菖（贡山县）属尽食沙盐，产于西康省盐井县，由察瓦隆蛮人运贩，概系以粮谷持换……故运盐换粮，运回自食"④。还有一些资料提到清末西藏盐井的沙盐进入中甸地区，乾隆十五年（1750），八世达赖喇嘛颁给建塘（今中甸）官民旨谕，重申原来钦定大寺额领大粮数目中，包括沙盐为52斗6筒5勺。⑤ 宣统元年（1909）中甸同知姚春魁调查统计，每年运入中甸境销售的沙盐有500驮。⑥ 从西藏运入中甸的沙盐，一直是中甸集镇的重要大宗商品，同布匹、毪氇、园茶、红糖、白酒和山货药材一样成为百姓交换的生活必需品。⑦

---

① 刘曼卿：《国民政府女密使赴藏纪实》，北京：民族出版社，1998 年，第 149 - 150 页。

② 李式金：《云南阿墩子：一个汉藏贸易要地》，《东方杂志》1944 年第 16 号，第 116 页。

③ （清）张泓撰：《滇南新语》，见（清）沈懋价纂订，李希林主点校：《康熙黑盐井志》，昆明：云南大学出版社，2003 年，第 335 - 336 页。

④ 菖蒲桶行政委员公署编纂：《菖蒲桶志》，见政协云南省贡山独龙族怒族自治县委员会、政协云南省怒江傈僳族自治州委员会文史资料研究委员会编：《怒江文史资料选辑（第十八辑）》，1991 年，第 48 页。西康盐井县即西藏自治区境内的盐井，由于隶属关系，盐井曾被四川巴塘管辖，后在川边设立西康省，盐井归西康省。

⑤ 云南省中甸县志编纂委员会编：《中甸县志》，昆明：云南民族出版社，1997 年，第 716 页。

⑥ 云南省中甸县志编纂委员会编：《中甸县志》，昆明：云南民族出版社，1997 年，第 661 页。

⑦ 《迪庆藏族自治州概况》编写组：《迪庆藏族自治州概况》，北京：民族出版社，2007 年，第 238 页。

二、中维沙盐销场之争

西藏盐井所产之沙盐，长期运往云南的中甸、维西（简称"中维"）等地贩卖，因此，云南地方政府不得已在德钦（原为阿墩子）设关卡收盐税，大致情况如下：

前清时，由维西通判设税抽收，每盐百筒重一百斤，抽收盐税一筒重一斤。嘉庆二十五年（1820），核定每年征解盐税银二十五两三钱。杜乱后，由提督杨玉科征收济饷。同治十二年（1873）八月复交地方官经征，年解税银五十四两。光绪三十二年（1906），改归阿墩子弹压委员经收，由丽江府出票，照川例每驮征银六钱，每年约可收银二千两；宣统年间加征为一两。①

滇西北地区长期食用来自西藏盐井的沙盐，云南地方政府意识到沙盐行销至中维地区，可能对本省井盐的销岸产生影响。滇西北地区主要的盐产区在兰坪和云龙两地，但是兰坪盐区（喇井）离中、维两地更近。因此，在民国初期引发了一场喇井盐和沙盐的销场之争。

1912年6月21日，白盐井督销办杨大材向有司禀告，由于沙盐进入中维地区影响了本身喇井盐的销路，于是"限制沙盐入口，以加为禁俾免充斥，同时'仍请将喇盐略加秤头以便民食'"②。7月2日军政府实业司的批复主要包含两方面的内容：一是"查维西、中甸两厅地方，本喇、丽井盐，行销引岸，因阿墩子隅与川藏接壤，雪山深阻，冬春之际，滇盐难到，变通办理，暂准买食以藏所产沙盐，每百斤尽收税银肆钱，不料税轻运便，沙盐遂得肆充，致井盐销额日短，始由清盐政公所缘拟每盐百斤加抽税银陆钱，并同原征共银壹两，委员于阿墩子，设局稽征，征获课款，除照案报解盐库、税课，及拨留丽江中维三属中小学经费及维西厅通判津贴，并局用开支缉私薪饷各征有长余，尽数报解"③，二是"嗣后沙盐进口界限以何为断，应如何酌加税则，方能寓征于禁。其税究竟归官归绅征收，以何

① 牛鸿斌、文明元、李春龙等点校：《新纂云南通志（七）》，昆明：云南人民出版社，2007年，第220页。
② 云南省档案馆编：《清末民初的云南社会》，昆明：云南人民出版社，2005年，第142页。
③ 《中甸、维西沙盐井盐销场之争》，见吴强、李培林、和丽琨编著：《民国云南盐业档案史料》，昆明：云南民族出版社，1999年，第427页。

为便，原设缉私员弁，应否照设，仍专司稽查丽江中维三属学费，应如何补宜，喇盐运彼路远价昂，仿照边盐办法，每百斤须略加称头若干斤，务须通盘筹画详细拟定规则"①。

1912 年 8 月 29 日，云南军都督蔡锷指令实业司司长吴琨认真核办。而云南教育司提出异议：

> 查中维两地行销砂（沙）盐已久，因价值低廉，故销数畅旺，附加各税收数亦裕，丽维中三属学费多取给于此，今欲改销井盐，则盐价必昂。将减价敌沙耶？未免病国。将加税之数能否耶？又未免病民。二者必居其一，且将来附加税之收数能否足额，沙盐能否过禁，是否不别生风潮，均不可必种种窒碍，诚有如该所呈者，惟盐务现隶贵司能否如呈办理，应由贵司主政，相应据呈咨请核办可也。②

显然，教育司认为丽江、维西、中甸等地的学费多赖征收沙盐的盐税，若禁止沙盐进入滇省，可能引发难以足额缴纳税课的情况，影响丽、维、中三地办学。民国元年（1912）8 月，"阿墩盐税原案专供丽维学款"③。但是，清末民初之时，地方社会发生动乱，以致"自川蛮变乱，盐商裹足，前通判任内收数即以无多。通判到任以来，尚未据阿墩弹压委员解报收数，势力尤为短少，而丽江中学学堂、中维两属小学堂每月额支及局内一切开支，不得不筹措支给"④。这则由云南教育厅厅长许清园于民国元年 12 月给维西厅的批示，可以看出盐课作为学堂经费，已无法正常支付给几处学堂。民国三年（1914）3 月，情况未见好转，维西县知事端木垚向云南盐运使禀报："窃查维西学款，以阿墩盐课银六百两，为常年经费。自开办以来，管教各员，薪修连年蒂欠，以致应用各费，入不敷出，因款项支绌而使然也。……现届九月，管教各员，三月无薪，均属嗷嗷待哺，屡经员长由外

---

① 《中甸、维西沙盐井盐销场之争》，见吴强、李培林、和丽琨编著：《民国云南盐业档案史料》，昆明：云南民族出版社，1999 年，第 427 页。

② 《云南教育司请实业司主政办理中甸盐务咨》，见吴强、李培林、和丽琨编著：《民国云南盐业档案史料》，昆明：云南民族出版社，1999 年，第 429 页。

③ 《为阿墩盐税专供丽江维持学款给该厅的电》，云南省档案馆档案资料，档案号：1012 - 007 - 00013 - 053。

④ 《为维西厅呈报前任交阿墩盐课短少给该厅的批》，云南省档案馆档案资料，档案号：1012 - 007 - 00020 - 028。

借垫，已属告贷无方，办学人员诸多，学务多扼腕，倘蒙悯念边隅瘠苦，兴学不易，请由阿墩盐课拨支，学务幸甚，地方幸甚。"①

学款无着落，滇藏之间却陷入销岸纠纷。对于如何解决中维沙盐侵入一事，德钦所属的白盐井督煎和督销总办积极研究应对策略。他们得知滇藏交界区处必（碧）用工一处"出水（卤）甚旺"，于是派人前往调查。后中维边岸督销委员修家缪汇报："查必（碧）用工距阿墩四站半，距维十三站，零居大山之麓，紧通澜沧沿江一路陡险奇窄，其产卤地名习鲁，卤自乱石峡浸出，其味涩薄，知其硝气太重，前后百里皆系荒山，绝少林木，所谓不毛之地也。冬春方见卤水，夏秋雨水江泛全行挽混，兼无晒盐基址，况地无居民，距川属之白盐井止四十里，如能开采，早为该处人民垄断，何待今日之滇省。"② 显然，云南地方政府希望通过开采滇藏交界处的盐泉来阻止藏盐入滇的可行性不足。又对沙盐进入滇省一事作分析道："查勘必（碧）用工盐井难以开办，不能不调查切实，权其轻重，以挽利权，经久无弊，就此一行详考砂（沙）盐之来路，采访民间之惯习始知砂（沙）盐入口虽由阿墩而来，然歧路旁通，尚有溜涌江格札上茂顶羊拉等处，可以直入中维等地，其无名小路不知凡几，倘全禁砂（沙）盐，非得分布重兵驻守巡缉，万难克收成效，现在西征已撤，公家焉能养此多兵专作巡缉之用？与其徒禁无效，坐失利权，不若另设方针，以加为禁。又易敢固执前见，贻误公家，是以另拟加重税款与喇同销中维，严定界限杜其内充，俾沙盐无利自困，喇盐引岸渐渐复，理合开折呈请查核。"③

由此可见，想要全面禁止沙盐进入中维地区，难度颇大。于是，滇省试图通过加收盐税、划界行盐的方式来减少沙盐对喇井销岸的影响。经过一番研究，滇省一方面拟"出示通布，仍准砂（沙）盐照旧入口，每百斤新旧加合税课银贰陆钱，以顾中维学费，除去开支籍以补助喇井短额"④；另一方面则划定界限，"砂（沙）盐系属邻产，今虽准加税行销，不过仍为喇丽谋畅销路，而设若干，不划清界限，喇盐难望畅适。现拟于中维两厅设立官局，凡喇丽井盐可以任便行销而不限制，惟于砂（沙）盐行销地面

① 云南省档案馆档案资料，档案号：1012 - 008 - 00088 - 015。

② 《黄启凤、杨大材调查中甸一带盐务会呈》，见吴强、李培林、和丽琨编著：《民国云南盐业档案史料》，昆明：云南民族出版社，1999 年，第 431 页。

③ 《黄启凤、杨大材调查中甸一带盐务会呈》，见吴强、李培林、和丽琨编著：《民国云南盐业档案史料》，昆明：云南民族出版社，1999 年，第 431 页。

④ 《黄启凤、杨大材调查中甸一带盐务会呈》，见吴强、李培林、和丽琨编著：《民国云南盐业档案史料》，昆明：云南民族出版社，1999 年，第 432 页。

中甸以桥头为界，维西以奔子栏、叶枝为界，由委员派兵梭巡其界内之巨甸、鲁甸等处，即不准砂（沙）盐内销，如违拿获即以私论"①。

滇省希望通过划界行盐来阻止沙盐进入中维地区。但是，此法并未能从根本上解决上述问题。从1913年5月之后的档案资料可知主要原因有三：

一是百姓抗拒喇井盐。当地百姓"性质习惯与内地种种悬殊，牛羊均饲砂（沙）盐，久成惯例，昨有人试喂白盐于牲畜，大有妨碍，故视白盐如鸩毒"②。又"中甸地处极边，天气严寒五谷不生，除江边一境外，其余四境俱系高山旷野，夷民实业生计全赖牧养牛羊牲畜以为衣食，牛羊毛则织毛毯以为衣，乳则调酥油、（奶）渣以为食，若无牲畜，则夷民困毙。而养牲畜之要，全赖沙盐喂养则肥且壮，若无沙盐则必瘦毙，此养牲之要政，实为夷方水土性质使然。缘中甸自禁止沙盐入境以来，牛羊死者甚众，民生日蔽困苦难堪，而四境别无实业可以振兴，惟养牲一端实为四境民人之生计，且井盐不独于牲畜食之有碍，即民等亦惯食沙盐，良因性质不同，故近来食者多生病"③。即以畜牧业为主的青藏高原东南部地区对盐有特别的要求，由长期食用的沙井盐改为食用喇井盐，牲畜和当地民众多有不适。

二是当局者并未考虑到喇井盐若运至中甸、维西等地，将会导致成本大大增加。档案资料显示："喇盐距墩十余站，道远费钜，砂（沙）盐地近价廉，无论如何核减万难抵制。"④ 喇井盐运价贵，而沙井盐运至中、维更近，盐价更加低廉，前者毫无竞争力。

三是不确定地方所报情况是否属实，是否存在缉私名目过多、滥用浮支等情况。据此，云南省议会指出："沙盐入口年百万斤，征以一两课盈万金，改销沙盐是否能得此款，只因稽征收多报少，浮支滥用，国家所得无几。"⑤ 又"查沙盐入口本省派员征收税课，每年所得当不下万余金，只因委员缉私等名目过多，滥用浮支，无裨实际征以今日现状，似不如暂仍其旧，派员前往调查，裁减冗费，饬令照旧有课税杂捐额定征收，至修委员

① 《黄启凤、杨大材调查中甸一带盐务会呈》，见吴强、李培林、和丽琨编著：《民国云南盐业档案史料》，昆明：云南民族出版社，1999年，第434页。
② 《云南省议会请据中维民习沙盐实情办理咨》，见吴强、李培林、和丽琨编著：《民国云南盐业档案史料》，昆明：云南民族出版社，1999年，第442页。
③ 《沈鼎勋请准中甸沙盐购销呈》，见吴强、李培林、和丽琨编著：《民国云南盐业档案史料》，昆明：云南民族出版社，1999年，第444页。
④ 《云南省议会请据中维民习沙盐实情办理咨》，见吴强、李培林、和丽琨编著：《民国云南盐业档案史料》，昆明：云南民族出版社，1999年，第442页。
⑤ 《云南省议会请据中维民习沙盐实情办理咨》，见吴强、李培林、和丽琨编著：《民国云南盐业档案史料》，昆明：云南民族出版社，1999年，第441页。

新加之款一律豁免，庶于整顿收益之中，不失体念边民之意"①。

三、以盐税为中心的权力博弈

民国二十七年（1938），德钦设治局局长王正发呈报"阿董乡（距城三十五里）计上下五村，共有住民百余户，气候温和，土地肥沃，年可栽农作物二次，为职属最富庶之一乡。土千总禾尚忠家住上阿董，土把总桑尚荣家住下阿董，该乡因有土司二人，在德钦寺握教权之喇嘛，亦多系阿董人。阿董人民，遂形成职属之贵族，骄悍无比。平日对于地方负担，较之各乡为轻，人民好勇斗狠，作奸犯科，杀人越货，成为平常故技"②。地方土司倚仗权势，控制着地方的资源，并有容忍本村为非作歹之嫌。地方民众无视当地驻军的存在，时不时发生抢劫、械斗之事。

> 民国十四年（1925），驻军裁撤之后，阿董不法之徒目空一切，不法之事，更成司空见惯。后于民国十九年（1930），驻军恢复，该暴民等稍稍敛迹。近闻中日抗战，全省军队多已开往前线，该暴民等认为机会已到，聚集四十余人，多执快枪，于十一月二日，在职溜筒江地方，堵抢西康商人向欧曲卡骡马四匹、货驮四驮。当闻讯之时，立即飞令该区把总兼区长桑尚荣，缉拿归案讯办，尚未据报之际，该暴民等复于十一月十五日聚众往羊拉抢劫，声言"羊拉蛮匪历年抢劫德钦数十次，不见政府有何惩处，现在我们要为被抢灾民复仇"等语。
>
> 闻讯之后，立即飞令该管区长，派得力快足，务必将该暴民等唤回，以免发生事端，幸该暴民等遵令转回，未至发生抢劫事件。同时，又派职局警务科长保玉霖、升平镇长蒋茂春前往阿董，晓以大义，凡属良民应服从政府命令，不得非法举动，并勒令该暴民等将此次抢得向欧曲卡之马匹什物立刻赔还，交由桑区长保管，以免酿成边衅。该匪民等口虽唯唯，心则异是。忽于十一月二十四日，又复于溜筒江村中，黑夜掳抢西康盐井县李管事家骡马二十四匹、货驮二十四驮。闻讯之后，一面函咨盐井县长阿郤

---

① 《云南省议会请据中维民习沙盐实情办理咨》，见吴强、李培林、和丽琨编著：《民国云南盐业档案史料》，昆明：云南民族出版社，1999年，第442页。
② 《德钦设治局局长王正发关于阿董蛮匪首堵抢行商给云南省民政厅调队进剿的呈》，云南省档案馆档案资料，档案号：1106 - 002 - 00644 - 003。

不得擅启兵端，听候代为负责追究此项失物；一面派土千总禾尚忠德钦寺得力喇嘛四人暨该区区长桑尚荣前往开导，并勒令立将骡马货驮赔还，否则立刻调集军团围剿。该匪民等声称："与李管事家有仇，须伊家亲人到此办理交涉，方能赔还。"后该李姓报请该管盐井县长阿郐，从严追究阿董匪人。当时谣言频兴，多谓藏属要开大兵入境，剿办阿董匪人，后经该县素活干（刚）达两寺喇嘛，出认调停，亲自德钦办理，只要该匪等赔还此物，藏兵决不相犯。而该匪等有意造成乱象，势甚骄强，不肯轻易还出此项赃物。局长又派警务科长率带常备队兵，第三区区长吉福率带保卫队三十名前往阿董，该匪等始认赔还赃物，但粉丝砂糖等物，已被食去，约值新币九百余元之多，无从赔出。现虽敷衍将此事办理完结，但藏官以后情形如何，尚难揣知。当盐井喇嘛到阿董办理此项交涉时，恐该匪人等有谋害之意，派藏兵四十名到职属江波村（距治城一百二十五里、阿董九十里）遥驻，以作声援。局长及独立连长，以客军入境，于法不合，一面函知藏官，立刻出境；一面调集军团，星夜前往追逐出境。该盐井两喇嘛代表，前来面恳，若藏兵有无理举动，伊等愿负完全责任，请准驻数日，以便交涉完毕，同时转回云云，一再恳请邀准。职等以该喇嘛等情词恳切，暂准如请。幸藏兵军纪尚佳，秋毫无犯，至本月二日，与喇嘛寺代表同时转回盐井，此件抢案，至此告一段落。①

从上述阿董村民的抢劫事件中可以看出，当地冲突不但涉及滇省境内的纠纷，而且稍有不慎就将引发滇藏之间的冲突。

阿董村民不仅抢劫过往商人，还公然和地方官府对抗。1938 年 1 月 9 日，"有阿董土千总禾尚忠之娃子阿登、江初、昂主等，驮运砂（沙）盐到阿墩盐局，抗不纳税，胆敢将该局巡目何耀轩，缉兵张树发、彭仁发等殴伤，局长闻报急派常备兵将凶犯昂主拿获管押。并准盐局咨请代为管押……乃于本月夜间九时，突有阿董蛮匪数百人预伏四山，并混入市内百余人，突至职属将卫兵开枪打倒，拥入拘留所，将所押之犯昂主劫去，同时抢劫盐局，现据祁局长声称：'抢去新币一千四百余元，及其他什物尚未在内。又据盐局后层协

---

① 《德钦设治局局长王正发关于阿董蛮匪首堵抢行商给云南省民政厅调队进剿的呈》，云南省档案馆档案资料，档案号：1106 - 002 - 00644 - 003。

利昌商号，及盐局师爷鲍特乐等，亦报同时被抢。'"① 德钦地方势力屡次抢劫商队，拒纳盐课，甚至公然和盐局对抗，这类案件的性质极为恶劣。

虽然德钦与省城遥隔2 000余里，但是逐层汇报至昆明之后，云南地方政府高度重视。先是滇黔绥靖主任龙云电令："据盐运使呈阿墩盐务公司，于一月梗日被阿董哇勾匪抢劫等情，应由中维两县长及德钦局独立连就近派队认真协剿，追赃仰即遵办报查。"据中甸县县长民国二十七年3月6日午时发的电文，阿董村民抢劫事件发生之后，"遵即调集团队准备出发，一面飞函德钦局长询明匪情去后，又奉××盐运使署令，文中业经指明阿墩土酋禾尚忠寻常既抗不纳税，此次阿董哇江初、阿登等又后复抗税闯关，经团队与独立连士兵捕局管押，复敢劫盐抢局，其责任已自分明。然阿董五村为禾尚忠直接管辖之土，民其五村之住所，即在禾千总顾视中，故阿董五村之行动即禾千总之行动，故欲剿办此案匪徒，并先剿办阿董五村，而欲剿办阿董五村必先剿办禾千总尚忠。惟事体重大，职县未敢轻率，除电呈鹤丽中维华永边区保安司令部统筹外，谨将遵办情形电呈鉴核示遵"②。3月23日，滇黔绥靖公署发给中甸县县长一份《关于呈报阿墩盐务公司被匪抢劫事给云南中甸县长的代电》。

4月28日，《滇黔绥靖公署关于肃清德钦等地匪患给云南盐运使的指令》发布，内容主要讲述了阿墩盐务公司经理祁文蔚呈报阿董村民抢劫盐局事件，除了表达"阿墩地方蛮势嚣张，私枭充斥盐务税课无力征收，仰祈鉴核示遵事案查职公司被阿董暴徒打局劫课后盐务受重大之影响"之外，重点强调事件的经过：

　　——自暴徒打局劫犯后，该等四五十人明目张胆，仍持械往德钦大寺，威胁该寺大管事及地方绅首，到设（治）局独立连呈请代该暴徒等作和平调解，立逼批准，若不允许即生他变。而设治局独立连看其蛮势嚣张，只好批准，令喇嘛绅首等秉公调解。该暴徒等到公司打劫情形，已于二月十三日呈报在案，查职公司此次被劫之课款，经理早已函请在案，并面报设治局王局长及独立连詹连长。因事关国课，代职公司照案跟究，当即蒙两君答复定

---

① 《德钦设治局局长王正发关于阿董蛮匪首堵抢行商给云南省民政厅调队进剿的呈》，云南省档案馆档案资料，档案号：1106-002-00644-003。
② 《滇黔绥靖公署关于呈报阿墩盐务公司被匪抢劫事给云南中甸县长的代电》，云南省档案馆档案资料，档案号：1009-001-00482-008。

有相当办法，不料，此案经喇嘛绅首等业已调解结束，该暴徒等
所称此次打局劫犯固是理屈，惟损失之课款及设治局枪伤卫兵不
准提及，若饬其负责赔偿，只有铤而走险。该调解人员亦无法对
付，报请设治局独立连，经王局长、詹连长到职公司饬经理暂未
含忍，若异激烈，诚恐该暴徒勾结外匪，地方必定糜烂。于本月
二号由调解人员代暴徒等到职公司挂红、放爆竹，不过敷衍了案。
伏思经理司征阿税亦无缰力，全赖军团协助，似此纵容了事，不
惟损失之税课无着，而又失政府之威信。若此次再不派队前来震
慑剿抚，阿墩之盐务从此亦不能设局征税，边局终难安靖，又成
边区之巨患也。

——自此案发生后，入关盐斤税收大受损失，平素贩盐为业、
安分守法之盐商，凡驼（驮）盐到局称验无不借口要挟；在上月
有上江公布纳姑哇驮有砂（沙）盐五十余驮，随同有上江边民二
十余人，均持枪荷刀到局（反）抗，如讲生易，一样不准称验过
称，每担只能上纳半元。如照章称验缴纳税课，仍将盐驮驼回上
江，因随同所来之蛮民，经理看其来势凶恶有意生事，若饬其照
章称验，立刻即生事端，只有任其将盐驮驼回上栅住宿；虽有连
部士兵十名住局，亦不敢制止，只好隐忍而受，当即派员面报设
治局在案。继经司事鲍时杰前往多番劝导并晓以大义，该商等方
将砂（沙）盐尽其小驮称验，每担之税课只收合元半而已。数月
以来税收之损失不堪设想也。

——上月十六、十七号夜间，在四更时候，驮有大批私盐私犯，
均持有快枪长刀，由墩市后坝子绕越偷运；经连部碉楼侧边，胆
敢由职公司局门口驼运，经连部与住局之卫兵看见不敢过问。此
案，经理面报设治局独立连亦在案。查此项私盐，该私贩等胆敢
直接由家别查卡闯关而过，经查卡缉兵认得未敢盘查，任其估抗
驼运。自被暴徒打局后，所有各查卡之司事缉兵等屡受威吓，不
敢立足，均蹳回总局未敢前往。虽迭次函请设治局代为设法保护，
均无答复。由一月以来，私盐充斥，查职公司一、二两月入关之
盐斤不上百担，昨据探报，始悉驼（驮）往江边者不下二三百担，
因各查卡五人驻守，清查均由江外绕越偷运所致。虽蒙钧署令饬
独立连随时派队协助缉拿，无如军团，势力薄弱，虽明知走私，
经理任咨请并面报多次，均以时世处此，暂时不能不忍耐等语答

复。然，蛮性异常横恶，得寸进尺，全无悔悟之心，该暴徒等六七十人现仍居集于阿董村，而往来之盐商行旅，任意磕索。所有一般正商，闻风均畏途绝迹，对连部设治局只图固守墩城，其他一切多不闻问，故暴徒等视如无物；长此以往，不惟税收损失，私盐亦难禁绝。仍恳饬令独立连、设治局协力认真缉拿，俾私枭绝迹，盐务幸甚，税收幸甚。

　　——职公司本届由去岁十月十号起，迄今已满五月，因全局开支浩繁，而每月虽有入关盐斤，收入之款不敷，开支早已由商号挪借，现债台高筑，告贷无方；经理再四思维实无力维持，故昨函请设治局、独立连代为备案并呈请钧署，速派贤员前来接替，俾早日临墩而免误公累，已并祈饬令设治局、独立连辅助催收积欠，以维国课，理合将阿墩蛮势嚣张、私盐充斥、税收损失及调解各缘由备文呈请钧署鉴核示遵实为公便。①

　　地方势力之间资源争夺不断，抢劫事件时有发生，德钦"匪逆叛乱、抢劫商脚，以致交通梗阻，税收停顿"，盐务一蹶不振。1938 年 6 月 20 日，阿墩盐务公司经理祁文蔚再次称："阿董暴徒将保商队成立后，由十月至十二月，在此数月当中，滇康两属之藏客及盐商被其抢劫者亦在八九次，因此上下交通梗阻，所有盐商闻风均畏途不前，至本年一月真日，该暴徒等预伏四山至夜九时，蜂拥入城，职公司被其打劫损失之课款，当即报请保安二十六营吴营长、詹连长、王局长到局勘验，并请追赃。"② 此保商队成立于 1937 年底，名为"保商队"，实则通过抢劫"发家致富"。阿敦地方势力以土酋禾尚忠为保护伞，大肆敛财，并未将地方驻军、盐局等国家机构放在心上。因此，盐课受损，盐局机构难以维持正常运作，以致德钦"入关之盐斤由十一月至本年一月计三个月收入之税课款不敷伙食开支，又由二月以来，阿董暴徒等四出抢劫行商，该土酋禾尚忠暗自主动，自劫狱打局，后乘大军抗日援军未到之际，暗聚匪徒图谋不轨。幸于三月哿日，詹连长率队将该土酋当场击毙，复于是月养日拂晓，该之党羽五百余人围攻治城，又被军团击溃，从此砂（沙）盐绝迹，税收毫无，因全局开支浩繁，

---

　　① 《滇黔绥靖公署关于肃清德钦等地匪患给云南盐运使的指令》，云南省档案馆档案资料，档案号：1009 - 001 - 00443 - 020。

　　② 《滇黔绥靖公署关于请追缴阿墩损失盐务款事给云南盐务管理局的公函》，云南省档案馆档案资料，档案号：1009 - 001 - 00487 - 001。

实已不资，早由商号挪垫，现已无法维持"①。

迫于继续恢复盐务的需要，1938 年 7 月 25 日，云南盐务管理局希望滇黔绥靖公署能出面，其原因是"叛匪虽经击溃，而团队离墩以后，市面人心仍属不安，且被劫课款，至今迄未追还"②，后"再令饬驻墩詹连长及德钦设治局王局长会同仍遵前令，负责速将上项被劫课款，设法追还，并派员辅助催收各商积欠课款"③。

德钦设治局以及驻军的存在，并未成功遏制阿董村村民的横行不法。1938 年 8 月 29 日，德钦盐务包商祁文蔚给云南盐务管理局的公函中提到："本月巧日，有维西喇嘛寺、丽江五大寺、康普寿国寺活佛及各寺大小喇嘛五十余人进藏，并驼运行李货物共七十余驮，随带大小快枪十余支，并有史司令官护照，令墩军团妥为护送。出境到墩休息二日，于豁日由墩首途，所幸军团二十名护送。至公布（后）即折回墩。讵料该活佛等行至墩属纳姑地方，被罪首阿渣等六七十人埋伏在要隘截堵，上下包围，开枪乱击。当时击毙寿国寺大活佛及各寺大小喇嘛、脚人共七人，负伤者四人，投江者五人，将货物枪支牲口一并抢掳而空，其余被劫之喇嘛、脚人等，已于有日回墩，经理睹此情景，惨不可言，而阿墩虽有军团，该逆等视如无物，藐视长官，目无王法，旬日以来，屡次抢杀。"④ 由于当地经常发生抢劫事件，这些团伙又守住运盐必经之处，使得德钦行商裹足、沙盐绝迹。又，9月 22 日的一份电文告知云南盐务管理局，本月有"阿渣等勾结羊拉、腊司、狄乌匪党千余暗袭攻入市中，匪势浩大。詹连长率队攻击，不幸阵亡，禹司务长亦随阵亡，罗排长身负重伤，士兵伤亡甚众，并职公司及设治局被匪占据抢掳一空"⑤。

民国三十一年（1942）十月三十日，阿墩盐务包商丁孝先又向云南省盐务管理局报告："德钦游击队官兵同独立连士兵渔夺税权，霸收课款，形

———

　　① 《滇黔绥靖公署关于请追缴阿墩损失盐务款事给云南盐务管理局的公函》，云南省档案馆档案资料，档案号：1009 - 001 - 00487 - 001。

　　② 《滇黔绥靖公署关于请追缴阿墩损失盐务款事给云南盐务管理局的公函》，云南省档案馆档案资料，档案号：1009 - 001 - 00487 - 001。

　　③ 《滇黔绥靖公署关于请追缴阿墩损失盐务款事给云南盐务管理局的公函》，云南省档案馆档案资料，档案号：1009 - 001 - 00487 - 001。

　　④ 《滇黔绥靖公署关于请派队剿办阿墩土匪事给云南盐务管理局的公函》，云南省档案馆档案资料，档案号：1009 - 001 - 00487 - 002。

　　⑤ 《滇黔绥靖公署关于德钦蛮匪变乱已派剿办事给云南盐务管理局的公函》，云南省档案馆档案资料，档案号：1009 - 001 - 00487 - 004。

势危险。"① 民国三十五年（1946）十一月二十六日，阿墩盐务公署经理陈宗周向云南省政府报告："德钦前游击司令海正涛谋为不轨，勾结康匪，盗卖地方公有枪弹，驼运出境，于十一月二十五日下午被当地自卫队查获究办。"② 民国三十六年（1947），"德钦前游击司令海正涛武装接办包务"③。这段时间，地方驻军和盐务机构之间矛盾重重。但是，海正涛本人的所作所为在地方志的记载中，却和上述内容有天壤之别。地方志记载1905年12月海正涛出生在升平镇（现德钦县）一个回族家庭。年轻时海正涛就表现出忧国忧民的情怀。1931年，在国民党德钦设治局的税官任意增加盐税，商人和小贩叫苦不迭、百姓怨声载道的情况下，26岁的海正涛对贪官假公济私、搜刮民脂民膏的行为怒不可遏，带上几个朋友去县衙门据理力争。而这些贪官污吏却以海正涛"领头反抗国家税收"为名，将他拘捕入牢。④但是，海正涛的行为却得到了德钦当地百姓的拥护和支持。1943年，他被委以德钦独立自卫支队司令。⑤ 但是，民国时期德钦盐税的纷争并未停止，民国三十七年（1948）九月十二日，滇黔绥靖公署给云南鹤中维华永边去保安司令史华的指令说："据阿墩盐务公司经理祈文蔚呈报地方不靖，盐税毫无，以前被劫课款欤，至今迄未追还一案，函请仍令驻墩詹连长及德钦王局长遵令设法代追，并辅助催收各商积欠，以资结束。"⑥ 此后，未见资料对盐税追缴情况进行记载。

通过上述盐税纷争，可以看到地方势力始终以盐利为核心，各方势力利用自行掌控的权力，不断进行盐税的争夺。德钦，可谓"山高皇帝远"，国家并不能完全掌控其局面，因此，土司之间的博弈对地方社会的稳定造成很大的影响。新中国成立之后，国家不断削弱地方势力，加强地方政权建设，有力地推动了边疆治理，实现了边疆的稳定和发展。

---

① 《云南省政府关于包商丁孝先呈德钦游击队霸收课款案等情给云南省盐务管理局的公函》，云南省档案馆档案资料，档案号：1106 - 004 - 03332 - 023。

② 《云南省政府关于厅速办云南省德钦盐务承包纠纷案给云南省民政厅的训令》，云南省档案馆档案资料，档案号：1106 - 004 - 03351 - 014。

③ 《云南省政府关于厅速办云南省德钦盐务承包纠纷案给云南省民政厅的训令》，云南省档案馆档案资料，档案号：1106 - 004 - 03351 - 014。

④ 中国人民政治协商会议迪庆藏族自治州委员会文史资料研究委员会编：《迪庆州文史资料选辑（第1辑）》，内部资料，1987年，第92页。

⑤ 刘琪：《命以载史——20世纪前期德钦政治的历史民族志》，北京：世界图书出版公司北京公司，2011年，第165页。

⑥ 《滇黔绥靖公署关于史华司令呈复德钦盐局及詹连长部队不能代追盐局课款等情一案给史华司令的指令》，云南省档案馆档案资料，档案号：1009 - 001 - 00400 - 024。

参考文献

一、史料、方志

1.（晋）常璩撰，任乃强校注：《华阳国志校补图注》，上海：上海古籍出版社，1987 年。

2.（南朝）范晔撰，方铭点校：《后汉书人物全传（2）·列传（下）》，北京：北京时代华文书局，2014 年。

3.（唐）樊绰撰，向达校注：《蛮书校注》，北京：中华书局，1962 年。

4.（明）陈文修纂，李春龙、刘景毛校注：《景泰云南图经志书校注》，昆明：云南民族出版社，2002 年。

5.（明）刘文征撰，古永继校点：《滇志》，昆明：云南教育出版社，1991 年。

6.（清）陈希芳纂修，周祜校点：《云龙州志（雍正本）》，1987 年。

7.（清）戴瑞征著，梁晓强校注：《〈云南铜志〉校注》，成都：西南交通大学出版社，2017 年。

8.（清）段鹏瑞：《巴塘盐井乡土志》，宣统二年（1910）本。

9.（清）倪蜕辑：《滇云历年传》，昆明：云南大学出版社，1992 年。

10.（清）倪蜕辑，李埏校注：《李埏文集（第 4 卷·滇云历年传）》，昆明：云南大学出版社，2018 年。

11.（清）沈懋价纂订，李希林主点校：《康熙黑盐井志》，昆明：云南大学出版社，2003 年。

12.（清）王泭撰：《云龙州志》，康熙五十五年（1716）本。

13.（清）魏源纂：《魏源全集（第 8 册）》，长沙：岳麓书社，2004 年。

14.（清）余庆远纂：《维西见闻纪》，北京：中华书局，1985 年。

15.（清）余庆远撰，李汝春校注：《维西见闻纪》，1994 年。

16.（清）查骞撰，林超校点：《边藏风土记》，北京：中国藏学出版社，1991 年。

17.（清）张德霖撰：《云龙州志》，光绪十八年（1892）本。

18.（清）张廷玉撰：《明史（卷四十六）》。

19. 大理白族自治州地方志编纂委员会编纂：《大理白族自治州志（卷九）》，昆明：云南人民出版社，2000 年。

20. 方国瑜主编：《云南史料丛刊（第十二卷）》，昆明：云南大学出版社，2001 年。

21. 兰坪白族普米族自治县盐矿编：《兰坪盐业志》，内部资料，1993 年。

22. 兰坪县志编纂委员会编：《兰坪白族普米族自治县志》，昆明：云南民族出版社，2003 年。

23. 李洵校注：《明史食货志校注》，北京：中华书局，1982 年。

24. 芒康县地方志编纂委员会编：《芒康县志》，成都：巴蜀书社，2008 年。

25. 牛鸿斌、文明元、李春龙等点校：《新纂云南通志（七）》，昆明：云南人民出版社，2007 年。

26. 《怒江傈僳族自治州文物志》编纂委员会编：《怒江傈僳族自治州文物志》，昆明：云南大学出版社，2007 年。

27. 青海省地方志编纂委员会编：《青海省志·盐业志》，合肥：黄山书社，1995 年。

28. 唐定国编著：《新编保山风物志》，昆明：云南人民出版社，1999 年。

29. 谢道辛编撰：《云龙县民族志》，昆明：云南教育出版社，1994 年。

30. 薛琳主编：《新编大理风物志》，昆明：云南人民出版社，1999 年。

31. 云南省德钦县志编纂委员会编：《德钦县志》，昆明：云南民族出版社，1997 年。

32. 云南省迪庆藏族自治州工商行政管理局编：《迪庆藏族自治州工商行政管理志》，昆明：云南民族出版社，1997 年。

33. 云南省社会科学院宗教研究所编撰：《云南省志·卷六十六·宗教志》，昆明：云南人民出版社，1995 年。

34. 云南省地质矿产局、四川省地质矿产局、西藏区地质矿产局、青海省地质矿产局、云南冶金勘探公司合编：《中华人民共和国怒江、澜沧江、金沙江区域矿产志（下册）》，地质矿产部"三江"专著编辑委员会，1984 年。

35. 洱源县志编纂委员会编纂：《洱源县志》，昆明：云南人民出版社，1996 年。

36. 云南省剑川县志编纂委员会编纂：《剑川县志》，昆明：云南民族出版社，1999 年。

37. 云南省施甸县志编纂委员会编：《施甸县志》，北京：新华出版社，1997 年。

38. 云南省云龙县志编纂委员会编纂：《云龙县志》，北京：农业出版社，1992 年。

39. 《云南省志·盐业志》编纂委员会编撰：《云南省志·卷十九·盐业志》，昆明：云南人民出版社，1993 年。

40. 云南省志编纂委员会办公室编：《续云南通志长编（中册）》，1986 年。

41. 云南省中甸县志编纂委员会编：《中甸县志》，昆明：云南民族出版社，1997 年。

42. 赵伯乐主编：《新编怒江风物志》，昆明：云南人民出版社，2000 年。

43. 中共云龙县委、云龙县人民政府编：《云龙风物志》，德宏：德宏民族出版社，2008 年。

44. 《中国地方志集成：西藏府县志辑》，成都：巴蜀书社，1995 年。

二、专著

（一）中文

1. 毕艳君、崔永红：《古道驿传》，西宁：青海人民出版社，2007 年。

2. 财政部财政年鉴编纂处编：《财政年鉴（上）》，上海：商务印书馆，1935 年。

3. 蔡家麒：《藏彝走廊中的独龙族社会历史考察》，北京：民族出版社，2008 年。

4. 陈秉渊：《马步芳家族统治青海四十年》，西宁：青海人民出版社，2007 年。

5. 陈锋：《清代盐政与盐税（第二版）》，武汉：武汉大学出版社，2013 年。

6. 陈茜、孔晓莎等编：《澜沧江—湄公河流域基础资料汇编》，昆明：云南科技出版社，2000 年。

7. 陈庆英主编：《中国藏族部落》，北京：中国藏学出版社，1991 年。

8. 陈昕、吕宛青：《我国遗产地旅游利益相关者系统研究——以丽江为例》，北京：中国旅游出版社，2012 年。

9. 邓章应、白小丽编著：《〈维西见闻纪〉研究》，成都：四川大学出版社，2012 年。

10. 《迪庆藏族自治州概况》编写组编：《迪庆藏族自治州概况》，北京：民族出版社，2007 年。

11. 丁长清、唐仁粤主编：《中国盐业史（近代当代编）》，北京：人民出版社，1999 年。

12. ［美］杜赞奇著，王福明译：《文化、权力与国家——1900—1942年的华北农村》，南京：江苏人民出版社，2010 年。

13. 范金台、曹立瀛：《云南剑川县乔后之盐矿业》，1940 年。

14. 方国瑜：《云南民族史讲义》，昆明：云南人民出版社，2013 年。

15. 顾祖成编：《清实录藏族史料》，拉萨：西藏人民出版社，1982 年。

16. 郭正忠主编：《中国盐业史（古代编）》，北京：人民出版社，1997 年。

17. 国家民委《民族问题五种丛书》编辑委员会、《中国民族问题资料·档案集成》编辑委员会编：《中国民族问题资料·档案集成(第5辑)·中国少数民族社会历史调查资料丛刊（第85卷）·〈民族问题五种丛书〉及其档案汇编》，北京：中央民族大学出版社，2005 年。

18. 韩宪纲编著：《西北自然地理》，西安：陕西人民出版社，1958 年。

19. 何池康主编：《云南旅游产业发展年度报告（2012—2013）》，昆明：云南大学出版社，2013 年。

20. 华林甫、陆文宝主编：《清史地理研究（第二集）》，上海：上海古籍出版社，2016 年。

21. 黄金鼎编著：《千年白族村诺邓传统对联拾遗》，昆明：云南民族出版社，2007 年。

22. 黄金鼎编著：《千年白族村——诺邓姓氏谱略》，内部资料，2016 年。

23. 黄培林、钟长永主编：《滇盐史论》，成都：四川人民出版社，1997 年。

24. 黄沛翘：《西藏图考》，台北：文海出版社，1965 年。

25. 黄应贵主编：《物与物质文化》，台北：台湾"中央研究院"民族学研究所，1993 年。

26. 黄应贵：《反景入深林：人类学的关照、理论与实践》，北京：商务印书馆，2010 年。

27. 黄正良、张浚、杨瑀编著：《古镇宝丰》，昆明：云南人民出版社，2008 年。

28. 《兰坪白族普米族自治县概况》编写组编：《兰坪白族普米族自治县概况》，北京：民族出版社，2008 年。

29. 罗波：《新龙"夹坝"的历史与文化解读》，广州：中山大学出版社，2016 年。

30. 李何春、李亚锋：《碧罗雪山两麓人民的生计模式》，广州：中山大学出版社，2013 年。

31. 李何春：《动力与桎梏：澜沧江峡谷的盐与税》，广州：中山大学出版社，2016 年。

32. 李何春：《滇藏地区的盐业与地方文明》，成都：西南交通大学出版社，2019 年。

33. 李剑平主编：《中国神话人物辞典》，西安：陕西人民出版社，1998 年。

34. 李汝春主编：《唐至清代有关维西史料辑录》，1992 年。

35. 李水城、罗泰主编：《中国盐业考古（第二集）——国际视野下的比较观察》，北京：科学出版社，2010 年。

36. 李文笔、黄金鼎编著：《千年白族村——诺邓》，昆明：云南民族出版社，2004 年。

37. 李文海主编：《民国时期社会调查丛编（二编）·少数民族卷（上）》，福州：福建教育出版社，2014 年。

38. 李晓岑：《南诏大理国科学技术史》，北京：科学出版社，2010 年。

39. 中国民间文艺家协会编著：《中国民间故事全书（云南·云龙卷）》，北京：知识产权出版社，2005 年。

40. ［美］李中清著，林文勋、秦树才译：《中国西南边疆的社会经济：1250—1850》，北京：人民出版社，2012 年。

41. 刘曼卿：《国民政府女密使赴藏纪实》，北京：民族出版社，1998 年。

42. 刘淼：《明代盐业经济研究》，汕头：汕头大学出版社，1996 年。

43. 刘琪：《命以载史——20 世纪前期德钦政治的历史民族志》，北京：世界图书出版公司北京公司，2011 年。

44. ［美］莫尔根著，杨东莼等译：《古代社会》，北京：生活·读书·新知三联书店，1957 年。

45. 罗世保主编：《那马、勒墨人简史》，昆明：云南民族出版社，2008 年。

46. 马诚：《晚清云南剧变：杜文秀起义与大理政权的兴亡（1856—1873）》，成都：四川大学出版社，2012 年。

47. 马鹤天著，胡大浚点校：《甘青藏边区考察记》，兰州：甘肃人民出版社，2003 年。

48. 《马克思恩格斯全集（第 3 卷）》，北京：人民出版社，1956 年。

49. 蒙睿主编：《云南旅游产业发展年度报告（2017—2018）》，北京：中国旅游出版社，2018 年。

50. 南开大学经济研究所经济史研究室编：《中国近代盐务史资料选辑（第一卷）》，天津：南开大学出版社，1985 年。

51. 潘定祥撰：《云南盐政纪要（四卷）》，1912 年。

52. 潘发生：《揭开滇川藏三角区历史文化之谜》，昆明：云南民族出版社，2008 年。

53. 中国人民政治协商会议怒江傈僳族自治州委员会文史资料研究委员会编：《怒江文史资料选辑（第十三辑）》，内部资料，1989 年。

54. 任桂园：《从远古走向现代——长江三峡地区盐业发展史研究》，成都：巴蜀书社，2006 年。

55. 任乃强：《任乃强藏学文集（上册）》，北京：中国藏学出版社，2002 年。

56. 任乃强：《西康图经》，拉萨：西藏古籍出版社，2000 年。

57. 舒瑜：《微“盐”大义：云南诺邓盐业的历史人类学考察》，北京：世界图书出版公司北京公司，2010 年。

58. 四川省民族研究所、《清末川滇边务档案史料》编辑组编：《清末川滇边务档案史料（上册）》，北京：中华书局，1989 年。

59. 四川省民族研究所、《清末川滇边务档案史料》编辑组编：《清末川滇边务档案史料（中册）》，北京：中华书局，1989 年。

60. 唐仁粤主编：《中国盐业史（地方编）》，北京：人民出版社，1997 年。

61. 王恒杰：《迪庆藏族社会史》，北京：中国藏学出版社，1995 年。

62. 王文光、段红云：《中国古代的民族识别（修订本）》，昆明：云南大学出版社，2011 年。

63. 吴丰培编：《赵尔丰川边奏牍》，成都：四川民族出版社，1984 年。

64. 吴强、李培林、和丽琨编著：《民国云南盐业档案史料》，昆明：云南民族出版社，1999 年。

65. 夏征农、陈至立主编：《大辞海·民族卷》，上海：上海辞书出版社，2012 年。

66. 徐光佑主编：《云南旅游产业发展年度报告（2013—2014）》，昆明：云南大学出版社，2014 年。

67. 杨甫旺：《千年盐都——石羊》，昆明：云南民族出版社，2006 年。

68. 杨学政：《藏族 纳西族 普米族的藏传佛教》，昆明：云南人民出版社，2016 年。

69. 杨勋民编：《云南盐务纪要》，1940 年。

70. 杨毓骧：《伯舒拉岭雪线下的民族》，昆明：云南大学出版社，2000 年。

71. 杨长兴编：《云南盐务辑要》，内部资料，1914 年。

72. 尤中编著：《中国西南的古代民族》，昆明：云南人民出版社，1980 年。

73. 余繁主编：《云南旅游产业发展年度报告（2010—2011）》，昆明：云南大学出版社，2011 年。

74. 《玉树藏族自治州概况》编写组编：《玉树藏族自治州概况（修订本）》，北京：民族出版社，2008 年。

75. 《玉树藏族自治州概况》编写组编：《玉树藏族自治州概况》，西宁：青海人民出版社，1985 年。

76. 云龙县宝丰古镇历史文化暨董泽研究会编：《古镇宝丰历史文化研究论丛（第二辑）》，昆明：云南科技出版社，2016 年。

77. 云南省档案馆编：《清末民初的云南社会》，昆明：云南人民出版社，2005 年。

78. 由云龙编：《云南盐务辑要续编》，内部资料，1918 年。

79. 翟松天：《青海经济史（近代卷）》，西宁：青海人民出版社，1998 年。

80. 张伯川主编：《文化大理·云龙》，昆明：云南人民出版社，2016 年。

81. 张劲夫、罗波：《独龙江文化史纲：俅人及其邻族的社会变迁研究》，广州：中山大学出版社，2013 年。

82. 张俊：《香格里拉》，北京：中国旅游出版社，2015 年。

83. 张树芳、赵润琴、田怀清主编：《大理丛书·金石篇（卷三）》，昆明：云南民族出版社，2010 年。

84. 张学君、冉光荣：《明清四川井盐史稿》，成都：四川人民出版社，1984 年。

85. 赵心愚、秦和平编：《康区藏族社会历史调查资料辑要》，成都：四川民族出版社，2004 年。

86. 张娟编著：《环境科学知识》，北京：大众文艺出版社，2008 年。

87. 张章主编：《说文解字（下）》，北京：中国华侨出版社，2012 年。

88. 赵心愚：《纳西族历史文化研究》，北京：民族出版社，2008 年。

89. 赵寅松主编：《白族研究百年（一）》，北京：民族出版社，2008 年。

90. 政协兰坪白族普米族自治县委员会文史委员会编：《兰坪文史资料（第三辑）》，内部资料，1999 年。

91. 中共怒江傈僳族自治州委员会党史征集办公室编：《怒江傈僳族自治州党史资料选编（1948.8—1950.3）》，内部资料，1988 年。

92. 中共云龙县委员会、云龙县人民政府编：《董泽》，昆明：云南民族出版社，2006 年。

93. 中国人民政治协商会议大理白族自治州委员会文史资料委员会编：《大理州文史资料（第九辑·手工业、工业专辑）》，内部资料，1997 年。

94. 中国人民政治协商会议迪庆藏族自治州委员会文史资料研究委员会编：《迪庆州文史资料选辑（第 5 辑）》，内部资料，1994 年。

95. 中国人民政治协商会议青海省委员会文史资料研究委员会编：《青海文史资料选辑（第 9 辑）》，西宁：青海人民出版社，1982 年。

96. 中国人民政治协商会议云南省剑山县委员会文史资料委员会编：《剑山文史资料选集（第 2 辑）》，1992 年。

97. 周希武编著，吴均校释：《玉树调查记》，西宁：青海人民出版社，1986 年。

98. 朱保炯、谢沛霖：《近代中国史料丛刊续辑（785—790）·明清进士题名录索引（1—6）》，台北：文海出版社，1981 年。

99. 朱霞：《云南诺邓井盐生产民俗研究》，昆明：云南人民出版社，2009 年。

100. 邹启宇、苗文俊主编：《中国人口（云南分册）》，北京：中国财政经济出版社，1989年。

（二）英文

1. BOURDIEU P. The forms of capital//RICHARDSON J G（ed.）. Handbook of theory and research for the sociology of education. New York：Greenwood Press，1986.

2. FLAD R K. Salt production and social hierarchy in ancient China：an archaeological investigation of specialization in China's Three Gorges. Cambridge：Cambridge University Press，2011.

三、论文

（一）期刊

1. 安固新：《西藏的盐粮交换》，《西藏研究》1982年第3期。

2. 柴继光：《运城盐池与华夏文明（一）》，《沧桑》2001年第4期。

3. 柴继光：《运城盐池与华夏文明（二）》，《沧桑》2001年第5期。

4. 柴继光：《运城盐池与华夏文明（三）》，《沧桑》2001年第6期。

5. 陈柏桢：《中国早期盐的使用及其社会意义的转变》，《新史学》2006年第4期。

6. 陈保亚：《茶马古道与盐运古道、丝绸之路的关系——基于词与物的古道类型学研究》，《思想战线》2016年第6期。

7. 陈义勇、俞孔坚、李迪华等：《西藏芒康古盐田：活态遗产的价值与生存危机》，《世界遗产》2013年第1期。

8. 崔克信：《盐井县之地质及盐产调查》，《西康经济季刊》1944年第8期。

9. 杜连义：《新中国建立前青海盐业简况》，《青海方志》1989年第3期。

10. ［美］何溯源著，汤芸译：《巴塘事变：康区及其在近代汉藏史上的重要性》，《西南民族大学学报》2014年第3期。

11. 和丽琨、张卓玛：《张冲与"移卤就煤"》，《云南档案》2008年第4期。

12. 哈比布、张建林、姚军等：《西藏自治区昌都地区芒康县盐井盐田调查报告》，《南方文物》2010 年第 1 期。

13. 黄培林：《云南盐史概说》，《盐业史研究》1996 年第 3 期。

14. 贾鸿键、索南旦周：《青海玉树州囊谦县两处盐场调查概况》，《南方文物》2015 年第 1 期。

15. 坚赞才旦、王霞：《百味之首在澜沧江源头——青海囊谦泉盐产销调查》，《青海民族研究》2018 年第 1 期。

16. 姜道章：《中国沿海盐场晒盐法的起源与传播》，《中国地理学会会刊》1993 年第 20 期。

17. 坚赞才旦：《囊谦盐泉是青海盐业体系中的瑰宝》，《中国国家地理》2019 年第 7 期。

18. 江才桑宝、王牧：《澜沧江源古盐场——历史悠久、景观壮丽》，《中国国家地理》2019 年第 7 期。

19. 金飞：《盐井县考》，《边政》1931 年第 8 期。

20. ［美］凯西·科斯汀著，郭璐莎、陈力子译：《手工业专门化：生产组织的定义、论证及阐释》，《南方文物》2016 年第 2 期。

21. 李何春、罗波：《青藏高原传统晒盐工艺的多元价值及其传承与保护对策研究——以澜沧江上游诸盐场的调查为例》，《青海社会科学》2020 年第 6 期。

22. 李何春、黄敏玲：《盐在传统村落形成与发展中的社会意义——以滇西沘江流域云龙地区为例》，《盐业史研究》2019 年第 3 期。

23. 李何春、熊卜杰：《从"无史"到"有史"：人类学视角下传统晒盐村落民族志书写的思考——基于青藏高原东部各盐场的田野调查》，《青海民族研究》2019 年第 1 期。

24. 李何春：《清末僧权和俗权对川边社会的控制及赵尔丰川边治理研究》，《青海民族大学学报（社会科学版）》2019 年第 3 期。

25. 李何春：《西藏芒康县和青海囊谦县两地传统晒盐技术的比较研究》，《云南社会科学》2018 年第 6 期。

26. 李何春：《清末川边改土归流时期赵尔丰盐业改革措施及其意义》，《中国边疆史地研究》2016 年第 2 期。

27. 李何春：《试论崔克信〈盐井之地质及盐业调查〉的价值和意义》，《西藏研究》2015 年第 3 期。

28. 李何春：《唐代吐蕃和南诏的制盐技术比较分析——兼论吐蕃东扩之原因》，《云南民族大学学报（哲学社会科学版）》2015 年第 5 期。

29. 李何春：《峡谷高山间的民族生计模式研究——以燕门、丙中洛、盐井田野调查为例》，《青海民族大学学报（社会科学版）》2015 年第 1 期。

30. 李何春：《清末川滇藏交界带之盐井"腊翁寺事件"起因分析——兼与保罗和觉安拉姆商榷》，《云南民族大学学报（哲学社会科学版）》2014 年第 2 期。

31. 李何春：《明清以来西藏盐井盐运销和线路变化之分析》，《青海民族大学学报（社会科学版）》2014 年第 3 期。

32. 李坚尚：《盐粮交换及其对西藏社会的影响》，《西藏研究》1994 年第 1 期。

33. 李式金：《云南阿墩子：一个汉藏贸易要地》，《东方杂志》1944 年第 16 号。

34. 刘达永：《1904 年霍西笔下的巴塘、丁林寺与"乙巳凤全死亡事件"》，《四川师范大学学报》2007 年第 2 期。

35. 刘莹：《神奇相似的"盐泉"：秘鲁玛拉斯盐田 VS 中国芒康盐井》，《中国国家地理》2011 年第 4 期。

36. 鲁子健：《大宁盐泉与巫载文明》，《盐业史研究》1998 年第 4 期。

37. 罗大忠：《真空制盐发展概况及工艺述评》，《中国井矿盐》2001 年第 1 期。

38. 吕昭义、杨晓慧：《英属印度的战略边界计划与赵尔丰、程凤翔对察隅边防的巩固》，《南亚研究》2006 年第 1 期。

39. 马雨珊：《云南省大理州旅游业发展剖析》，《现代营销（下旬刊）》2019 年第 3 期。

40. 任乃强：《说盐》，《盐业史研究》1988 年第 1 期。

41. 桑求卓玛：《1957—2016 年囊谦县气候变化特征及对牧草生长的影响分析》，《青海气象》2018 年第 4 期。

42. 陶宏、黄健：《西藏芒康县盐井乡盐业研究》，《盐业史研究》2002 年第 4 期。

43. 陶宏：《"茶马古道"上的盐务重镇——盐井乡》，《中国文化遗产》2005 年第 5 期。

44. 吴启焰、王兆杰：《布尔迪厄的文化资本理论在旅游规划中的应用》，《人文地理》2011 年第 1 期。

45. 王日根、吕小琴：《析明代两淮盐区未取晒盐法的体制因素》，《史学月刊》2008 年第 1 期。

46. 王玥、陈亮：《玉树州囊谦县盐场与盐业文化的调查研究》，《南方文物》2019 年第 1 期。

47. 王云、龙志和、陈青青：《文化资本对我国经济增长的影响——基于扩展 MRW 模型》，《软科学》2013 年第 4 期。

48. 谢本书：《移卤就煤——云南盐业史上的创举》，《盐业史研究》1991 年第 4 期。

49. 谢潇、谢道辛：《云龙土司考》，《大理民族文化研究论丛》2017 年第 0 期。

50. 《云南运司调查山井场场产表》，《税务月刊》1915 年第 2 卷第 22 期。

51. 《云南运司调查石门井场场产表》，《税务月刊》1915 年第 2 卷第 22 期。

52. 《云南运司调查顺荡井场场产表》，《税务月刊》1915 年第 2 卷第 22 期。

53. 《云南运司调查云龙大井场场产表》，《政府公报》1915 年第 1029 期。

54. 《云南运司调查云龙金泉井场场产表》，《政府公报》1915 年第 1030 期。

55. 《云南运司调查云龙诺邓井场场产表》，《政府公报》1915 年第 1029 期。

56. 《云南运司调查云龙师井场场产表》，《政府公报》1915 年第 1030 期。

57. 《云南运司调查云龙顺荡井场场产表》，《政府公报》1915 年第 1031 期。

58. 佚名：《盐井县纪要》，《边政》1932 年第 6 期。

59. 袁晓仙：《澜沧江流域水利工程引发的水生生物灾害初探——以鱼类为例》，《保山学院学报》2019 年第 1 期。

60. 张海超：《试论南诏大理国的盐业与国家整合》，《中国社会经济史研究》2018 年第 2 期。

61. 赵北耀：《河东盐池与华夏早期文明》，《太原理工大学学报（社会科学版）》2015 年第 3 期。

62. 朱霞：《〈滇南盐法图·安宁井〉的图形与技术文献志研究》，《西北民族研究》2010 年第 4 期。

63. 朱霞、李晓岑：《西藏自治区芒康县盐井镇的井盐生产》，《中国藏学》2007 年第 3 期。

（二）学位论文

1. 陈彦交：《青海囊谦高浓度盐泉水化学及硼同位素地球化学特征研究》，中国科学院青海盐湖研究所硕士学位论文，2016 年。

2. 江洋：《西藏盐井纳西族盐业生计方式的传统和变迁》，云南大学硕士学位论文，2011 年。

3. 马振：《文化资本视角下宏村旅游可持续发展研究》，厦门大学硕士学位论文，2018 年。

4. 吴成立：《西藏芒康县纳西民族乡盐文化研究》，中山大学硕士学位论文，2009 年。

四、报纸

1. 崔茂虎：《云南省丽江市："党建＋旅游"呵护好风景》，《中国城市报》，2020 年 9 月 21 日第 B01 版。

2. 《国家文物局领导就芒康盐井保护工作回复宿白先生》，《中国文物报》，2009 年 9 月 9 日第 2 版。

3. 吴晓铃：《古人 2 000 年前或已用天然气煮盐》，《四川日报》，2018 年 12 月 28 日第 18 版。

4. 《中共中央国务院印发〈乡村振兴战略规划（2018—2022 年)〉》，《人民日报》，2018 年 9 月 27 日第 1 版。

后 记

　　盐是人类生活中最重要的调味品，它的重要性是不言而喻的。不过，身边常常有朋友问笔者"为什么要研究盐""盐有什么好研究的"。这些问题的产生，是由于人们认为盐很普遍，并不需要考虑它在社会生活中的其他功能，从而忽视了它在人类社会演变过程中发挥的重要作用。现在的人们只要花上一两块钱，就能买到一包加碘食盐，获得食盐是多么地容易。于是，人们并不知晓盐在人类历史上很长的一段时间里是一种多么难得的稀缺资源，甚至一度成为国家严格管控的对象。

　　有关盐的研究是一个复杂的问题，涉及多学科领域，包括历史学、政治经济学、民族学、考古学、人类学等都将盐作为重要的研究议题。盐的研究过程，既涉及经济问题，又涉及政治制度，有时候还牵扯到文化领域。政治、经济、文化三者的交织，使得盐的研究更具挑战性。

　　此书的出版，算是我近些年研究澜沧江流域盐的生产、流通、交换和消费，以及地方社会变迁的中期总结。以往的成果，多数是集中在某个盐场，并没有从整体观的视角来考察整个澜沧江流域的盐业生产。总体来说，笔者的研究可以分为四个阶段：第一阶段关注盐业生计，考察了西藏东部传统晒盐业的生产工艺、产量、交换和消费群体；第二阶段关注西藏自治区芒康县盐井，通过该盐场的生产历史、盐的交换，考察了地方和国家的互动关系；第三阶段注意到盐与地方文明的密切关系，考察了西藏和云南两个省区盐业生产的历史，以及盐在地方社会演变中的作用；第四阶段分析了澜沧江流域中上游地区多个盐场的生产、流通、交换和消费所引发的社会变迁。第四阶段正是本书研究的旨趣。

　　本书以澜沧江流域上的诸多盐场为调查对象，该流域丰富的盐业资源以及多元化的制盐技术，生动地展现了中国少数民族地区丰富多彩的传统盐业生产工艺。这是研究少数民族地区盐文化不可多得的区域，为此，笔者曾多次赴滇青藏三省区进行长时间的田野调查，并在云南省档案馆、四川省档案馆、云龙县档案馆、兰坪县档案馆等处搜集到非常丰富的档案资料，有利于将历时性和共时性的研究紧密结合起来，从历史和现实两个维度考察盐在边疆民族地区经济社会发展和变化中的意义。

学术的探讨是循序渐进的，此书的出版，得益于笔者前期在《西藏研究》《云南社会科学》《青海民族研究》《青藏高原论坛》《青海民族大学学报（社会科学版)》《盐业史研究》《青海社会科学》等十多家刊物上发表了多篇论文，在此对上述刊物的支持表示感谢。前期的调查和研究，还要感谢各类基金项目的支持，帮笔者解决了调查经费的问题，保证调查的顺利进行。此次，在国家出版基金项目的资助下，最终成果得以顺利出版，算是解决了最后一笔经费。

完成此书，需要感谢的人实在太多了，原谅笔者不能一一记住他（她）们的名字，仅仅在后面列出我能记住的、帮助我顺利完成此书的、留下深刻友谊的人们。他们是西藏自治区芒康县的格桑顿珠、阿旺郎杰、吴飞、扎西顿珠、仁青顿珠、扎西央宗、蒋枝秀、罗松，以及类乌齐县的甲桑卡乡书记迟鹏杰；青海省囊谦县的学麦、丁达、尕桑才仁、江才桑宝以及才巴求宗，云龙县方志办的杨茂春，云龙县文化体育广播电视局的潘成龙副局长，云龙县文管所的杨利斌所长，云龙县博物馆的杨伟飞馆长，宝丰派出所的陈俊峰警官，宝丰镇文化站的杨兴源站长，云龙县党校的张志坚、施鹏红，以及云龙县公安局刑侦大队长杨泽春，他（她）们在我多次深入云龙县调查中提供了很多帮助。感谢云南省档案馆、云南省图书馆、云龙县档案馆、兰坪县档案馆，上述几家档案馆在我查阅文献时，均提供了友好的帮助。我的研究生王佳旭、熊卜杰参与了前期调查，王佳旭、孙俊楠、张妍捷三人完成了部分文字的校对工作，对他（她）们认真的态度，深表欣慰。

最后要感谢此套丛书主编——中山大学何国强（又名"坚赞才旦"）教授，他积极组织大家申请国家出版基金项目，为此付出了艰辛的努力；项目获得批准之后，又不断督促大家，要求作者认真按质按量完成书稿，为此操劳了许多。感谢暨南大学出版社副社长黄圣英为组织丛书申报国家出版基金项目付出的艰苦努力。感谢颜彦等编校人员对书稿的润色和加工以及为此付出的辛勤汗水。

笔者深知，澜沧江流域盐业史相关问题的研究，依然是"路漫漫其修远兮"，还需自己"上下求索"。因此，今天呈现给大家的一册小书，在很多方面仍存在不足，恳请各位同仁批评、指正！

2022 年 2 月于云南昆明